KB005889

협동조합 비즈니스 전략

협동조합 비즈니스 전략

초판 1쇄 펴낸날 2014년 11월 11일
초판 2쇄 펴낸날 2015년 12월 4일

지은이 · 장종익
펴낸이 · 박강호

펴낸곳 · (주)디자인커서
출판등록 · 2008년 2월 18일 제301-2009-140호
주소 · 서울시 중구 다동 92 다동빌딩 701호
전화 · 02)312-9047   팩스 · 02)365-1867

ⓒ장종익 , 2014

· 동하는 (주)디자인커서의 인문교양 브랜드입니다.
· 이 책은 한국연구재단의 2013년 교육부의 재원으로 한국연구재단의 지원을 받아
  수행된 연구입니다(NRF2013SIA3A2053799).

ISBN 978-89-967872-7-3 03320
· 책값은 뒤표지에 표시되어 있습니다.

· 이 책은 저작권법에 따라 보호를 받는 저작물이므로 무단전재와
  무단복제를 금하며, 이 책 내용의 전부 또는 일부를 이용하려면
  반드시 저작권자와 출판사의 서면동의를 받아야 합니다.

협동조합
비즈니스 전략

장종익 지음

동하

협동조합 비즈니스 전략

2012년 12월 1일 협동조합기본법이 시행된 지 1년 만에 3천 개가 넘는 협동조합이 설립 신고되거나 인가되었다. 이는 같은 기간 상법상 회사 설립 수의 4.1%에 해당하는 것으로 한국 협동조합 역사상 폭발적인 현상이라고 할 수 있다. 소비자들은 공동주택협동조합, 부모협동조합, 도시텃밭협동조합을 만들고, 상인들은 마트협동조합, 시장협동조합, 서점협동조합을, 기능사들은 안경점협동조합, 자동차정비협동조합, 시각장애인안마사협동조합, 아이티개발협동조합을, 운수자영업자는 퀵서비스협동조합을, 농촌에서는 제터먹이협동조합, 산골마을협동조합, 농산어촌섬마을유학협동조합을, 노동자들은 유지보수협동조합, 더불어락협동조합 등을 설립하고 있다. 더 나아가 직업과 계층을 불문하고 많은 사람들이 지역 사회의 발전과 에너지 및 환경의 보호를 위해 학교공동체협동조합이나 햇빛발전협동조합의 설립에 조합원으로 참여하고 있다.

이렇게 봇물 터지듯 설립되고 있는 협동조합을 보면서 협동조합은 경제적 약자들의 강력한 '필요'의 산물임과 동시에 '상상력'의 소산이라는 점을 다시 한 번 깨닫게 된다. 협동조합 설립에 나선 사람들의 면면을 살펴보면, 우리 사회가 고용 없는 성장이 지속되고, 일자리와 부의 양극화는 심화되며, 취업난에 허덕이는 청년들의 숫자는 갈수록 늘어나고, 중소기업 및 자영업자들은 심화되는 갑의 횡포와 세계화 및 정보통신기술혁명 등 이중의 압박을 받고 있다는 점을 알 수 있다. 또한 공동체성이 파괴되고, 갈수록 차가워지고 있는 사회를 이대로 방치하지 않겠다는 결의를 지닌 사람들이 나서서 마을협동조합이나 사회적협동조합을 만들고 있다. 보통사람들이 설립한 수많은 협동조합의 이름과 아이디어를 들여다보면, 집단 지성이 지니고 있는 실천적 상상력에 감탄하지 않을 수 없다.

한국전쟁 이후 지난 세월 동안 지식인들이나 종교지도자들이 중심이 되어서 신협을 설립한 적이 있고, 소비자생협이나 의료생협, 육아협동조합을 설립한 경험이 없지 않으나 이처럼 짧은 기간 내에 다종다양한 협동조합이 설립된 것은 처음이라고 할 수 있다. 산업화 시기에 개발독재정권은 농협, 수협, 중소기업협동조합 등 협동조합특별법으로 보통 사람들이 협동조합을 설립할 수 있는 자유를 사실상 박탈하였는데, 지난 2011년 12월에 처음으로 보통사람들이 협동조합을 설립할 수 있는 자유가 법적으로 주어졌고, 이러한 새로운 제도의 도입과 일부 정부 부처나 지자체의 지원 등에 힘입어 협동조합에 대한 관심이 폭발적으로 증가하고 있다.

필자가 1994년에 '반독재민주화투쟁에서 생산·생활상의 협동과 자치의 운동으로의 전환'을 내걸고 한국협동조합연구소를 설립하여 농협 개혁, 신협 혁신, 생협 활성화, 노협 건설 등을 위하여 힘을 보태던 시절에 비하면 가히 비약할 만한 발전이라고 할 수 있다. 당시에 대부분의 사람들에게 협동조합은 생소하거나 관제조합으로서의 이미지로 다가왔으며, '사람 중심의 협동과 연대의 비즈니스'라는 가치는 주목받지 못하였다. 대부분의 지식인들도 외환위기 이후 10년 동안 주로 국가의 각종 제도들의 개혁에 초점을 맞추었고, 사회경제의 문제를 해결하기 위한 시민사회의 역량을 강화할 수 있는 각종 아이디어와 기제의 도입을 위한 노력이 부족하였던 것이 사실이다. 그러나 세계화 및 정보통신혁명으로 인한 부의 창출 지역과 일자리의 창출 지역 간의 괴리와 양극화의 진전, 그리고 이를 더욱 부채질한 2008년 금융위기 등으로 인하여 새로운 대안경제 체제를 찾고자 하는 지식인들, 정치인, 정책담당자들이 늘어나고 대안적인 경제조직에 대한 시민들의 요구가 크게 증가하면서 '오래된 대안적 경제조직'인 협동조합에 대한 관심이 급증한 것이다.

그러나 설립되는 모든 협동조합이 성공하는 것도 아니다. 협동조합은 매력적인 반면에 망가지기 쉽고 복잡한 성격을 지닌 조직이기 때문이다. 지구상에 운영되고 있는 70여만 개의 협동조합들 중에서 '협동과 연대'의 가치를 실현하고 있는 협동조합들이 얼마나 될지는 누구도 계측하지 못하고 있다. 즉, 협동조합이 민주적인 경영체로서 성공함과 동시에 사회적으로도 의미 있는 활동을 수행하고자 하지만 이러한 협동조합의 이중적 목적을 달성하기는 쉽지가 않다. 협동조합에 대한 정책적 실천적 관심이 높아지고 있는 반면에, 협동조합의 비즈니스에 대한 종합적인 서적이 부족한 실정이다. 이는 우리나라에서 협동조합에 관한 연구가 미흡하고, 주체적 실천의 경험이 아직 다양하지 않은 상황이다 보니 그동안 출간된 협동조합에 대한 서적이 대부분 외국의 선진 사례나 역사를 소개하거나 협동조합법을 요약하여 설립 절차를 안내하는 역할에 그치고 있다.

이 책은 협동조합의 개념, 유형별 비즈니스 모델의 특징 및 성공 조건, 그리고 성공 사례 등 세 가지 요소를 상호 연계하여 알기 쉽게 설명하려고 했다. 협동조합을 이해하고자 하거나 실천하고자 하는 사람들, 그리고 협동조합의 정책 담당자들이 협동조합에 관한 체계적인 인식을 갖도록 하여 실패 비용을 줄이는데 기여하고자 집필되었다. 보다 구체적으로 이 책은 다음과 같은 10가지의 질문에 답하고자 하였다.

① 협동조합은 무엇인가? 왜 지금 협동조합에 대한 관심이 급증하는 가? 사람들은 협동조합에 무엇을 기대하고 있는가?

② 협동조합은 만병통치약인가? 협동조합을 통하여 무엇을 해결할 수 있으며, 무엇을 해결할 수 없는가? 협동조합은 경제민주화의 과제를 대체할 수 있는가?

③ 협동조합은 모든 분야에서 성공할 수 있는가? 협동조합이 잘 발전할 수 있는 곳은 어떠한 분야인가?

④ 협동조합에 도사리고 있는 약점은 무엇인가? 이러한 협동조합의 약점을 보완할 수 있는 제도적 조직적 전략은 무엇인가?

⑤ 협동조합은 어떻게 해야 성공할 수 있는가? 협동조합의 경영은 주식회사의 경영과 어떻게 다른가?

⑥ 협동조합의 기본 유형은? 내가 창업하고자 하는 협동조합은 어떠한 유형에 속하나? 유형별 협동조합의 성공 요건은 무엇인가?

⑦ 왜 사업자협동조합이 많이 생겨나고 있나? 사업자협동조합의 성공 전략은?

⑧ 노동자협동조합은 사업자협동조합과 어떠한 차이가 있는가? 노동자협동조합의 궁극적 목적은 무엇인가?

⑨ 전통적 협동조합과 사회적협동조합의 차이는? 사회적협동조합이 전통적 협동조합보다 우월한 것인가? 왜 사회적협동조합이 적게 만들어지고 있나?

⑩ 협동조합이 발전할 수 있는 생태계는 무엇이며 어떻게 조성될 수 있는가?

이 책은 이러한 질문에 답하기 위하여 총 10장으로 구성돼 있다. 1장과 2장은 첫 번째와 두 번째의 질문에 답하기 위하여 서술되었다. 3장은 세 번째부터 다섯 번째까지의 질문에 답하기 위하여 서술되었다. 그리고

4장부터 9장까지는 유형별 협동조합의 비즈니스 전략과 사례를 서술한 것으로 여섯 번째부터 아홉 번째까지의 질문에 답하기 위한 목적이다. 4장부터 9장은 이 책의 핵심적 부분으로 각 장은 개념, 비즈니스 모델, 비즈니스 발전 전략, 사례, 국내외 주요 협동조합 목록 등으로 구성하려고 노력하였다. 마지막으로 10장은 열 번째 질문에 답하기 위하여 서술되었다.

이러한 질문에 답하기 위하여 필자는 1994년에 협동조합 운동에 관심을 갖고 실천해온 분들과 한국협동조합연구소를 설립한 이후부터 축적해온 협동조합에 관한 국내외 연구 문헌, 보고서, 국내외 주요 연구센터 및 주요 협동조합 홈페이지의 자료 등을 분석하였다. 또한 국내외 주요 협동조합을 방문해 협동조합 리더들과 면담하여 조사하고 깊이 있는 토론을 수행하였다. 그리고 협동조합에 관심 있거나 실천해온 사람을 대상으로 교육하면서 그들과 나눈 대화도 이 책을 서술하는데 적지 않은 도움이 되었다. 또한 한신대학교 글로벌비즈니스학부와 교양학부에서 2012년부터 협동조합 경영론과 사회적 경제론을 가르치고, 2014년 봄부터 사회혁신경영대학원에서 협동조합 기업론을 가르치면서 학생들과 사례를 탐구하고 토의하는 과정도 이 책의 내용을 풍부하게 만드는데 큰 도움이 되었다. 그리고 한국연구재단의 중장기연구프로젝트 주제인 한국사회의 정체성과 한국형 모델의 탐구를 위하여 연세대학교 경제학부 홍훈 교수님과 유정식 교수님, 그리고 경남과학기술대학교 박종현 교수님과 지난 4년 동안 함께 토론하고 고민한 활동은 필자가 우리 사회에 협동조합이 지닌 위상과 역할을 보다 폭넓게 이해하는데 적지 않은 도움이 되었다

또한 이 책의 각 장의 원고를 읽고 예리한 비판과 조언을 해주신 여러 전문가분들의 도움은 필자의 초벌 원고가 지닌 여러 군데의 논리적 오류와 설명의 부족을 해소하는데 크게 기여하였다. 신명호 사회투자지원재단 사회적경제연구센터 소장님은 1장과 9장을 검토해주셨고, 류덕위 한밭대 경

제학과 교수님은 2장을, 송성호 한국협동조합연구소 부이사장님은 3장과 6장을, 김형미 아이쿱협동조합연구소 소장님은 4장을, 지민진 아이쿱협동조합연구소 연구원님은 5장을, 최은주 성공회대 경영학과 외래교수님은 7장을, 박종현 경남과학기술대 산업경제학과 교수님은 8장을, 그리고 송재일 명지대 법학대학원 교수님은 10장을 검토하고 소중한 비판과 조언을 해주셨다. 이 모든 분들에게 깊이 감사드린다. 그리고 필자의 원고를 처음부터 끝까지 읽고 세심한 교정을 해주고 많은 조언을 해주신 한신대 사회혁신경영대학원 석사과정 황세원 씨에게 깊이 감사드린다.

이 책이 협동조합에 관하여 궁금해 하는 보통 사람들, 기존 협동조합에 종사하고 있는 임직원 및 조합원, 협동조합을 창업하려고 하거나 협동조합에 취업하고자 하는 사람들, 협동조합 정책 수립 및 집행 담당자들, 협동조합 과목을 수강하는 학생 및 협동조합 일반 강좌 수강생들에게 도움이 되기를 기대한다. 아울러 협동조합은 실천적 학문이지만 어떠한 단일한 이론에 의해서 실천되는 영역이 아니라 다양한 이론에 의해서 종합적으로 발전하는 영역이라는 점에서 이 책의 부족한 부분과 개선할 부분에 대한 독자들의 아낌없는 질책과 조언을 바란다. 필자는 이러한 질책과 조언을 달게 받아들여서 보완하여 이 책이 몬드라곤협동조합 복합체의 창시자인 호세 마리아 신부님이 말씀하신 "우리는 함께 나아가면서 길을 만든다"는 정신을 실천하는데 노력하고자 한다. 마지막으로 필자가 2003년 7월 한국협동조합연구소 일을 중단하고 미국 유학의 길에 오를 때 격려와 지원을 아끼지 않으셨던 일백 여 선배, 동료, 후배분들에게 이 책을 바친다.

2014년 11월

장종익

차
례

제1장

왜
협동조합인가?

1
협동조합이란 무엇인가?

협동조합은 기업이다. 그러나 자본주의 사회의 지배적인 기업 형태인 주식회사와는 다른 기업이다. 사람들에게 필요한 재화와 서비스를 생산한다는 점에서 주식회사와 다를 바 없지만 자본주의적 시장경제 원리와는 다른 생산과 소비 방식, 협동과 연대의 원리에 의해 움직이는 경제체제를 추구하는 사람들이 채택한 기업 방식이라는 점에서 차이가 시작된다.

협동조합은 근대 유럽에서 자본주의 사회가 등장해 발전한 이후, 자본주의 사회 내에서 배태되어 나타났다. 20세기 캐나다의 협동조합 리더였던 레이들로^{Laidlaw} 박사는 다음과 같이 협동조합을 서술하였다.

> "사회적·경제적 시스템으로서의 협동조합은 하나의 특정한 개념이나 사회이론에 의거하지 않고 상부상조, 보다 큰 힘을 위한 약자의 연대, 수익과 손실의 공정한 분배, 자조, 공통의 문제를 가진 사람들의 결합, 자본에 대한 인간의 우선, 착취 없는 사회, 나아가 유토피아의 추구와 같은 다양한 생각과 개념을 집대성한 것에 기초하고 있다."(레이들로, 1980, p. 59)

협동조합에 대한 사상가와 이론가가 적지 않지만, 이 설명과 같이 협동조합은 어떠한 특정한 이론에 입각하여 실천된 것이 아니다. 수많은 보통사람들에 의해서 실천되어 온 조직이고 사회다. 협동조합은 수많은 사람들의 실천적 집단 지성에 의해서 그 모습이 갖추어져 왔다. 오늘날 지구상에 수많은 협동조합이 운영되고 있고, 다양한 형태를 보이고 있지만 다음과 같은 점에서 공통적이다.

> "모든 협동조합에 공통되는 개념은 사회적으로 바람직함과 동시에 모든 참여자에게 이익을 주는 서비스나 경제 제도를 보장하기 위하여 민주주의와 자조의 토대 위에서 공동으로 행동하고자 하는 크고 작은 사람들의 모임이라는 것이다."(레이들로, 1980, p. 59)

협동조합의 개념에 대하여 좀 더 체계적으로 이해하기 위해서는 세계 협동조합 운동의 구심 역할을 해온 국제협동조합연맹ICA이 1995년에 발표한 협동조합 정체성 선언을 참고할 필요가 있다. 이 선언에는 협동조합의 정의, 가치, 운영 원칙 등이 담겨 있다.[1] 이 선언에 따르면, '협동조합은 공동으로 소유되고 민주적으로 운영되는 사업체를 통하여 공통의 경제·사회·문화적 필요와 욕구를 충족시키고자 하는 사람들이 자발적으로 결성한 자율적인 조직'이다. 이 정의는 크게 세 가지 요소로 구성되어 있다.

첫째, 협동조합은 '사람들persons이 결성한 조직' 즉, 결사association라는 점이다.[2] 세계적으로 살펴보면 개인individuals만을 조합의 가입 대상으로 하고 있는 단위 조합이 있는 반면, 회사와 같은 법인legal persons도 가입 대

----

[1] 이하에서는 다음의 문헌을 참조하였다. Macpherson, I., *Cooperative Principles for the 21st Century*, Geneva, International Cooperative Alliance, 1996(장종익·김신양 역, 『성공하는 협동조합의 일곱가지 원칙』, (사)한국협동조합연구소, 2001, p. 23).

[2] 불어권 전통에서는 사회적 경제의 주요 조직을 '협동조합, 공제조합, 결사(association), 재단 등'으로 유형화하는 경우가 있는데, 여기서 말하는 협동조합은 넓은 의미의 결사이지만, 사회적경제 조직의 하나로 거론되는 결사(association)는 협동조합을 제외한 공익적 이타적 조직을 지칭한다. 이 점을 지적해주신 신명호 박사께 감사드린다.

상으로 허용하고 있는 단위 조합도 적지 않다. 연합 단계의 협동조합이 이종 협동조합을 회원으로 하는 경우도 흔히 있다. 어떤 경우이든 협동조합의 민주적 실천의 본질은 조합원(회원조합)에 의해 결정되어야 한다. 이러한 협동조합은 자발적으로 조직돼야 하고 조합의 목적과 능력 내에서 조합원의 가입과 탈퇴가 자유로우며, 정부 및 사기업과의 관계에서 독립적이고 자율적인 조직이어야 한다.

둘째, 협동조합은 '공동으로 소유되고 민주적으로 관리되는 기업enterprise'이다. 공동으로 소유되고 민주적으로 관리된다는 이 두 가지 특징은, 자본에 의해 통제되는 사기업이나 정부에 의해 통제되는 공기업 등 다른 종류의 조직과 협동조합을 구분하는 중요한 요소다. 시장경제에서 지배적인 기업 형태인 주식회사는 자본에 의해 효율적으로 통제되어 왔는데 공동으로 소유되고 민주적으로 관리되는 기업인 협동조합이 왜 생겨났을까? 이러한 의문에 답하기 위한 것이 바로 세 번째의 구성 요소다.

협동조합은 '조합원들이 공통의 경제·사회·문화적 필요와 욕구를 충족시키기 위해' 조직된다. 이 설명은 조합원이 협동조합이 공급하는 재화나 서비스의 이용 혹은 질 좋은 일자리의 안정적 확보, 기타 조합원 개개인의 상호 이익을 위해 협동조합을 조직한다는 점을 강조한 것이다. 주식회사처럼 투자자의 이윤 극대화를 목표로 하지 않는다는 점이 중요하다.

조합의 주된 존재 이유는 경제적 목적의 충족이지만 그들은 사회·문화적 요구 또한 가지고 있다. 여기에서 '사회적 필요'란 의료보건 서비스나 육아 서비스의 제공 같은 종류의 필요를 충족시키는 것을 뜻한다. 조합원의 관심사와 소망에 따라 문화적 목적도 포용할 수 있다. 예를 들어 전통문화의 진흥을 위한 지원, 평화의 증진, 스포츠와 문화 활동 후원, 그리고 지역 사회에서의 여러 조직과의 관계 증진 등이 있다. 미래에는 문화적·지적·정신적 측면에서 더 나은 생활 방식을 제공하는 일이 조합원에게 혜택을 주고 지역 사회에 기여하는 중요한 방법이 될 수 있다.

조합원의 공통의 필요와 열망을 충족시키기 위하여 설립된 협동조합은 어떠한 가치를 추구하면서 운영될까? 국제협동조합연맹의 선언에서는 '협동조합은 자조, 자기 책임, 민주, 평등, 형평성, 그리고 연대 등 6대 가치를 기반으로 하며, 조합원은 협동조합 선구자들의 전통에 따라 정직, 공개, 사회적 책임, 타인에 대한 배려 등 4대 윤리적 가치를 신조로 한다'고 명시돼 있다. 여기에서 '자조'는 모든 사람들이 자신의 운명을 스스로 개척할 수 있고 또 그렇게 노력해야 한다는 믿음에 바탕을 두고 있다.

그런 한편, 협동조합인은 개인의 발전이 타인과의 관계 속에서만 온전히 실현될 수 있다고 믿는다. 개인으로서 한 사람이 노력해 얻을 수 있는 것은 한세가 있지만, 공동 행동과 상호 책임을 통해 시장 또는 정부에 대해 결집된 영향력을 발휘한다면 보다 많은 것을 얻을 수 있다. 개인은 상호 협력을 통해 기술을 배우고, 지식을 얻으며, 자신이 소속된 단체에 대해 통찰력을 갖게 되는 등 자신을 발전시킬 수 있다. 따라서 협동조합은 관련된 사람들을 지속적으로 교육시키고 발전을 도모할 수 있는 기관이다. '자기 책임'이 뜻하는 바는 조합원들이 조합을 설립하고 활력을 유지하는 일에 스스로 책임을 진다는 것이다. 여기서 자조, 자기 책임, 민주는 사람들을 계급이나 대중 등 집단의 관점에서 바라보는 것이 아니라, 자기 운명의 주인공인 한 사람 한 사람의 물질적·정신적·정서적·관계적 발전을 위해 협동조합이 기여할 필요가 있다는 의미에서 강조된 가치들이다.

또한 협동조합은 평등, 형평성equity, 그리고 연대solidarity의 관점에서 운영될 필요가 있다. 협동조합의 기초단위는 조합원으로서의 개인이거나 혹은 개인들의 집단이다. 조합원은 가능한 평등하게 조직되어야 하며, 평등을 이루고 유지하는 방향으로 사업 방식을 개발해야 한다. 대규모 조합이나 연합회는 이 문제로 어려움을 겪기도 한다. '형평성'을 유지하는 것 역시 협동조합들이 끊임없이 신경써야 하는 과제다. 형평성은 조합원이 조합 내에서 어떻게 다루어지느냐의 문제다. 조합원들은 조합 활동에 참여한 결과로서 보통 이용고 배당, 내부 유보금 상의 지분, 혹은 수수료의 감축 등의 보상을 받게 되는데, 이는 조합원 모두에게 공정하게 적용돼야 한다.

운용상의 마지막 가치는 '연대'이다. 협동조합은 조합원의 결사association일 뿐만 아니라 하나의 공동체collectivity다. 모든 조합원은 가능한 한 공정하게 취급받아야 한다. 동시에 조합원들은 항상 공익을 생각하며, 협동조합과 관련된 비조합원 및 직원(조합원이든 아니든)들을 공정하게 대우해야 하는 책임을 가진다. 협동조합이 조합원 공동의 이익을 위해 책임감을 지녀야 한다는 뜻이기도 하다. 이는 특히 조합의 재정적·사회적 자산이 공동 활동과 참여의 결과 얻어진 조합원 전체의 것이라는 점을 상기시킨다. 이러한 의미에서 연대라는 가치는 협동조합이 단순히 개인들의 결사 이상으로 집단적인 힘과 상호 책임이 결합된 조직이라는 사실을 말해준다.

한걸음 더 나아가 협동조합의 가치로서의 연대는 협동조합인과 협동조합이 함께 서야 함을 의미한다. 이를 통해 지역 및 전국적으로, 그리고 대륙 및 전 세계적으로 단결된 협동조합 운동을 열망한다. 협동조합은 조합원에게 고품질의 상품과 서비스를 저렴한 가격에 제공할 수 있도록 모든 실천적인 방법을 통해 협동하여야 한다. 협동조합인과 협동조합은 각기 다양한 목적과 내용을 지니고 있지만 협동조합으로서 공통점이 있다는 사실을 항상 인식할 필요가 있다.

최근에 대규모 주식회사들이 기업의 사회적 책임corporate social responsibility을 인식하고 이를 실천하고 있지만 협동조합은 19세기 중반 탄생할 때부터 이미 운영의 윤리적 가치를 중요시했다. 협동조합인들은 사업을 운영함에 있어서 정직과 투명성을 견지해왔으며, 지역 사회와 맺고 있는 관계에 있어서 사회적 책임과 타인의 배려라는 윤리적 가치를 실현하기 위해 노력해왔다. 전통적으로 협동조합은 지역 사회 주민들에게 개방돼 있으며, 지역 사회에 존재하는 공동체 기관으로서 주민들의 건전한 삶에 대해 관심을 가져 왔다. 많은 협동조합들은 지역 사회를 위해 인적 재정적 자원을 제공하는 등 타인을 배려하는데 앞장서 왔으며 세계 협동조합 운동의 발전을 위해서도 폭넓은 지원을 해 왔다. 국제협동조합연맹은 이러한 협동조합의 기본적 가치와 윤리적 가치를 실현하기 위한 지침으로써 협동조합의 7대 운영원칙을 설정했다(〈표 1-1〉 참조).

협동조합의 제1운영 원칙은 자발적이고 개방적인 조합원제도Voluntary and Open Membership이다. 즉, 협동조합은 조합의 사업을 이용하고 책임을 수행할 의시가 있는 자에 대해서는 개방적이다. 제2원칙은 조합원에 의한 민주적 관리Democratic Member Control 원칙이다. 조합의 운영은 조합원의 평등한 의결권과 주체적 참여에 기초하여 이루어지고, 조합 및 연합 조직의 통제권이 조합원에 의해서 행사될 수 있도록 운영될 필요가 있다. 협동조합의 제3원칙은 조합원의 경제적 참여Member Economic Participation이다. 조합원은 협동조합의 자본조달에 있어서 공평하게 부담하고 형성된 자본에 대하여 민주적으로 관리한다. 협동조합 자본의 일부는 공동재산으로 보유할 필요가 있고, 출자 배당은 시장이자율 이내로 제한하여야 하며, 배당이 이루어질 필요가 있을 때에는 조합원이 조합의 재화 및 서비스를 이용한 비율에 따라 배당해야 한다. 또한 잉여의 일정 부분은 협동조합의 지속적인 발전을 위한 내부유보와 지역 사회 및 사회문제 해결을 위하여 활용할 필요가 있다.

제4원칙은 자율과 독립Autonomy and Independence이다. 협동조합은 조합원에 의하여 자율적으로 설립 운영되고, 정치적으로는 자주, 경제적으로는 자립을 지향한다. 협동조합의 제5운영 원칙은 교육, 훈련 및 정보제공 Education, Training and Information이다. 협동조합은 조합원에 의한 민주적 관리를 실천하기 위하여 협동조합에 대한 교육, 직무교육, 일반대중에 대한 협동조합 정보 제공을 이행할 필요가 있다. 제6원칙은 협동조합간의 협동 Co-operation Among Co-operatives이다. 협동의 이익을 증진하고 협동조합의 생존율을 높이며, 보다 나은 사회를 위하여 동종, 이종, 지역, 전국, 국제적으로 협동조합 간 협동을 실천한다. 마지막으로 협동조합의 제7운영 원칙은 지역 사회에 대한 기여Concern for Community 원칙이다. 이 원칙은 세계화에 대한 협동조합 진영의 대응 원칙을 표명한 것으로 협동조합은 지역을 떠나서는 존재할 수 없기 때문에 살기 좋은 지역 사회의 건설과 지역 환경문제에 대해 협동조합이 보다 적극적인 활동과 지원을 할 필요가 있다는 점을 명확히 한 것이다.

〈표 1-1〉 국제협동조합연맹(ICA)이 선언한 협동조합 가치와 운영 원칙		
기본적 가치	윤리적 가치	운영 원칙
자조	정직	제1원칙: 자발적이고 개방적인 조합원제도
자기책임	공개	제2원칙: 조합원에 의한 민주적 관리
민주주의	사회적 책임	제3원칙: 조합원의 경제적 참여
평등	타인에 대한 배려	제4원칙: 자율과 독립
형평		제5원칙: 교육 · 훈련 및 정보 제공
연대		제6원칙: 협동조합 간 협동
		제7원칙: 지역 사회에 대한 기여

2
왜 지금 협동조합에 대한 관심이 급증하는가?

협동조합은 새로운 아이디어가 아니다. 1800년대부터 존재해 온 현상이다. 우리나라에서도 멀리는 일제시대부터, 가까이는 1960년대 신용협동조합 운동 이래로 협동조합 운동이 꾸준히 실천돼 왔으며, 1990년대부터는 유기농 식품의 공동구입, 공동육아, 공동의료서비스 구입 등을 위한 생협 운동이 전개돼 왔다. 그러나 이러한 협동조합 운동은 사회의 일각에서 일부 지식인을 중심으로 주도되어 왔을 뿐, 사회 전반에서 주목을 받지는 못했다. 그런데 2011년 말 협동조합기본법이 제정되고 유엔에 의해서 2012년을 세계 협동조합의 해로 지정하면서 우리 사회에서 협동조합에 대한 관심이 폭발적으로 증가했다. 이러한 관심은 협동조합기본법 시행 이후 1년 만에 3,000개, 1년 9개월 만에 5,400개의 협동조합이 실로 다양한 분야에서 갖가지 유형으로 설립된 현상을 봐도 확인할 수 있다. 이에 따라 정부, 정당, 언론 등에서도 협동조합에 대한 관심이 크게 증가하고 있다. 왜 이렇게 협동조합에 대한 관심이 커지는 것일까?

가장 큰 이유는 최근 자본주의적 시장경제 체제가 우리들의 삶을 더욱 어렵게 만들고 있기 때문이다. 특히 1997년 외환위기 이후 우리나라의 경제 체제가 성장, 분배, 소비, 복지, 공동체 등 여러 측면에서 커다란 문제점을 드러내 왔기 때문에 새로운 대안적 경제 방식에 대한 열망이 커져 왔다.[3]

한국은 2차 세계대전 이후 식민지로부터 독립한 국가들 중에서 짧은 기간 내에 빈곤의 덫으로부터 탈출하고 민주주의를 달성한 몇 안 되는 나라다. 특히 빈곤의 덫으로부터 탈출하기 위해 국민들은 허리띠를 졸라매고 저축을 늘렸으며, 정부는 세계 시장에서 경쟁할 수 있는 대표 기업에게 가능한 모든 자원을 몰아줬고, 그 성과를 위해 많은 국민들은 자신들의 소중한 권리마저 유보당하고 헌신하였다.

이러한 고도 성장을 이뤄낸 요인을 제도적 측면에서 볼 때, 농지 개혁을 통한 소유권의 평등한 배분, 전근대적 지주계급 및 신분제 유제의 철폐와 기회 균등화, 그리고 행정부, 대기업, 은행, 언론사 등의 일자리를 배분함

---

3) 자세한 내용은 장종익(2012)을 참조할 것.

에 있어서 입사 시험이라고 하는 객관적 평가 방식에 입각한 경쟁체제의 도입 등이 성장을 촉진했다. [4] 또한 성장 전략 측면에 보면, 정부의 신용 할당을 정책 수단으로 하고, 대기업 위주의 수출주도 전략을 규율의 수단으로 해서 이뤄진 국가 주도의 선별적 산업정책을 통하여 고도 성장이 달성됐다. 이러한 세 가지 요소를 조절하는 중요한 메커니즘이 국가 주도의 중앙집권적 조절 메커니즘이었다. [5]

이렇게 고도 성장을 달성했지만, 한국은 국가 주도 압축 성장 방식의 내적 모순과 세계화 등 환경 변화에 대한 국가 차원의 전략적 대응 미흡 등으로 인해 1997년 외환위기를 겪게 된다. 그리고 외환위기를 극복하는 과정에서 신자유주의적 정책이 대거 도입되면서 사회 경제 구조가 다시 한번 변화하게 된다. 성장률의 둔화와 실업의 증가, 양극화의 심화, 기회의 불평등 및 불공정 거래의 증가, 시장의 과잉 및 사회적 갈등의 증폭 등이다. 또한, 노령화 및 여성의 경제적 진출 증가에 따라 사회 서비스 수요가 증가한 것이 중요한 사회경제적 과제로 대두됐다.

1) 실업의 증가

신자유주의에 따른 사회의 변화 중 첫 번째로 살펴볼 것은 실업의 증가, 특히 청년 실업률의 증가 문제다. 외환위기 직전에 정부가 발표한 공식 실업자 수는 43만 5천명, 실업률은 2%에 불과했다. 거의 완전 고용에 가까운 나라였다. 그러나 1998년 공식 실업률은 7%로 뛰어올랐고, 실업자 수는 약 139만 명에 달했다. 이후 실업 문제는 가장 큰 사회경제적 과제가 됐다. 정부의 공식 실업률 통계는 2001년부터 3%대로 떨어져 10여 년 이

4) 유정식 외, 2012.
5) 전병유, 1999.

상 이 수준을 유지한 것으로 발표됐지만 체감 실업률과 공식 실업률 사이에 괴리가 큰 실정이다.

이는 실업자 통계 작성 기준 상 공식 실업자의 개념이 '4주간 구직활동을 했고, 즉시 취업이 가능하지만 일자리를 얻지 못한 자'로 정의돼 있기 때문이다. 여성, 청년, 고령자 등 노동시장 기반이 취약한 계층이 취업 여건이나 경제 상황의 악화로 인해 지속적으로 구직 활동을 하지 못 할 경우 '실업 상태에 머물기보다 노동시장 퇴장을 선택'한 것으로 간주하는 것이다. 이로 인해 실업자 수준이 과소 추정된다.[6] 〈표 1-2〉는 통계청의 경제활동인구조사 원자료를 분석한 것으로 비경제활동인구에 포함된 구직단념자, 취업준비생, 일자리가 없어서 쉬는 인구 등을 잠재적 실업자로 집계해보면 사실상 실업률은 10.6%(2007년) 즉, 279만 명에 달한다. 즉, 10명 중 1명은 실업자인 셈이다.

〈표 1-2〉 공식 실업률과 사실상 실업률

(단위: 천명, %)

	2003	2005	2007
생산가능인구	37,339	38,300	39,170
경제활동인구	22,956	23,743	24,216
취업자	22,139	22,856	23,433
실업자	818	887	783
공식실업률	3.6	3.7	3.2
비경제활동인구	14,383	14,567	14,954
구직단념자	268	350	295
취업준비생	321	428	505
유휴인력	818	1,107	1,206
사실상 실업률	9.1	10.8	10.6
공식 청년실업률	8.0	8.0	7.2
사실상 청년 실업률	16.6	18.9	19.3

출처: 이시균 외(2008)

....

6) 이시균 외, 2008.

여기에 일을 더하고 싶어도 일거리가 없어서 1주일에 36시간 미만으로 일하는 인구 약 80여만 명까지 포함시키면 사실상 실업률은 더 높아진다. 정부의 공식 실업률 수치 감소에도 불구하고 이러한 잠재적 실업자들은 증가하고 있다는 점에서 정부 실업률 통계가 현실과 얼마나 동떨어져 있는지 알 수 있다. 청년 실업의 문제는 더욱 심각하다. 공식 청년(15-29세) 실업률 통계는 2007년 7.2%로 2003년에 비해 감소 추세인 듯이 보이지만, 위와 같은 방법으로 사실상의 청년 실업률 통계를 내 보면 19.3%로 오히려 증가 추세를 보이고 있다. 청년 5명 중 1명이 실업자라는 뜻이다. 이 추세는 최근에도 여전히 지속되고 있다.[7]

이러한 사실상 실업률의 증가는 질 좋은 일자리 수는 감소하고 노동시장에서의 격차가 심해진 데 따른 것이다. 이로 인해 노동시장으로 진입을 늦추거나 조기에 은퇴하고 불안정한 자영업에 진출하는 인구가 늘어나고 있다. 〈표 1-3〉에서 보는 바와 같이 우리나라에서 임금 근로자 수 10인 미만의 사업체에 종사하는 근로자는 2010년에 690만 명으로 전체 임금 근로자의 39.2%에 달한다. 비율은 1995년에도 41.3%였으므로 큰 변동이 없었지만, 인원수는 1995년 549만 명에서 눈에 띄게 증가했다. 반면 종업원 300명 이상의 대기업에 종사하는 임금근로자의 비중은 1995년에 18.4%에서 2010년에 14.5%로 감소했다. IMF 외환위기 이후에 크게 감소했다가 최근에 약간 회복된 것이 이 수준이다. 이는 재벌기업이 일자리 창출에 별로 기여하지 못하고 있음을 보여준다.

〈표 1-4〉를 보면 수출을 주로 하는 재벌기업들이 최근 들어 수출을 늘려서 국내 부가가치를 유발하기보다는 수입 유발을 더 많이 하는 생산방식을 채택하고 있음을 알 수 있다. 수출의 국내 부가가치 유발이 높으면

....
7) 박진희, 2012.

〈표 1-3〉 기업규모별 임금 근로자 수 추이(1995-2012)

		1-4명	5-9명	10-49명	50-300명	300명 이상	합계
1995	사업체 수 (천개)	2,377	210	154	26	3.1	2,771
	종사자 수 (천명, %)	4,166 (30.6)	1,322 (9.7)	3,012 (22.1)	2,622 (19.2)	2,511 (18.4)	13,634 (100.0)
2000	사업체 수 (천개)	2,571	246	168	26	2.1	3,013
	종사자 수 (천명, %)	4,651 (34.2)	1,552 (11.4)	3,235 (23.8)	2,528 (18.6)	1,636 (12.0)	13,604 (100.0)
2005	사업체 수 (천개)	2,678	299	193	31	2.4	3,205
	종사자 수 (천명, %)	4,770 (31.5)	1,889 (12.5)	3,703 (24.4)	2,990 (19.7)	1,795 (11.9)	15,147 (100.0)
2010	사업체 수 (천개)	2,805	283	225	40	3.3	3,355
	종사자 수 (천명, %)	5,057 (28.8)	1,841 (10.4)	4,358 (24.7)	3,818 (21.6)	2,556 (14.5)	17,647 (100.0)

출처: 통계청, 전국사업체조사, http://kosis.kr

〈표 1-4〉 수출의 수입유발 및 부가가치유발계수(2010년)

	수입유발		생산유발		부가가치유발	
	구성비	계수	구성비	계수	구성비	계수
소비	34.0	0.260	40.8	1.729	51.0	0.786
투자	21.6	0.379	19.5	2.060	18.2	0.715
수출	44.3 [39.4]	0.458 [0.383]	39.7 [32.9]	2.007 [1.980]	31.1 [24.9]	0.542 [0.617]

주: [ ] 내는 2005년, 출처: 한국은행

중소기업 및 내수산업이 발전하며 그에 따른 고용이 증가하고 대외의존
도도 하락하지만 그 반대의 현상이 벌어지고 있다. 국내총생산에서 수출
의 비중은 2005년 39.4%에서 2010년 44.3%로 높아졌지만 수출의 부가
가치유발계수는 2005년에 0.617에서 0.542로 감소했다. 반면 수입유발

계수는 2005년 0.383에서 0.458로 증가 추세다. 즉, 현재의 수출의존 경제구조 하에서는 수출을 늘려도 고용이 증가하기보다는 수입이 더욱 늘어나게 되는 것이다.

또한 우리나라의 높은 자영업자 비중은 고용 문제의 심각성을 보여준다. 〈표 1-5〉를 보면 임금 근로자의 비중은 1990년도 60.5%에서 2010년에 71.2%로 증가해 자본주의적 임노동관계가 확대되고 있다. 그렇지만 고용원 없는 자영업자의 수는 1990년 390만 명에서 2010년 409만 명으로 증가 추세다. 고용원 있는 자영업자의 수도 1990년 117만 명에서 2010년 150만 명으로 늘어났다. 이렇게 높은 자영업자 비중은 주식회사의 고용창출 및 유지능력이 발휘되지 못하고 있음을 보여준다.

〈표 1-5〉 종사상 지위별 취업자

(단위: 천명, %)

	비임금 근로자	고용원 있는 자영업자	고용원 없는 자영업자	무급가족 종사자	임금 근로자	전체
1990	7,135 (39.5)	1,168 (6.5)	3,900 (21.6)	2,067 (11.4)	10,950 (60.5)	18,085 (100.0)
1995	7,515 (36.8)	1,520 (7.4)	4,049 (19.8)	1,946 (9.5)	12,479 (63.2)	20,414 (100.0)
2000	7,795 (36.8)	1,458 (6.9)	4,407 (20.8)	1,931 (9.1)	13,360 (63.1)	21,156 (100.0)
2005	7,671 (33.6)	1,664 (7.3)	4,508 (19.7)	1,499 (6.6)	15,185 (66.4)	22,856 (100.0)
2010	6,858 (28.8)	1,499 (6.3)	4,093 (17.4)	1,266 (5.3)	16,971 (71.2)	23,829 (100.0)

출처: 통계청, 2010, 『경제활동인구조사』

우리나라 자영업 종사자 비중을 다른 나라와 비교해보면, 2010년 기준 OECD 34개국 평균 자영업 종사자 비중은 16.0%인데 비해 한국은 28.8%로, 상대적으로 높은 수치를 보인다. 〈그림 1-1〉에서 보는 바와 같이 미국, 덴마크, 노르웨이, 캐나다, 프랑스 등은 자영업 종사자 비중이 10% 미만인 나라들이고, 한국을 포함하여 터키, 그리스, 멕시코, 이탈리아, 폴란드, 포르투갈 등은 자영업 비중이 20%가 넘는 나라들이다. 더욱이 한국의 자영업 종사자들은 시장경쟁 하에서 높은 소득 위험에 노출돼 있으며, 대기업들이 도소매업 등에 진출하면서 자영업의 소득이 악화되고 있다. 최근 자영업 가구 소득은 임금 근로 가구 소득의 76% 수준에 불과한 실정이다.[8]

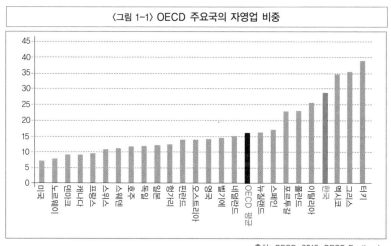

〈그림 1-1〉 OECD 주요국의 자영업 비중

출처: OECD, 2012, OECD Factbook

이렇게 심각해지는 실업문제에 대해 협동조합이 어느 정도 해결책이 될 수 있을 것이라는 기대가 있다. 협동조합은 투자자의 이윤 극대화보다는 질 좋은 고용의 창출을 목표로 운영될 수 있기 때문이다. 특히 노동자협

....

8) 김복순, 2014.

동조합은 노동자조합원의 고용의 안정과 질 좋은 일자리의 창출, 기업 내 민주주의 실현을 주요 목적으로 설립되고 있다.

또한 전통적인 소상인들과 공인들도 협동조합을 설립하고 있다. 세계화 및 정보통신혁명이라고 하는 시장 및 기술 환경의 급격한 변화에서 희생양이기만 했던 소상인 및 공인들이 환경의 변화에 자조적이고 주체적으로 적용하고자 나서고 있는 것이다. 이들이 협동조합을 통해 규모의 경제 및 범위의 경제의 이점을 살리고, 동시에 소규모 사업체로서 가져온 장점을 잘 유지한다면 사업을 발전시키고 고용의 안정에도 기여할 수 있다.

2) 양극화 및 기회의 불균등성 심화

우리나라에서는 고도 성장 기간 동안에 재벌과 중소기업 간의 구조적 격차가 확대됐지만 소득불평등지수는 상대적으로 높지 않았다. 기업 규모 간 임금 격차가 존재했지만 재벌기업으로의 진입과 퇴출 장벽이 높지 않았고, 세대 간 계층 이동의 기회는 높은 편이었다. [9]

그러나 IMF 외환위기 이후 상황은 바뀌었다. 소득불평등지수가 높아졌고, 양극화가 크게 진척됐으며, 세대 간 계층 이동의 기회도 줄어들었다. [10] 김낙년(2013)의 추정에 따르면, 한국의 소득불평등은 IMF 외환위기 이후 급격히 심화됐다. 『21세기 자본』의 저자 피케티의 자료 분석 방법에 따라 김낙년(2013)이 추정한 것에 따르면, 〈그림 1-2〉에서 보이는 바와 같이, 우리나라 상위 1%의 소득 집중도는 농지개혁과 한국전쟁 이후 크게 낮아졌으나 외환위기 이후 다시 급격히 높아지고 있다. 미국의 상위 1%가 전체 소득의 20% 가까이를 가져간다면 한국의 상위 1%는 약 13%

....

9) 김희삼, 2011.
10) 전병유 외, 2007; 김희삼, 2011.

를 가져가고 있다. 이는 우리나라 소득 분배 구조가 영·미형을 닮아가고
있음을 의미한다.

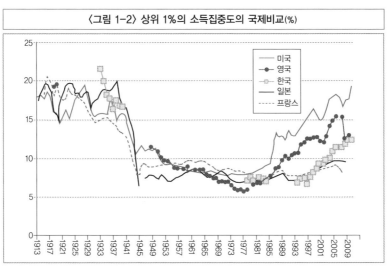

〈그림 1-2〉 상위 1%의 소득집중도의 국제비교(%)

출처: 김낙년(2013)

　이러한 소득의 양극화는 소위 중산층의 붕괴를 가져온다. 경제협력개
발기구(OECD)는 전체 가구를 소득 순으로 줄을 세웠을 때 맨 가운데에 해
당하는, 중위 소득의 50~150%에 해당하는 소득을 버는 가구를 중산층
으로 규정한다. 그보다 적으면 저소득 가구(빈곤층), 많으면 상류층(고소득
가구)으로 분류한다. 이 기준을 적용해 계층별 소득 비중의 추이를 분석하
면, 전국 가구의 총소득을 기준으로 1992년 75.4%였던 중산층의 비중이
1998년 67.7%, 2010년 63.7%로 낮아졌다. 반면에 빈곤층 비중은 7.4%
에서 1998년 11.4%, 2010년 14.9%로 커졌다(〈그림 1-3〉 참조).

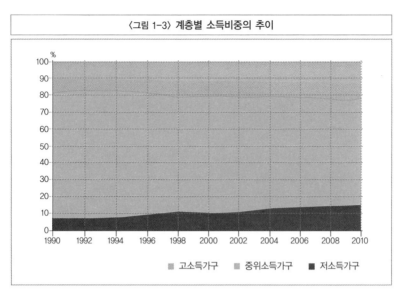

〈그림 1-3〉 계층별 소득비중의 추이

주: 2인 이상 도시가구 기준이며, 고소득가구, 중위소득가구, 저소득가구는 전체인구 평균소득의 각각
150% 이상인 집단, 50~150%인 집단, 50% 이하인 집단으로 구분.

자료: 통계청, 가계동향조사

또한, 1960~1970년대 전 국민이 빈곤의 늪에서 벗어나기 위해 노력했던 시절, 대표적인 타파 대상이었던 고리대금업이 다시 등장, 저소득층으로 하여금 빈곤의 악순환에 빠져들게 되는 현상이 나타나고 있다. 〈표 1-6〉에서와 같이 대부업 거래자 수가 2007년 9월 89만 명에서 2011년 12월에 252만 명으로 급증했고, 대출 금액도 4조 1천억 원에서 8조 7천억 원으로 두 배 이상 늘어났다. 대부업 대출의 최고 금리는 2011년 6월 44%에서 39%로 인하됐는데, 신용대출의 경우 대부분 최고 금리에 근접한 금리가 적용되는 것으로 조사됐다.

이러한 양극화는 성장 동력의 감소로 인한 실업의 증가와 고용 구성 상 비숙련 노동자 계층의 고용 상황 악화 및 임시·일용직 비중 상승, 그리고 전통적 서비스 산업에서의 생계형 자영업의 증가 등에 기인하는 것으로 분석된다.[11] 협동조합이라고 해서 이런 양극화의 원인을 치유할 수 있는 것

〈표 1-6〉 대부업 시장규모의 추이				
	2007. 9	2009. 12	2010. 12	2011. 12
등록업체수	18,197	14,783	14,014	12,486
거래자 수	893,377	1,674,437	2,207,053	2,522,000
대출금액(억원)	41,016	59,114	75,655	87,200

자료: 금융감독원

은 아니지만, 다양한 분야에서 여러 유형의 협동조합이 활성화되면 양극
화 심화를 막는 데 일조할 수 있을 것으로 기대되고 있다.

3) 노령화, 여성의 경제적 진출 증가에 따른 사회 서비스 수요의 증대와 사회적 배제층의 증가

우리나라는 세계 최저 수준의 출산율(2011년 1.24명) 등 원인으로 OECD
국가 중에서 고령화 속도가 가장 빠른 나라다. 노인의 비중이 2012년에
이미 11.8%에 달해, 2026년에는 초고령 사회(노인비중 20%)에 진입할 것으
로 보인다. 심지어 2040년에는 노인의 비중이 32.3%, 전체의 3분의 1 수
준에 이를 것으로 전망된다. 더욱이 우리나라의 노인 빈곤율은 45.1%로
미국 22.4%, OECD 평균 13.5%(2011년)보다 훨씬 높고 개인의 노후 준
비도는 낮은 편이어서 향후 보건·의료, 노령연금 등에 대한 복지 수요가
크게 증가할 수밖에 없는 실정이다.

또한 여성의 경제적 진출이 높아지고 향후 지속적으로 확대될 것으로
예상됨에 따라 육아 및 아동 돌봄 서비스에 대한 수요가 증가하고 있다.
그러나 이런 서비스에 대한 신뢰할 만한 공급 기관은 많지 않다.

....

11) 신인석 외, 2006; 전병유 외, 2006.

자살률은 2000년 13.6명에서 2005년 24.7명, 그리고 2010년 31.2명으로 급속히 상승하는 중이다. 사회적 배제층에 대한 배려가 매우 부족한 사회로 변질돼 가는 것이 그 한 원인이다. 빈곤층의 노인과 아동, 장애인 등에 대한 포용적 배려가 미흡하기 때문에 사회적 갈등도 증폭되고 있는 것으로 보인다. 우리나라의 복지 지출 규모는 2010년 10.2%(보건사회연구원 추계, 2012)로 OECD 평균(22.0%)의 46% 수준에 불과하다.

서비스 전달 체계 측면에서 볼 때, 이러한 노인복지 서비스나 육아 서비스를 전통적인 자본주의 시장 방식을 통해 전달하게 되면, 서비스 품질에 대한 신뢰도 등에서 문제가 발생할 것으로 보이는데, 이에 대한 공급체제를 어떻게 효율적으로 구축할 것인가가 중요한 과제다. 그런 측면에서 전통적인 공동육아 소비자협동조합뿐만 아니라 최근 등장한 사회적협동조합은 서비스 이용자 참여형 서비스를 제공함으로써 사회복지 서비스를 효과적으로 제공할 수 있는 조직으로 주목되고 있다. [12]

4) 시장의 과잉과 공동체성의 약화

마지막으로 생각해 볼 문제는 시장의 과잉에 따른 공동체성의 약화다. 대부분의 선진국에서 나타나는 이 현상으로 사회는 점차 차가운 개인주의적 성향을 띠어가고 있다. 거의 모든 생활에 금전적 거래에 기초한 자본주의적 시장경제 원리가 적용됨에 따라 전통적 마을에서 발견되던 호혜와 연대, 나눔의 모습은 점차 사라지고 있다.

최근 아파트의 층간 소음으로 인한 이웃 간 갈등이 심각해지는 사실에서도 확인되듯이, 같은 공간에 거주하는 사람들 사이에서도 '마을'의 개념

---

12) Borzaga(2012)를 참조할 것.

은 찾아볼 수 없게 됐다. 아파트든 단독주택이든 여러 사람들이 모여 사는 곳은 마을이 될 수 있다. 사람들도 마을이라는 공동체, 그리고 거기서 서로 의지할 수 있는 이웃사촌들을 마음속으로는 그리고 있지만, 이를 실현할 수 있는 구체적 계기를 찾지 못 한 채 살아가고 있다.

협동조합은 공통의 어려움을 지닌 사람들이 학연·혈연·지연에 관계없이 협동으로 문제를 해결해나가는 실천적 조직이다. 때문에 사람들 간의 지나친 개인주의화 경향을 해소하는데 기여할 수 있다. 적지 않은 도시의 사람들이 마을공동체의 회복과 지역 사회의 발전에 협동조합이 기여할 수 있을 것으로 기대하고 있다. 특히 사회적협동조합의 한 종류라고 할 수 있는 코뮤니티협동조합이 이러한 마을공동체 회복이라는 직접적인 목적을 가지고 설립되고 있다. 코뮤니티협동조합은 마을 카페, 마을 식당, 마을 도서관, 마을 주택, 마을 극장 등 마을 공동시설을 마을사람들이 공동으로 출자하여 마련하고 이용하는 협동조합으로 최근에 유럽 여러 나라에서 확산되고 있다. 이러한 코뮤니티협동조합은 사회적 신뢰 촉진형 일자리를 창출하기도 한다.

제 2 장

협동조합은
자본주의 체제의 대안인가?

협동조합이 기존 자본주의 경제 시스템의 여러 문제점에 대한 대안으로 생겨났고, 지금도 그 대안으로써 주목받고 있다는 것은 분명하다. 그렇다고 해서 이 사실이 곧 '협동조합이 모든 문제를 해결할 수 있다'는 뜻은 아니다. 협동조합을 통해 무엇을 해결할 수 있는가? 이 질문에 답하기 위해 우리는 협동조합 등장 이후 지난 150여 년 동안 사람들은 협동조합을 통해 무엇을 실현하려고 했는지, 실제로 무엇을 실현했는지 살펴볼 필요가 있다.

1
협동조합의 세 가지 갈래의 전통

협동조합 연구자인 메르니크Melnyk, 1985는 협동조합의 전통을 공동체주의, 사회주의적 전통, 자유주의적 전통 등 세 가지로 구분한다. [1]

첫째, 공동체적 협동조합은 사적 소유를 최소화하고 공동체적 소유를 바탕으로 공동 생산과 공동 소비를 특징으로 하는 조직형태이다. 이는 오래된 전통으로서 지금도 지구상 여러 곳에서 소규모로 발견되고 있는데,

------

1) Melnyk, G., *The Search for Community: From Utopia to a Cooperative Society*, Montreal: Black Rose Books, 1985.

사회제도로부터 최대한 고립된 형태의 자급자족적 협동조합이다. 역사적으로는 로버트 오웬이 1825년에 영국의 글래스고우Glasgow의 오비스톤Orbiston지역과 미국의 인디아나주의 뉴하모니New Harmony 지역에서 시작했다가 2년 만에 완전히 실패한 협동조합이 공동체적 협동조합의 대표적인 예다. 미국의 아미시Amish 공동체도 이에 해당되며, 우리나라의 경우 1960년대 초에 시도된 백운산농장, 오늘날 화성 발안의 야마기시농장 등도 공동체적 협동조합이라 할 수 있다. 이러한 공동체적 협동조합은 사적 소유를 최소화하고 공동체적 소유를 바탕으로 하기 때문에 참여자가 매우 제한적인 것이 특징이다.

둘째, 사회주의적 협동조합은 사회주의 하에서 협동농장 혹은 자주관리기업의 형태로 나타났다. 사적 소유제도의 폐지와 계획 경제 체제 하에서 과도적 기업 형태로 설정되고 운영된 협동조합이다. 소련의 콜호즈, 중국의 인민공사, 북한의 협동농장, 유고슬라비아의 자주관리기업 등이 그 예인데, 이러한 사회주의적 협동조합들은 사적 소유에 기반을 둔 자본주의 제도하에서의 협동조합과는 크게 다르고 사회주의의 몰락과 개방의 물결 속에서 대부분 해체됐다.

셋째, 자유주의적 전통의 협동조합은 사적 소유권과 자본주의를 기본적으로 인정한 바탕위에서 자본주의의 폐해를 줄이고 경제적 약자의 권익을 방어한다는 입장을 가진다. 역사적으로 가장 성공한 협동조합 유형이다. 인류 역사에서 인간이 경제생활을 조직하는 지배적 제도는 원시공동체, 노예제, 봉건제, 자본주의적 제도, 그리고 사회주의적 제도 등으로 발전해왔다. 그에 비해 협동조합은 부차적인 형태로 볼 수 있지만 어느 시대, 사회에서도 발견된다. 협동하는 방법과 품앗이 하는 수단과 형태는 다르지만 관습 또는 문화로서 전근대 시대부터 존재했고 발전해 왔다.

그러나 기업 조직의 한 형태로서 협동조합이 발전한 것은 자본주의가 발전한 근대 이후의 일이다. 특히 18세기 말 산업혁명이 본격화되고 자본과 임노동간의 관계, 주식회사 제도, 시장 제도 등이 급속히 발전하면서 이에 대응하여 노동자와 농민, 수공업자, 소상인 등이 설립해온 조직 중 하나가 바로 협동조합이다. 이러한 협동조합들은 대부분 자유주의적 전통에 입각하여 발전하였는데, 이를 간략히 살펴보기로 하자.

1844년 영국에서 로치데일 공정개척자협동조합Rochdale Society of Equitable Pioneers이라고 하는 소비자협동조합(이하 소협)이 설립된 이후 소협, 농업협동조합(이하 농협), 신용협동조합(이하 신협) 등이 20세기 초반에는 유럽과 북미에서, 그리고 20세기 중반까지 나머지 세계의 나라들에서 전국적 조직체를 형성할 정도로 발전해왔다. 한마디로 대성공이었다. 소협은 로치데일 설립 이래 100여 년 동안 꾸준히 발전하며 전국적 소매 체인 조직으로 성장, 1955년에는 영국 식료품 시장의 20%를 차지했다. 노르웨이, 스웨덴, 핀란드, 덴마크, 스위스, 이탈리아 등에서는 대규모 협동조합 프랜차이즈 조직이 전체 식료품 시장의 20~40%를 차지하고 있을 정도로 발전했다.

소협은 공정한 거래, 정직한 품질, 환경을 보호하고 건강을 지키는 제품의 개발, 지역 사회에 기여하는 소매 기업으로의 평판을 얻어 왔다. 그러나 이러한 생필품 공동구매 소협이 모든 나라에서 고루 발전한 것은 아니었다. 프랑스, 독일, 오스트리아 등에서는 1980년대에 유통 환경의 급격한 변화에 적응하지 못하고 급격히 쇠퇴하기도 했다.

소협과 더불어 식료품 시장에서 큰 규모로 발전한 협동조합은 상인들의 협동조합이다. 독일, 프랑스의 상인들은 20세기 초반에 상품의 공동구매, 공동 물류, 공동 브랜드의 개발 등 도매 기능을 수행하는 슈퍼마켓협동조합을 설립해 스스로의 점포 경영 방법을 개선하려고 노력하였다. 이러한 노력 덕분에 유럽에는 소규모 상인들이 주인인 슈퍼 체인이 독일, 프랑스, 이탈리아를 중심으로 발전했다. 유럽 독립적인 소매상들의 협동조합연맹UGAL: the Union of Groups of Independent Retailers of Europe에는 32만 5천 명의 소매상들이 조직한 31개 소매상협동조합이 가입되어 있으며, 이러한 소매상들과 소매상협동조합은 2012년 현재 4,730억 유로의 매출액을 기록하고 있고, 358만 6천 명의 종업원을 보유하고 있다.

이러한 소매상들은 평균 10명 정도의 종업원을 보유하고 있는 소규모 소매기업이다. 대표적 예로 1927년 설립된 독일의 레베Rewe는 독일을 넘어 유럽 12개국에서 식료품 점포를 운영하는 1만 2천 명 소매상들의 협동조합으로 유럽 내 식료품 시장 점유율 3위를 기록하고 있다. 1962년에 설립된 이탈리아의 코나드CONAD는 3천여 명 슈퍼마켓 주인들의 협동조합이며 이탈리아 전체 식료품 시장의 12%를 차지하고 있다. 이러한 소매상협동조합의 발달로 유럽 내에는 카르푸Carrefour, 영국의 테스코Tesco처럼 자본이 지배하는 주식회사형 대규모 슈퍼 체인과, 소규모 소매상들이 주도하는 협동조합형 슈퍼 체인, 그리고 소비자가 주도하는 협동조합형 슈퍼 체인이 공존하고 있다. 이렇게 다양한 기업 방식 간의 경쟁과 균형은 우리나라에서 흔히 나타나는 대자본에 의한 일방적인 '갑을관계' 관행이 생겨나지 않도록 견제하는 역할을 수행한다.

한편 신용협동조합도 유럽, 북미, 아시아 등 여러 나라에서 성공했다. 신협은 부자들을 위한 사설 은행 또는 약자를 착취하는 고리대 자본만 존재했던 19세기 후반의 금융시장 환경에서 노동자, 농민, 수공업자, 상인 등 가난한 자들이 조직한 것이다. 이들은 스스로 예금자와 차입자가 됨으로써 물적 담보 없이도 상호 신뢰를 바탕으로 신용 대출이 가능하도록 했다.

2008년 현재 유럽협동조합은행연합회에 가입되어 있는 4,500여 개의 협동조합은행은 약 5,200만 명의 조합원과 약 1억 6천만 명의 고객을 보유하고 있다. 유럽의 협동조합은행은 유럽 예금 시장의 21%, 대출 시장의 19%를 차지한다. 특히 오스트리아, 핀란드, 독일, 프랑스, 네덜란드, 이탈리아 등에서 협동조합은행은 국제적인 대형 은행들과 견주어도 뒤지지 않을 만큼 발달했다. 독일의 데게방크DG Bank, 프랑스의 크레디아그리콜 Credit Agricole, 네덜란드의 라보뱅크Rabbo Bank 등이 세계적으로 잘 알려진 협동조합은행들이다.

다음으로 주목할 것은 농업협동조합이다. 덴마크와 미국에서 가장 먼저 탄생한 농업협동조합은 대부분의 유럽과 북미, 아시아, 남미 등에서 상당히 발전하였다. 농축산물의 판매협동조합, 가공협동조합, 영농자재의 구매협동조합, 농기계 등의 공동이용협동조합 등 다양한 형태로 나타났다. 유럽 낙농 부문에서 농협의 시장점유율은 거의 80%에 달한다. 덴마크의 양돈 부문에서 농협의 시장점유율은 95%에 이른다. 미국에서도 1980년대 말 농협의 농축산물 판매 시장 점유율은 32%를 기록했다.

농협이 만들어낸 세계적 브랜드도 적지 않다. 미국의 선키스트는 세계적으로 잘 알려진 캘리포니아 오렌지 재배 농가의 협동조합이고, 요플레 Yoplait2)는 소디알Sodiaal이라고 하는 프랑스의 대표적인 낙농협동조합이 자회사를 통해 생산한 요거트 상품의 이름이다. 데니쉬 크라운Danish Crown은 덴마크의 대표적인 양돈농가들의 협동조합이다. 2차 및 3차 산업의 발전, 그리고 도시화의 진전에 따른 농업 비중의 감소 등으로 농업협동조합의 수가 감소되기는 했지만, 농협은 자본주의 시장경제 체제에서

----

2) 2011년에 미국의 다국적식품회사인 제너럴 밀즈(General Mills)가 요플레회사 주식의 51%를 인수했다.

농민 자신들의 경제적 이익을 방어하고 부가가치를 창출하는 중요한 기업의 역할을 여전히 수행하고 있다.

이처럼 소비자협동조합, 농업협동조합, 상인협동조합, 신용협동조합은 독과점, 정보의 비대칭성 등이 두드러진 시장에서 자본주의적 기업이 시장 실패를 초래할 때 경제적 약자들이 자신들의 경제적 안정과 번영을 목적으로 결성한 결과 성공할 수 있었다. 소비자들은 소비자협동조합을 통해 가격, 품질 등의 속임수를 걱정하지 않아도 되는 정직한 거래를 할 수 있었고, 농민들은 영농자재 공동구매협동조합이나 농축산물 판매 및 가공 협동조합을 통해 비료나 농약 판매상의 속임수나 산지 수집상 혹은 도축업자의 수탈로부터 벗어날 수 있었다. 농민이나 상인, 수공업자, 노동자들은 자신들이 소유한 협동조합 은행을 통해 담보 없이 생산 및 생활 자금을 대출받을 수 있었다.

그러나 노동자의 고용 안정과 질 좋은 일자리의 창출, 그리고 기업 내 민주주의 실현을 목적으로 하는 노동자생산협동조합은 소비자협동조합, 신협, 농협 등과는 달리 일부 지역이나 산업 부문에서만 제한적으로 발전했다. 노동자협동조합이 가장 먼저 발전한 프랑스에서는 2010년 기준으로 1,842개의 노동자협동조합이 건설업, 사업서비스업, 제조업, 상업, 숙박업, 운송 및 음식서비스업 분야에서 3만 8천여 명의 종업원을 보유하고 있다. 이중 약 2만 2천명이 조합원이다. 이탈리아는 프랑스처럼 건설, 급식, 음식서비스, 제조, 운송, 건물 및 공원 유지 관리 등 다양한 산업에서 노동자협동조합이 발전했다. 협동조합으로 잘 알려진 이탈리아의 이몰라 Imola 지역은 총 생산액의 60%를 노동자협동조합이 담당하고 있는 것으로 알려지고 있다.

노동자협동조합이 가장 발달한 지역은 스페인 바스크 Basque 지방의 몬드라곤Mondragon이다. 1956년 24명의 노동자들이 난방용 곤로를 생산하는 노동자협동조합을 설립한 이후 제조, 건설, 금융, 소매, 지식분야에서 수많은 노동자협동조합이 설립됐다. 1960년대부터 매년 1,000명의 노동자를 추가 고용해 1986년에는 1만 9,669명의 노동자가 일을 했으며, 2010년에는 총 256개 협동조합기업에서 8만 3,595명의 노동자가 일하는 거대한 복합기업체로 성장했다. 몬드라곤협동조합의 사례는 1,000명이 넘는 대규모 기업을 노동자들이 직접 소유하고 관리할 수 있으며, 대규모 노협이 제조, 건설, 금융 등 다양한 분야에서도 지속 가능하다는 점을 증명한 셈이다. 더 나아가 노협 간 연대 체제와 금융 및 보험 등 지원시스템이 갖추어지면 경기침체 시기에도 실업을 최소화시킬 수 있는 목적을 달성할 수 있다는 점을 보여주었다.

그러나 대부분의 다른 나라에서는 버스, 택시, 트럭 등 운수회사의 경우를 제외하고는 노협이 성공한 사례를 발견하기 어렵다. 이스라엘에서도 운전자의 협동조합이 거의 모든 버스운송서비스를 제공하고 있으며, 트럭서비스의 50%를 제공하고 있다. 스웨덴에서는 모든 택시서비스와 트럭서비스의 50%는 노협에 의해서 제공되고 있는 반면에 제조업부문에서 노협이 차지하는 비중은 기업 수 기준으로 1% 미만이다. [3]

이러한 자유주의적 전통의 협동조합 운동은 이념적으로는 크게 ① 협동조합공화국Cooperative Commonwealth을 실현하려고 하였던 그룹, ② 협동조합 지역사회Cooperative Community를 실현하려고 하는 그룹, ③ 그리고 기타 등으로 나뉜다.

첫째, 19세기 후반 영국의 윌리엄 모리스William Morris 같은 협동조합공화국주의자들은 소비자들이 생활에 필요한 모든 상품을 소협을 통하여

---

3) Hansmann, *The Ownership of Enterprise*, Harvard University Press, 1997.

구매하고, 이러한 상품들을 도매협동조합이 조달하며, 더 나아가 제조분야에까지 진출하게 되면 협동조합에 의해서 소비, 유통, 생산이 장악될 수 있고, 협동조합은 자본주의를 대체할 수 있을 것으로 전망했다. 이러한 협동조합공화국주의는 길드사회주의운동Guild Socialist Movement과 결합되어 1880년대에 유럽과 북미의 소협운동 진영으로 널리 퍼져나갔다. 그러나 2차 세계대전 후 자본주의 체제가 번영을 구가한 반면에 영국, 독일, 프랑스의 소협은 고전을 면치 못하자 협동조합공화국주의는 급격히 쇠퇴하기 시작하여 현재로는 이를 주장하는 사람들이 거의 없는 것으로 보인다. 이탈리아에서도 협동조합공화국주의를 폐기한 1980년대 이후에 협동조합이 다양한 부문에서 크게 발전하였다. 레가협동조합연맹Legacoop은 1978년 그동안의 공식노선이었던 '협동조합 공화국 건설론'을 폐기하고 혼합 경제를 지지하면서 그 속에서 협동조합이 큰 역할을 수행할 수 있다는 제3부문론을 제창했다.

둘째, 레이들로Laidlaw 박사가 제창한 협동조합 지역사회론이다. [4] 그는 한 종류의 협동조합에게 사회의 개혁과 개선을 기대하기는 역부족이라고 보고 협동조합 지역사회Cooperative Community의 건설이 필요하다고 주장하였다. 그는 로버트 오웬의 지역협동체가 아니라 많은 종류의 협동조합을 활용하는 전형적인 도시 집단, 근린 집단, 지구 집단 등을 구상하였다. 주택, 저축과 신용, 의료, 식품과 기타 일용품, 노인보호, 탁아와 유치원 등의 서비스를 각종 협동조합이 제공하고, 보험, 금융, 신탁은 전국협동조합 조직의 지점이 제공하고, 식당과 장례서비스를 제공하는 잘 발전된 소협이 존재하고, 가정용품의 수리, 제과점, 이미용실, 구두수선, 세탁소, 자

4) Laidlaw, A. F., *Cooperative in the Year 2000, Agenda and Report of ICA 27th Congress*, 1980, (김동희 역, (사)한국협동조합연구소 출판부, 2000)

동차수리 등의 업종으로 각종 노협이 설립되는 것이다. 더 나아가 취미나 공예센터, 오락문화 활동, 화랑, 음악당 등의 문화 활동 공간을 경제활동의 공간과 최대한 일치시켜 배치함으로써 자동차에 대한 의존도를 감소시키고, 주민 간의 교류를 촉진하며, 취약 계층에 대한 지원도 동시에 가능하도록 함으로써 도시 안에 마을을 건설한다는 것이다. 이러한 협동조합 지역사회의 건설은 노협 간의 강력한 연대 체제를 통하여 노동의 주권을 실현하고 있는 스페인 몬드라곤이나 다양한 종류의 협동조합이 고루 발전하고 있는 이탈리아의 볼로냐, 캐나다 퀘벡, 그리고 우리나라의 경우 원주, 마포 성미산마을 등에서 시도되고 있다.

마지막으로 자유주의적 전통에 입각한 지구상의 협동조합들 중에서 상당수는 그 이념적 지향성이 분명치 않은 것이 사실이다. 그러나 일부 왜곡된 협동조합을 제외하고 이러한 협동조합들 대부분은 농민, 상인, 공인, 소비자, 노동자 등 경제적 약자들의 경제적 공동이익을 증진하기 위한 사업과 활동을 추구하고 있다는 사실 또한 분명해 보인다.

2
1990년대 확산된 사회적협동조합과 사회적경제

앞에서 설명한 것처럼 협동조합은 19세기 중후반 자본주의 시장경제 체제를 규율하는 제도가 아직 성숙하지 않던 시대에 등장해 자본주의의 발달과 더불어 성장했다. 그러나 20세기 후반에 접어들며 전 세계 환경이 바뀌어 갔다. 사회주의체제가 몰락하고 세계화와 정보통신혁명이 동시에 진행됐다. 선진국에서는 전통적 산업 지역의 쇠퇴에 따른 만성적 실업이 증가하고 몇몇 도시에서는 슬럼화가 진행됐다. 미국 등 일부 국가에서는 승자 독식 사회의 경향이 커지면서 양극화가 심화되기 시작했다. 노령화와 여성의 경제적 진출에 따라 돌봄 서비스 등 사회복지서비스의 수요가 증가하고 정부의 재정지출은 증가하는 가운데, 공공부문에 의한 복지서비스 제공 방식의 비효율성이 감소하지 않는 문제점이 드러났다. 사람 간의 대면이 없이도 거래가 가능한 비인격적 거래impersonal trade가 전 세계적으로 일반화됨에 따라, 사회 구성원 간의 네트워크, 규범, 신뢰 등 사회적 자본social capital은 빈약해져 갔다.

만성적인 구조적 실업과 양극화, 복지서비스의 비효율성, 사회적 자본 및 지역 사회의 약화 등 문제를 해결하기 위해서는 조합원 자조에 기반한 전통적 협동조합 방식만으로는 한계가 있다. 전통적 협동조합은 조합원의 편익 증대를 목표로 하지만 조합원이 출자해야 하고 조직을 운영해야 하는 것을 조건으로 한다. 만성적 실업자, 장애인, 노인 등 취약 계층의 일자리 창출을 위한 협동조합은 이러한 조건을 충족시키기에는 단기적으로 주체 역량이 부족하고 외부로부터의 자금 지원이나 운영 지원이 필요할 수 있다. 또한 지역 주민들의 공동 참여를 통한 지역 개발이나 돌봄 서비스 등 사회 서비스의 제공도 다양한 이해 관계자의 참여가 필요하다는 점에서 전통적 협동조합보다 개방적인 지배 구조가 요구된다.

이러한 새로운 시대적 필요를 충족시키고자 등장한 것이 사회적협동조합이다. 기업 형태의 혁신이라고 할 수 있는 사회적협동조합은 1991년 이탈리아에서 가장 먼저 입법화되었다. 이탈리아에서는 기존의 협동조합의 지위 아래서는 생산 활동을 통해 얻은 이윤을 조합원이 아닌 자에게 제공하는 것이 불가능했는데, 이 문제를 해결하기 위해 1991년 법 제정을 통해 사회적협동조합Social Cooperative이라는 조직 형태를 만든 것이다. 사회적협동조합에서는 협동조합의 조합원이 아닌 자들에게도 이익을 제공하는 것이 가능해 졌으며, 회원의 범위를 폭넓게 인정함으로써 유급 근로자, 자원 봉사자, 서비스 수혜자(장애인, 노인 등), 후원자, 공공 부문 등 다양한 이해 관계자들이 조합에 참여할 수 있게 됐다.

이탈리아 사회적협동조합은 사회, 보건, 교육서비스 등을 담당하는 사회적협동조합과 취약 계층을 노동시장에 통합시키는 목적의 사회적협동조합으로 구분된다. 법 제정 이후 사회적협동조합은 폭발적으로 증가했다.

사회적협동조합은 포르투칼에서는 사회적 연대협동조합Social Solidarity Cooperative, 캐나다 퀘벡에서는 연대협동조합Solidarity Cooperative, 프랑스에서는 공익 협동조합Collective Interest Cooperative 등의 이름으로 발전해 왔다. 특히 프랑스 공익협동조합이나 캐나다 퀘벡의 연대협동조합은 자연생태계의 유지와 조성, 쓰레기의 재활용 및 관리, 지역 예술의 복원과 창조, 공연·방송·공정여행 등 문화와 여가 활동, 도시 농업 등의 분야에서 설립이 증가하고 있는 것이 특징이다. 영국에서는 코뮤니티 카페, 코뮤니티 펍, 코뮤니티 학교 등 마을의 재생과 활력을 목적으로 하는 코뮤니티협동조합이 발전하고 있다. 스위스를 비롯한 여러 나라에서 자동차공유협동조합, 재생에너지협동조합 등 환경과 에너지 분야 협동조합들도 등장하고 있다.

이러한 협동조합의 새로운 흐름은 호혜와 협동뿐만 아니라 약자에 대한 배려와 연대 등을 구성 원리로 하는 사회적경제와 보다 밀접하다. 더 나아가 자본주의 시장경제 체제 속에서 생존을 위한 효율성 추구에 기울어졌던 대규모 전통적 협동조합에 대해서도 경각심을 불러일으키고 있다.

3
협동조합에 대한 다섯 가지 기대와 성과

이상과 같이 협동조합의 역사와 유형을 살펴보면, 인류가 협동조합이라는 경제조직을 창조하고 발전시켜 오면서 기대한 내용은 크게 다섯 가지였다는 것을 알 수 있다.

첫째, 경제적 약자들의 경제적 안정 및 번영과 시장의 공정성fairness 실현, 둘째, 질 좋은 고용의 창출 및 유지와 기업 내 민주주의 실현, 셋째, 지역 사회에서의 협동과 연대의 사회경제적 관계 창출, 넷째, 자본주의적 시장경제와는 독립된 공동체적 경제의 구축, 다섯째, 자본주의를 대체하는 협동조합공화국 건설 등이다.

이러한 다섯 가지의 기대 혹은 목적을 현재까지 실현된 결과를 놓고 대략적인 평가를 해 보면, 네 번째와 다섯 번째의 목적은 거의 실현되지 못했거나 포기됐으며, 두 번째와 세 번째의 목적은 매우 국지적이고 부분적으로 실현되고 있다. 반면 첫 번째의 목적은 상당히 많은 국가 및 지역에서 달성됐다. 특히 농협, 소협, 신협 등이 가장 보편적으로 발전했다.

이를 통해 다음과 같은 추론을 할 수 있다. 우선 협동조합은 목적 수준이 추상적이고 거대 담론에 가까울수록 실패하는 경향이 높다는 것이다. '자본주의 시장경제와 독립된 공동체적 경제의 구축', '자본주의를 대체하는 협동조합공화국의 건설'이라는 목적을 위한 협동조합 운동들이 역사적으로 실패했다는 데서 알 수 있다. 협동조합은 동일한 애로 사항을 지닌 조합원들이 참여하는 사업의 확장을 통해 목적을 달성하는 비즈니스 조직이라는 본질에서 멀어질수록 실패하기 쉬워지는 것이다.

반면에 협동조합 운동 역사 150여 년 동안 협동조합 부문은 경제적 약자들의 경제적 안정과 번영, 그리고 시장의 공정성fairness 실현이라고 하는 목적을 달성하는데 큰 성과를 거둔 것이 사실이다. 그러나 1990년대 이후로는 '질 좋은 고용의 창출과 유지', '지역 사회에서의 협동과 연대의 사회경제적 관계의 창출'이라는 두 번째와 세 번째 역할에 대한 기대가 높아지고 있다. 세계화 및 과학기술 혁명의 진전 등으로 선진국의 여러 지역에서 슬럼화가 진전되고 만성적 실업이 증가하고 있는 데 따른 것이다. 그러나 이 두 가지의 목적은 협동조합 운동의 역사를 통해 그 성공 가능성이 증명된 것은 아니라는 점에서 한국뿐만 아니라 전 세계 협동조합 운동의 새로운 도전 과제라고 할 수 있다.

또한 한국의 경우에는 경제적 약자들의 상당수가 자영업에 종사하고 있기 때문에[5] 자영업자들이 협동조합을 통해 경제적 애로 사항을 해결하고자 하는 열망이 크게 나타나고 있다. 따라서 위에서 언급했던 첫 번째 목적이 여전히 중요한 상황이다. 음식, 숙박, 소매유통, 운수, 전산, 미용, 예식, 자동차 정비, 건축자재 유통, 안경 제작 등에 종사하는 소상공인들이 세계화 및 정보통신기술 혁명의 파고에 몰락하고 있으며, 이에 따라 고용의 불안정성이 높아지고 지역 내 공동체성도 파괴되고 있는 실정이다. 정부가 중소상공인 보호 제도를 만들기도 하지만 중소상공인들의 자구적 노력이 병행되지 않으면 어떤 제도도 소기의 성과를 거두기 어렵다.

소상공인들이 협동조합을 통해 물품의 공동구매, 공동 마케팅, 공동 브랜드 및 품질 관리 등에 나선다면 돌파구를 마련할 수 있다. 사업 소유자로서의 유인incentives을 유지하고, 지역 내 현지 정보를 파악할 수 있는 유리한 위치에 있는 장점을 살리면서 규모의 경제를 실현할 수 있기 때문에 세계화에 자조적이고 주체적으로 대응하는 것이 가능해지는 것이다. 소상공인들의 협동조합은 궁극적으로 고용의 안정성을 제고하는데 기여하게 된다.

그러나 이러한 소상공인들의 협동조합은 농협이나, 소협, 신협만큼 보편적으로 발전한 것은 아니고 이탈리아, 독일, 프랑스 등 일부 지역과 일부 산업 분야에서 발전해 왔기 때문에 우리나라에서 소상공인들의 협동조합을 개척하고 성공하는 일 또한 새로운 도전 과제다.

---

5) 2008년 말 현재 한국의 자영업 종사자 비율이 차지하는 비율은 31.8%로 OECD 국가 평균 15.8%에 비해 두 배 수준이다(OECD, 2010, *OECD Factbook*).

4
협동조합은 경제민주화 과제와 대체 관계가 아니라 보완 관계

일부 협동조합 지지자들은 협동조합을 통해 경제민주화의 과제가 달성될 수 있다고 주장한다. 그러나 필자는 협동조합이 경제민주화를 내용적으로 보충할 수는 있지만 경제민주화의 제도적 과제는 협동조합 운동만으로 이루기 어렵다고 본다. 그 이유는 다음과 같다.

한 나라의 경제는 시장경제와 비시장경제로 구성된다. 비시장경제는 전업주부의 가사노동, 선물과 답례, 자원 봉사 등이다. 시장경제 영역은 주식회사를 중심으로 하는 자본주의적 시장경제 부문과 공공경제 부문, 그리고 협동조합, 사회적기업, 협회 및 재단 등이 포함된 사회적경제 부문으로 구성된다.[6] 즉, 시장경제 영역은 자본주의적 시장경제 부문만으로 이뤄져 있지 않다. 그러나 협동조합이 가장 발달한 이탈리아에서조차 협동조합 부문이 전체 고용에서 차지하는 비중이 4.9%(2009년 기준)에 불과한 것을 볼 때[7], 협동조합을 포함한 사회적경제 부문이 확대된다고 하더라도 자본주의적 시장경제 부문을 완전히 대체하기 어려울 것이다.

그러나 협동조합이 확산되면 자본주의적 시장경제 부문도 보다 공정하고 윤리적이며, 지속 가능한 방향으로 나아가도록 영향을 받을 것이다. 이러한 관점은 레이들로 박사가 제기한 협동조합 섹터론의 관점과 일치한다.

"현재까지 공적 혹은 사적 부문과 협동조합 부문의 어느 것도 단독으로 모든 경제 문제를 해결할 수 없으며 완전한 사회 질서를 실현할 수 없었다. 어떤 두 부

---

6) Chaves 외), *The Social Economy in the European Union*, The European Economic and Social Committee, 2005.
7) Chares 외(2012).

문이 결합해도 결과는 마찬가지였다. 따라서 세 부문이 함께 나란히 작동하여 상호 보완함으로써 인간의 힘으로 달성 가능한 최선의 것을 이룩할 수 있다."
(Laidlaw, 1980)

그러나 한국과 같이 기업·노동·부·지역의 양극화가 매우 심하고 공정거래의 제도적 사법적 기반이 취약한 환경에서 협동조합을 통한 문제해결은 제한적일 가능성이 크다. 자본주의적 시장경제 부문은 효율적이고 공정하며 지속가능한 방향으로 규율되어야 한다. 그런 점에서 재벌 문제, 기업 간 부당거래 관계, 금융시장 규제, 노동시장 규제 등 제도적 개혁이 경제민주화의 중요한 부분이라 할 수 있다. 그리고 협동조합은 기업의 민주적 윤리적 경영의 선도적 사례를 만들어낸다는 점으로 '실질적' 경제민주화에 기여하는 보완 관계에 있다고 할 수 있다.

만약 더 나아가서 경제민주화를 기업의 민주주주의 실현이라는 관점으로 보게 되면 위와 같은 제도개혁뿐만 아니라 노협의 전면적 확산 또는 다중 이해관계자들의 기업경영 참여 제도의 전면적 도입이 이뤄져야 할 것이다. 그렇지만 아직 지구상에 그런 형태의 경제를 이룬 나라는 나타나지 않았다.

5
협동조합의 궁극적 목적

이상에서는 주로 경제적 측면에서 협동조합의 목적과 이상을 살펴봤다. 그러나 협동조합은 조합원의 다양한 경제적 애로 요인의 해결, 그 이상의 꿈을 품고 시작됐다. 바로 인간에 대한 철학이다.

협동조합 운동가 및 철학자들은 이렇게 말한다.

"모든 사람들이 자신의 운명을 스스로 개척할 수 있고 또 그렇게 노력해야 한다는 믿음에 바탕을 두고 있으며, 동시에 협동조합은 개인의 발전이 타인과의 관계 속에서만 온전히 실현될 수 있다고 믿는다." "개인은 상호 협력을 통하여 자기 조합에서 배운 기술과 동료 조합원으로부터 얻은 지식, 그리고 자신이 한 부분을 이루고 있는 단체에 대하여 가지는 통찰력을 얻게 되어 자신을 발전시킬 수 있다. 이러한 점에서 볼 때, 협동조합은 관련된 사람을 지속적으로 교육시키고 발전을 도모할 수 있는 기관이다."[8]

다양한 산업 분야에서 여러 가지 유형의 협동조합이 가장 고루 발전한 이탈리아의 협동조합 섹터 중심 조직인 '레가협동조합연맹'도 1995년 총회에서의 '협동조합의 가치와 원칙 헌장' 결의를 통해 다음과 같이 재확인했다.

"협동조합은 그 궁극적 목표를 인류의 물질적·도덕적·시민적 조건의 진보에 둔다." "조합원은 모든 형태의 상호활동의 출발점이며 협동조합이 행동을 취할 때 가장 먼저 고려해야 할 존재이다." "모든 협동조합은 공통의 목표를 달성하기 위해서는 노동의 가치, 용기와 지적 창조성, 전문성, 그리고 함께 일할 수 있는 능력을 향상시켜야 한다."[9]

즉 참여자 한 사람 한 사람이 자기 삶의 주인공이자 타인과의 협력적

---

8) Macpherson, I., *Cooperative Principles for the 21st Century*, Geneva, International Cooperative Alliance, 1996, (장종익·김신양 역, 『성공하는 협동조합의 일곱가지 원칙』, (사)한국협동조합연구소, 2001, p. 23).
9) 다음의 홈페이지에서 인용(http://www.legacoop.bologna.it).

관계 속에서 살아갈 수 있는 역량을 키워가도록 협동조합이 기여해야 한다는 점을 강조한 것이다. 협동조합이 조직을 운영하고 사업을 수행할 때, 이러한 목적의 실현에 기여하고 있는가를 점검하는 것은 매우 중요하다. 대중의 발전과 진보는 직접적 참여를 통해 향상되며, 그런 참여가 효과적이기 위해서는 교육이 필수적이라는 점을 협동조합 실천가들은 인식해왔다.

몬드라곤 협동조합운동의 창시자이며 주도자였던 호세 마리아 아리스멘디아리에타 신부는 "인간에 의해서 채택된 사상과 개념의 복잡성을 교육받고 이해하는 것이 대중의 발전과 진보에 있어서 핵심적인 열쇠"라는 점을 항상 강조했다. 더 나아가 그는 "교육은 새로운 인간과 공정한 사회질서의 창출을 위해서는 당연하면서도 필수불가결한 주춧돌이며, 권력을 민주화하기 위하여 지식이 사회화되어야 한다"고 주장했다. 10)

협동조합은 이처럼 조합원의 물질적·도덕적·시민적 발전에 기여하는 목적을 달성하는 방식으로 참여를 조직화하고 이 참여가 효과적이기 위해서 교육과 현장 훈련을 중요한 운영 원칙으로 설정하고 있다.

---

10) Whyte, W. and K. Whyte, *Making Mondragon: The Growth and Dynamics of the Worker Cooperative Complex*, Cornell UniVersity Press, 1991(김성오 옮김, 『몬드라곤에서 배우자』, 나라사랑, 1992).

제 3 장

협동조합
비즈니스 모델

1
협동조합은 독특한 기업이자 결사

협동조합 방식의 비즈니스를 성공시키려면 협동조합이라는 기업 형태를 깊이 이해할 필요가 있다. 1896년에 설립된 국제협동조합연맹[ICA]이 1995년 설립 100주년을 맞아 발표한 협동조합의 정의는 다음과 같다.

"협동조합은 조합원들이 공동으로 소유하고 민주적으로 관리하는 기업[enterprise]을 통해 조합원들 공동의 경제·사회·문화적 필요와 열망을 충족시키기 위해 자발적으로 결성한 자율적 결사[association]이다."

세계 여러 나라의 협동조합 리더들은 협동조합을 기업이면서 동시에 결사라고 규정하고 있다. 이러한 협동조합의 이중적 성격은 협동조합이 조합원들의 경제·사회·문화적 필요와 열망을 충족시키기 위해 설립됐다는 점에서 비롯된다. 협동조합은 결사이기는 하지만 노동조합, 농민단체, 시민단체 등의 권익옹호 단체, 환경단체 등의 공익단체와는 목적의 실현 수단, 그리고 조직적 성격 측면에서 차이가 있다. 예를 들면, 노동조합은 단체교섭이나 단체행동을 통해 노동자의 권익을 향상시키는 조직인 반면에 노동자들이 설립한 소비자협동조합은 생필품의 공동구매 사업을 통해 질 좋은 생필품을 저렴하게 제공함으로써 노동자 조합원의 이익을 향상시킨다. 농민단체는 대정부 교섭 또는 압력 활동을 통해 농민의 권익을 향상시키는 조직인 반면에, 농민들이 설립한 농업 협동조합은 농축산물의 공동판매, 공동 가공사업, 영농자재의 공동구매 사업을 통해 농민조합원의 이익을 향상시킨다. 즉, 협동조합은 사업을 통해 노동자들이나 농민들의 권익을 실현하는데 기여한다. 이러한 점에서 협동조합을 기업체로 규정할 수 있다.

기업은 크게 여러 사람들의 분업과 협업 관계로 맺어지는 '법인기업'과 그 외 '개인기업'으로 나뉘고, 법인기업은 다시 상법상 '회사법인',[1] 주로 민법 혹은 특별법에 기초한 '비영리법인', 그리고 민법, 상법, 혹은 특별법에 기초한 '협동조합', 그리고 특별법 상의 '공기업' 등으로 나뉜다. 시장경제가 발전한 나라에서는 일반적으로 개인기업의 숫자가 가장 많지만 매출액이나 고용의 측면에서는 상법상 회사법인이 가장 큰 비중을 차지한다.[2] 협동조합법인이 그 다음을 차지하는 나라도 있고, 비영리법인이나 공기업이 더 큰 비중을 차지하는 나라도 있다. 시장경제에서 자본주의적 시장경제 부문이 가장 큰 비중을 차지한다면 주식회사가 지배적인 기업 형태라는 의미다. 주식회사는 투자자의 이윤 극대화를 목적으로 해 투자자가 소유하는 기업 형태로서 제약조건이 적어서 설립하기가 가장 쉽고 자본 조달도 용이하며, 해산하기도 쉬운 것으로 평가받는다.

주식회사가 비즈니스를 조직하기가 편리하고 효율적이라면 왜 비영리기업이나 협동조합이 등장했을까?[3] 주식회사도 단점이 있기 때문이다.

---

[1] 상법상 회사법인은 주식회사, 유한회사, 유한책임회사, 합자회사, 합명회사 등 다섯 가지로 나누어진다. 가장 일반적으로 이용되는 회사법인은 주식회사로 알려져 있다.

[2] 자본주의를 비판하거나 옹호하는 사람들에게 발견되는 큰 오류 중의 하나가 시장경제와 자본주의적 시장 경제를 등치시킨다는 점이다. 그러나 시장경제는 주식회사 등 투자자 소유 기업 이외에 비영리기업, 협동조합, 공기업 등 목적과 조직적 성격이 이질적인 기업들로 구성되어 있으며, 각각의 비중은 나라마다 차이가 있고, 그 차이에 따라 그 나라의 시장경제의 성격도 영향을 받고 있다.

[3] 대부분의 경제학 교과서에서는 공기업이 등장하게 된 이유에 대해서는 설명되어 있지만 협동조합이나 비영리기업이 등장하게 된 이유에 대해서는 거의 설명되어 있지 않으며, 경영학 교과서는 주식회사만을 대상으로 하는데, 이 책에서는 후자의 두 가지 기업 형태에 초점을 맞춘다.

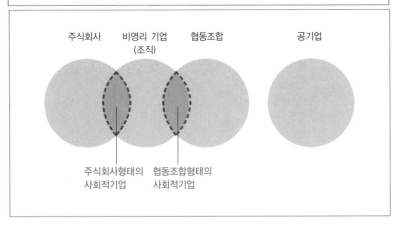

〈그림 3-1〉 기업 소유의 네 가지 주요 형태

주식회사　비영리 기업　협동조합　　　　　공기업
　　　　　（조직）

주식회사형태의　협동조합형태의
사회적기업　　　사회적기업

경제학 교과서는 주식회사가 소비자 효용의 극대화를 실현시켜줄 수 있다고 가르친다. 투자자의 이윤 극대화를 목적으로 하기 때문에 경쟁적 시장 구조 하에서 인간이 필요로 하는 재화나 서비스를 생산하고 공급할 경우, 가장 효율적으로 자원을 사용하기 때문에 소비자의 효용은 극대화된다는 것이다. 그러나 의료서비스와 교육서비스 같은 독특한 상품은 반드시 그렇지 않다. 투자자 이윤 극대화를 목적으로 운영해서는 소비자의 효용이 극대화되기는 커녕 피해가 커질 수 있기 때문이다.

　예를 들면, 수술서비스는 소비자들이 그 서비스의 품질을 미리 알기 어려울 뿐만 아니라 돌이킬 수 없는 소비irrevocable consumption4)의 성격을 지닌다. 이러한 서비스를 제공하는 병원을 투자자의 이윤 극대화를 목적으로 하는 주식회사가 운영하게 될 경우, 투자자들은 자신들이 채용한 의

---

4) 대부분의 재화나 서비스는 소비자가 사용하고 나서 그 품질이 거래 전에 파악된 수준 이하의 것으로 판명되면 반품이 가능하거나 그 피해가 크지 않지만 의료진의 부주의나 실수로 인해 수술서비스를 잘못 받게 되면 반품이 불가능하고 그 피해가 상당히 크다.

사들의 수술 횟수를 늘려 수익을 극대화하려고 할 수 있다. 일반적인 상품을 공급하는 기업이나 음식점의 경우 그 재화나 서비스의 품질이 기대수준 이하일 경우, 그 시장이 경쟁적이면 소비자들은 경쟁 기업의 제품이나 음식점으로 옮겨갈 수 있다. 때문에 경쟁적 시장구조 하에서는 그 재화나 서비스의 품질이 크게 하락할 가능성은 높지 않다. 그러나 수술서비스의 경우에는 공급시장(병원)이 경쟁적이라고 하더라도 수술 결과가 만족스럽지 못할 경우에 의사와 병원의 책임이라는 점을 규명하기가 어렵고, 환자를 수술 전 상태로 돌려놓기가 거의 불가능하기 때문에 소비자의 피해는 커질 수밖에 없다. 이런 경우, 소비자의 피해를 예방하려면 병원 운영 기업의 이윤 추구 동기를 대폭 축소시킬 필요가 있다. 이를 위해 등장한 기업 형태가 바로 이윤 분배 제한을 규정한 비영리기업이다.

비영리기업은 소유자가 경영을 통제할 수 있지만 사업 결과 발생한 수익을 가져갈 수 없고 사업의 발전을 위해 재투자하도록 의무화돼 있다. 대부분의 선진국은 의료기관, 교육기관, 돌봄서비스를 제공하는 복지기관 등을 비영리기업이 운영하도록 하고 주식회사가 이러한 부문에 진출하지 못하도록 법률로 제한하고 있다. 비영리기업은 의료나 교육 분야 이외에도 상당히 광범위한 분야에서 사단법인이나 재단법인의 형태로 사업을 전개하고 있다.

그렇다면 협동조합은 비영리기업과 어떻게 다를까? 협동조합은 조합원이 자신들을 위한 사업을 펼치기 위해서 주인으로서의 역할과 의무를 수행하는 사업체인 반면 비영리기업은 대부분 불특정 다수를 대상으로 하는 사업을 수행하고 조합원을 필수 요건으로 하지 않는다. 핵심적인 차이는 비영리기업은 이윤 분배 제한 조항을 가지고 있지만 협동조합은 조합원에게 잉여를 배분할 수 있다는 것이다.

협동조합과 주식회사를 비교해 보면, 사업을 수행하는 기업이라는 점에서는 같지만 설립 목적과 소유자의 자격에서 차이가 난다. 주식회사는

〈표 3-1〉 주식회사, 비영리기업, 협동조합의 근본적 차이점			
	주식회사	비영리기업	협동조합
설립 목적	투자자의 이익 추구	공익 실현	사업 이용자의 편익 추구
소유자의 자격	제한 없음 소유자 ≠ 이용자	제한 없음 소유자 ≠ 이용자	제한 있음 소유자 = 이용자
소유자의 권한	통제권 잉여 수취권	통제권	통제권 잉여 수취권

투자자의 이익 추구를 목적으로 하는 반면, 협동조합은 사업 이용자의 편익 제공을 목적으로 한다. 그러므로 주식회사의 소유자 자격에는 제한이 없지만 협동조합의 소유자는 협동조합 사업을 이용할 필요가 있는 사람들로 제한된다. 이 점이 주식회사와 협동조합의 핵심적 차이점이다(〈표 3-1〉 참조). 앞 장에서 설명했듯이 소비자협동조합 점포는 소유자들이 저렴하고 질 좋은 생필품을 정직하게 공급받기 위해 투자하고 설립했으며 서울우유협동조합의 공장은 낙농가들이 원유를 안정적으로 공급하고 정당한 대금을 받기 위해 세운 공장이다. 스페인 몬드라곤 협동조합은 노동자들 스스로가 질 좋은 일자리를 창출하고 유지하기 위해 투자한 기업들이다.

2
주식회사가 효율적인 기업 형태라면 왜 협동조합을 설립할까?

그렇다면 주식회사와 다른 특징을 지닌 기업인 협동조합은 왜 발생했을까? 대부분의 협동조합이 성장하기 위해서는 보통사람들이 주인으로서 참여해야 한다는 점에서 협동조합은 보통사람들의 기업이라고 할 수 있

〈표 3-2〉 협동조합의 발생 이유	
설립 주체	설립 이유
소비자	· 공급 기업이 독과점 횡포를 행사해서 · 안전한 먹거리를 안심하고 구입하기 위해서 · 병원의 과잉 진료에서 벗어나기 위해서 · 아이들을 안심하고 어린이집에 맡기기 위해서 · 신뢰를 바탕으로 대출을 받기 위해서
소사업자	· 거대 구매 기업의 독과점 횡포가 심해서 · 급격한 기술 및 시장 환경 변화에 공동 대응하기 위해서 · 공동 사업을 통해 부가가치를 제고하기 위해서 · 신뢰를 바탕으로 대출을 받기 위해서
노동자	· 고용이 안정되고 인간다운 일자리를 얻기 위해서 · 신뢰를 바탕으로 대출을 받기 위해서
지역주민	· 이윤추구 기업이 생활에 필요한 비즈니스를 돈벌이가 안 된다고 기피해서 · 취약 계층의 사회 통합을 위해서 · 지역의 문화 · 예술 · 교육 · 환경 등의 공동 보전 개발을 위해서 · 시장 이외의 관계를 선호해서

다. 이러한 보통사람들이 주식회사에 투자하지 않고 협동조합에 참여하는 이유는, 한마디로 주식회사가 시장을 통해 공급하는 재화와 서비스의 품질, 가격, 공급조건 등에 불만족스럽거나 주식회사가 공급을 기피하는 재화나 서비스를 공급하기 위한 것이다(〈표 3-2〉 참조).

19세기 중반, 공급 기업이나 유통업자의 독과점 횡포가 심하다는 점이 소비자들이 소비자협동조합을 설립한 가장 큰 이유였고, 당시 농민들 역시 농축산물 구매기업의 독과점 횡포로 인한 고통 때문에 농축산물 판매 및 가공농협을 설립했다. 최근 우리나라의 생협이나 미국 식품소비자협동조합은 품질을 신뢰하기 어려운 유기농 식품을 안심하고 구입하고자 하는 것이 가장 큰 설립 동기다. 신협과 협동조합 은행은 주식회사 은행이 담보가 없거나 부족한 농민, 노동자, 소사업자들에 대한 대출을 기피했기 때문에 시작됐다.

최근 소사업자협동조합은 기술 및 시장 환경의 급격한 변화에 직면한 소사업자들이 공동 대응해 부가가치를 제고하고 비용을 절감하기 위한 목적으로 설립되고 있다. 노협은, 주식회사에서는 투자자 이익 극대화를 추구하다보니 고용이 불안정해지고 경영자와 노동자 간 보수 격차가 지나치게 커지고 있어 이에 대한 대안으로 만들어지는 추세다. 또한 낙후된 지역에서는 지역 주민들이 생활에 필요한 점포나 레스토랑을 협동조합 방식으로 투자해서 설립하고 있다. 수익률이 낮은 낙후 지역은 주식회사 방식의 투자자가 선뜻 나서지 않기 때문에 주민들이 직접 나서고 있는 것이다.

더 나아가 취약 계층을 위한 지역 일자리 창출이나 취약 계층에 대한 사회 서비스 제공 등 공익적 목적을 위해 협동조합을 설립하는 경우도 있다. 마지막으로 시장 이외의 경제적 관계를 지향하기 위해 협동조합을 설립하는 예도 있다. 지역화폐를 사용함으로써 선물과 답례의 호혜적 관계를 형성하려는 목적 등으로 협동조합을 만드는 것이다.

이와 같이 협동조합은 기존 자본주의적 시장경제를 통한 경제 활동의 과정이나 결과에 만족하지 못하거나 피해를 보는 사람들이 주체가 돼 설립된다. 즉, 어려움이 클수록 협동조합의 설립 욕구는 커지게 된다. 어려움은 소유자와 이용자가 분리된 주식회사 방식의 기업 형태에서 초래되기도 하고, 시장구조가 독과점적이기 때문에, 혹은 지나치게 경쟁이 심하거나 시장 거래가 인간생활의 모든 면을 과도하게 지배하기 때문에 발생하기도 한다.

이러한 문제를 해소하려면 소유자와 이용자가 일치된 기업 형태가 유리하다. 예를 들어 소매 점포의 주인이 소비자라면 그 소매 점포가 독점적이라고 하더라도 독점 횡포가 발생하지 않는다. 유기농 식품 판매점의 경우도 소비자로서는 육안으로 보거나 먹어봐서도 그 품질을 확인하기 어렵기 때문에 불신하기 쉬운데, 그 판매점의 소유자들이 소비자들이라면 믿을 수 있게 된다. 품질을 속여 판매 이윤을 높일 이유가 없기 때문이다.

이상으로 볼 때, 모든 경제 영역과 모든 자본주의적 시장경제 환경에서 협동조합에 대한 수요가 반드시 높은 것은 아니라는 점을 알 수 있다. 협동조합에 대한 수요가 높은 자본주의적 시장경제 환경과 경제 영역이 있는 한편, 상대적으로 수요가 낮은 환경과 영역도 존재할 수 있다.

3
다양한 협동조합: 협동조합의 유형별 분류

앞에서 주체별로 협동조합의 설립 이유를 살펴봤는데, 조금 더 체계적으로 협동조합의 유형을 구분해보자. 협동조합은 조합원이 누구인가, 그리고 조합원이 어떠한 필요와 열망을 지니고 있는가에 따라 그 유형을 구분할 수 있다. 이에 따라 협동조합의 유형을 크게 5가지로, 작게는 16가지로 나눠 볼 수 있다.

우선 협동조합의 설립 주체가 그 협동조합이 생산 또는 공급하는 재화 및 서비스의 최종 소비자인가, 혹은 사업용 구매 및 판매를 위한 사업자인가, 아니면 그 협동조합의 노동자인가에 따라 대분류를 하고, 설립주체에 의해 구분하기 어려운 금융협동조합과 사회적협동조합을 별도의 유형으로 구분한다. 소협, 사업자협동조합, 금융협동조합은 전통적으로 발전해온 대표적인 협동조합 유형이다. 이러한 전통적 협동조합은 각 산업 분야별로 소분류할 수 있다. 예를 들면, 소협은 농식품 등 생필품을 주로 취급하는 가장 보편화된 생필품공동구매협동조합, 그리고 의료·육아·주택·교육·예술·스포츠·문화 등의 분야에서의 소협과 전력·수도·통신서비스에서의 소협으로 나뉜다. 마지막으로 최근에 등장하고 있는 자동차

〈표 3-3〉 주체 및 기능에 따른 협동조합의 유형	
대분류(주체)	소분류(분야 및 기능)
소비자협동조합 (Ⅰ)	① 생활재 공동구매 및 제조 ② 의료, 육아, 주택, 교육, 예술, 스포츠, 문화 공동구매 ③ 전력 · 수도 · 통신서비스 공동구매 ④ 시설 및 내구재 공동 이용
사업자(생산자)협동조합 (Ⅱ)	⑤ 농림수산업자의 공동구매 · 공동 가공 · 공동판매 ⑥ 소공인의 공동구매 · 공동 이용 · 공동판매 ⑦ 소매/음식/숙박업분야 소사업자의 공동구매 · 공동 브랜드 ⑧ 운송 및 기타 서비스분야 소사업자의 공동구매 · 공동 행정사무
노동자협동조합 (Ⅲ)	⑨ 운수업 ⑩ 제조, 건설, 유통 · 음식 · 숙박 등 전통적 서비스업, 법률, 컨설팅, 디자인, 문화, 예술, 의료
금융협동조합 (Ⅳ)	⑪ 경제적 약자간의 자금의 상호융통 및 보험 ⑫ 협동조합사업체에 대한 투융자
사회적협동조합 (Ⅵ)	⑬ 취약 계층에 대한 사회 서비스 제공 ⑭ 취약 계층의 노동통합 ⑮ 지역 재생, 대안에너지 개발, 환경 · 문화 · 예술 보전 ⑯ 사회적 금융

공유협동조합 등은 시설 및 내구재의 공동 이용을 목적으로 한다는 점에서 별도로 구분할 수 있다.

　사업자협동조합의 설립 주체는 각기 사업체를 운영해 자신과 가족의 삶을 영위하는 사업자들로서 사업체의 발전을 위해 협동조합을 설립한 이들이다. 사업자협동조합의 분야는 농림수산업, 제조업, 유통·음식·숙박업, 운송 및 기타 서비스업 등으로 구분해볼 수 있다. 노협의 설립 주체는 자신의 고용안정과 질 좋은 노동환경을 도모하려는 목적으로 공동사업체를 설립 및 운영하려는 사람들이다. 노협의 분야는 많은 나라에서 노협이 흔히 발견되고 있는 분야인 운수업과 다른 산업으로 양분했다.[5]

이상에서 서술한 분류에 따라 슈퍼마켓의 예를 들어보면, 슈퍼마켓을 운영하는 기업의 유형은 투자자가 소유하는 투자자소유기업, 소비자가 소유하는 소협, 슈퍼마켓 사업주들이 공동 브랜드를 만들고 구매와 물류 등 도매 기능을 공동으로 사용하는 사업자협동조합 가맹점, 농식품을 공급하는 농민들이 소유하는 슈퍼마켓[6], 그리고 슈퍼마켓의 종업원이 소유하는 노협 등으로 구분해볼 수 있다. 이중 투자자 소유 슈퍼마켓은 투자자 이익이 우선시되는 기업이고, 소비자 소유 슈퍼마켓은 소비자의 이익이 우선시 되는 기업이며, 사업자협동조합 소유 슈퍼마켓은 소사업자의 이익이 우선시 되는 기업이다. 마찬가지로 농민 소유 슈퍼마켓은 농민의 이익이 우선시되는 기업이며, 노동자 소유 슈퍼마켓은 노동자의 질 좋은 고용을 목적으로 하는 기업이다.[7] 이와 같이 협동조합의 유형을 구분해 보면, 유형마다의 협동조합이 각각 목적하는 바가 다르다는 것을 알 수 있다.

다음으로 금융협동조합은 경제적 약자들의 자금의 상호 융통을 도모 하거나 위험의 공동화pooling를 목적으로 하는 협동조합상업은행cooperative commercial bank 및 협동조합보험cooperative insurance, 그리고 협동조합사업체 에 자금을 투자하거나 융자해주는 협동조합투자은행cooperative investment bank으로 구분해볼 수 있다. 협동조합의 역사에서는 전자가 보편적으로 발전해왔고 후자는 몬드라곤 지역, 캐나다, 미국 등에 한정해 발전했다.

---

5) 운수업 분야에서 노협이 많은 나라에서 상대적으로 잘 발전하게 된 이유에 대해서는 7장을 참조할 것.
6) 예를 들면, 다른 나라에서는 거의 보기 드문 우리나라의 농협 하나로클럽이나 하나로마트가 여기에 해당한다.
7) 우리나라에서는 소매업에서 자영업자의 쇠퇴와 대기업의 횡포가 적지 않은 것으로 알려지고 있다. 이는 투자자 소유 기업과 개인 기업이 대부분이고, 대규모 슈퍼체인 주식회사 기업이 확장되는 반면, 다른 유형의 기업 형태가 등장하지 않고 있어 견제와 균형의 원리가 작동하지 않는 것을 중요한 요인으로 추론할 수 있다.

엄밀한 의미에서 보면 협동조합상업은행이나 협동조합보험은 예금 및 대출상품이나 보험 상품을 구매하는 최종 소비자가 소유한다는 점에서 소비자협동조합이라고 할 수 있다. 일종의 기업금융인 협동조합투자은행은 성격이 다르다. 몬드라곤의 카하 라보랄Caja Laboral[8]은 초창기에 노협이 소유하는 형태였다. 미국의 협동조합은행National Cooperative Bank은 정부 소유로 설립된 이후 이로부터 투융자 혜택을 받아 성장한 주택협동조합, 소매상들의 도매협동조합, 농촌전기협동조합 등으로 점차 소유권이 넘어간 경우다.[9]

마지막으로 사회적협동조합은 사회적 혹은 공공적 이익을 목적으로 하는 협동조합이다. 예를 들면 취약 계층에 대한 사회 서비스 제공이나 노동통합을 목적으로 하는 협동조합, 지역재생, 대안에너지 개발, 환경·문화·예술 보전 등을 위한 공익 사업을 수행하는 협동조합, 그리고 이러한 사회적협동조합에 인내자본을 제공하는 협동조합 금융 기관 등이 여기에 해당한다.

앞에서 논의한 유형의 전통적 협동조합들은 경제적 약자인 조합원들이 자신의 이익을 증대하려는 자기이익self interest 추구가 기본이었다. 즉, 경제적 약자들이 개별분산적인 경제 활동이 아니라 협동을 통한 경제 활동을 통해 공동의 이익collective interest을 향상시키고 참여와 이용고에 따라 그 이익을 배분한다는 점에서 궁극적으로는 자기 이익 추구가 목적이라 할 수 있다. 이러한 자기 이익 추구를 주요한 목적으로 하는 전통적 협동조합에서는 단일한 이해관계자 그룹, 예를 들면 소비자 그룹 혹은 직원 그룹에 소유권을 배정하는 것이 거버넌스governance 비용을 줄이는데 기여한다.[10]

8~9) 이에 대하 자세한 내용은 9장을 참조할 것.

그러나 사회적협동조합은 공공적 이익public interest을 목적으로 하는 협동조합이라는 점에서 보다 이타주의altruism에 기초하고 있다. 즉, 기부, 자원 봉사, 프로보노 등 여러 주체들이 공동 생산co-production에 참여함으로써 공공재public goods를 효과적으로 생산해내는 것을 목적으로 한다. 이러한 점에서 사회적협동조합은 그 목적의 특성 상 다중 이해관계자 지배 구조를 중요한 구성 요소로 한다. 사회적협동조합의 경우는 다중 이해관계자들이 자기이익보다는 공익을 목적으로 참여하기 때문에 이해관계의 충돌 등으로 인한 거버넌스 비용 증가가 크지 않을 것으로 추론된다.[11] 자기이익을 기본으로 하는 일반협동조합이 다중이해관계자 지배 구조를 채택할 경우에는 이해관계의 조정 비용 등 거버넌스 비용이 크게 증가할 가능성이 높아 지속하기 어려울 것으로 추론되는 것과는 대비된다.[12]

4
협동조합 비즈니스 모델과 주식회사 비즈니스 모델의 차이점

위에서 다양한 유형의 협동조합이 설립되는 이유에 대해 살펴보았다. 다만, 협동조합의 설립 이유가 명확하다고 해서 협동조합의 비즈니스 성공이 보장되는 것은 아니다. 협동조합의 비즈니스가 시장경제에서 지속되기

---

10) 이러한 주장은 대표적으로 한즈만(Hansmann, 1996)에 의해서 제기됐다.

11) 이에 대한 자세한 내용은 8장을 참조할 것.

12) 대표적인 협동조합 연구자인 존스톤 버챌(Birchall, 2011)도 이러한 주장에 동의하고 있다. 이러한 점에서 기획재정부 장관의 고시 사항으로 나온 '협동조합 업무지침'에 따라 분류된 다중이해관계자 협동조합은 사회적협동조합과는 별도로 분류되고 있어서(기획재정부, 2012) 적지 않은 실천 및 행정 상 혼란을 초래할 것으로 보인다. 2013년 11월 말 현재 다중이해관계자협동조합은 전체 협동조합 수의 19.7%로 사업자협동조합 다음으로 큰 비중을 차지하고 있으나 장기적 지속가능성이 의문시되고 있다.

위해서는 조합원에게 효율적이고 효과적으로 재화나 서비스가 제공돼야 한다. 그러므로 협동조합의 비즈니스가 지속 가능하도록 전략을 수립하고 실천할 필요가 있다. 경영학에서는 주식회사 기업의 지속적인 이윤 창출을 위해 '비즈니스 모델'을 개발해오고 있다.[13] 최근에 '비즈니스 모델 캔버스'로 널리 확산되고 있는 비즈니스 모델 개념은 협동조합을 비롯한 사회적기업에도 점차 확산되고 있다.

협동조합도 재화나 서비스의 생산 및 공급활동을 하는 기업이라는 점에서 이러한 비즈니스 모델이 활용될 수 있지만 투자자의 수익 극대화가 주요 목적이 아니고 이용자와 소유자가 일치하는 독특한 소유 구조를 지니고 있기 때문에 이러한 비즈니스 모델을 적용할 때 변형이 필요하다. 〈표 3-4〉은 협동조합 비즈니스 모델의 특성을 요약한 것이다. 일반적으로 비즈니스 모델은 기업의 주요 활동 혹은 산출물, 이러한 주요 활동 혹은 산출물을 생산하기 위한 주요 자원과 네트워크, 그리고 기존 기업과는 차별적인 가치를 창출하는 원천을 제시하는 가치 제안을 기본적인 요소로 포함하고 있다. 그리고 주요 고객 및 고객 관계, 그리고 가치가 전달되는 채널을 보완적 요소로 한다. 그리고 마지막으로 비용구조 및 수입구조 등 재무적 요소를 포함한다.

협동조합의 주요 활동은 일정한 지역 혹은 그룹에서 절실하게 요구되는 사업이나 활동으로 설정될 필요가 있다. 즉, 잠재적 조합원들이 스스로의 열망을 반영하는 활동을 직접 설정해야 하는 것이다. 이러한 사업이나 활동을 영위하기 위한 자본, 노동, 원료, 경영, 기술, 기타 등 투입 요소 중에서는 조합원 사이의 신뢰, 그리고 주도적 조합원 사이의 협력 관계

---

13) Osterwalder, A. and Y. Pigneur, *Business Model Generation: A Handbook for Visionaries, Game Changers, and Challengers,* John Wiley and Sons, 2010(유효상 옮김, 『비즈니스모델의 탄생』, 타임비즈, 2011)을 참고할 것.

가 매우 중요하다는 점이 협동조합 비즈니스 모델의 특성이다. 동종 업종의 기업과의 경쟁 관계를 주요 특징으로 하는 주식회사와 달리 협동조합은 동종이나 이종 협동조합 간의 협력 관계 역시 '파트너 네트워크'로서 주요한 자원이라는 것도 큰 특징이다.

〈표 3-4〉 협동조합 비즈니스 모델의 특성

비즈니스 모델의 주요 요소	협동조합 비즈니스 모델의 특성
주요 활동	일정한 지역 혹은 그룹의 조합원이 필요로 하고 열망하는 사업이나 활동을 설정
주요 자원	조합원 사이의 신뢰 혹은 주도적 조합원 사이의 협력 관계가 중요
파트너 네트워크	동종 및 이종 협동조합 간 협력이 중요
가치 제안	조합원의 편익 혹은 공익이 창출되는 원천을 제시
주요 고객 및 고객 관계	−소협 및 공동구매사업자협동조합의 경우 고객은 조합원이고 조합원은 소유자라는 이중적 지위를 반영한 고객 관계를 형성해야 함 −공동판매·가공사업자협동조합 혹은 노협의 경우 고객은 주식회사의 고객과 동일한 지위를 지니고 있는 반면에 원료공급자 혹은 노동공급자가 조합원임
채널	조합원의 편익 혹은 공익이 창출되는 통로를 제시
비용 구조	−소협 및 공동구매사업자협동조합의 경우 주식회사의 경우와 마찬가지로 비용의 최소화는 조합원의 편익 증대에 기여함 −공동판매·가공사업자협동조합 혹은 노협의 경우 주식회사의 경우와 달리 원료구매가격이나 임금이 조합원의 편익에 영향을 미치기 때문에 비용의 최소화가 주요 목적은 아님
수입 구조	−소협 및 공동구매사업자협동조합의 경우 주식회사의 경우와 달리 재화나 서비스의 판매 가격 설정이 조합원의 편익 수준에 영향을 미치기 때문에 수입 극대화가 주요 목적은 아님 −공동판매·가공사업자협동조합 혹은 노협의 경우 주식회사와 마찬가지로 수입극대화는 조합원 편익 증대에 기여함

주식회사의 가치 제안은 이윤이 창출되는 원천을 제시하는 것인 반면에 협동조합의 가치 제안은 조합원의 편익 혹은 공익이 창출되는 원천을 제시하는 것이다. 주요 고객 및 고객 관계의 측면에서도 협동조합과 주식회사는 서로 차이가 있다. 소협 및 공동구매사업자협동조합의 경우 협동조합이 공급하는 재화나 서비스를 구매하는 고객은 조합원이기 때문에 조합원은 소유자임과 동시에 고객이다. 따라서 이 이중적 지위를 반영한 독특한 고객 관계를 설정해야 한다. 반면 공동판매·가공사업자협동조합이나 노협의 경우 원료공급자 혹은 노동공급자가 소유자이자 조합원인 독특한 지위를 가지고, 고객은 주식회사의 고객과 동일한 지위를 지닌다. 이러한 고객 관계 측면 상의 주식회사와 협동조합의 차이점은 비용 구조 및 수입 구조 측면에서의 차이로 연결된다.

　일반적으로 주식회사는 이윤 극대화를 위해 비용 최소화와 수입 극대화를 추구한다. 비용을 최소화하기 위해 규모의 경제나 범위의 경제 등의 방법을 따르게 된다. 소협 및 공동구매사업자협동조합의 경우에도 비용의 최소화는 중요하다. 비용을 줄이면 공급하는 재화 및 서비스 가격이 싸지므로 조합원의 이익이 커지기 때문이다. 반면, 공동판매·가공사업자협동조합 혹은 노협의 경우는 주식회사와 같은 방식으로 비용 최소화를 추구하지 않는다. 원료 공급자가 조합원인 경우 구매 가격을 높여야 조합원의 이익이 커지고, 노동자가 조합원이라면 임금을 높여야 조합원 이익이 커지기 때문이다. 즉, 이 경우에는 비용의 최소화보다는 공급 재화 및 서비스의 단위당 고정 비용의 최소화를 추구할 필요가 있다.

　수입구조 측면에서 볼 때, 소협 및 공동구매사업자협동조합은 주식회사의 경우와 달리 재화나 서비스의 판매 가격을 높이면 이를 구매하는 소비자 조합원의 이익이 줄어든다. 때문에 수입 극대화를 주요 목적으로 설정하기 어렵다. 반면 공동판매·가공사업자협동조합 혹은 노협의 경우 주식회사와 마찬가지로 수입 극대화는 조합원 편익 증대에 기여하게 된다.

5
협동조합 기업의 약점을 보완하는 조직 전략 및 제도 환경 조성

협동조합은 자본주의적 시장경제의 문제점 혹은 주식회사 방식의 기업을 통한 재화 및 서비스의 공급에 대한 불만족 등을 해결하기 위해 설립되었다. 그 과정에서 협동조합의 특성을 반영한 비즈니스 모델을 구축해야 하고, 다음으로는 협동조합 기업의 단점을 보완하고 장점을 살리는 조직 전략과 제도 환경을 만들어야 한다. 앞에서 살펴본 바와 같이 협동조합 비즈니스 모델의 가장 큰 특징 중의 하나가 자본 조달, 수입, 비용, 효율성 등 거의 모든 측면이 조합원의 결의와 행동에 의해서 정해지기 때문이다.

협동조합이 주식회사에 비해 많지 않은 것은 상대적인 단점 때문이다 (〈표 3-4〉 참조). 협동조합 비즈니스 모델이 지속 가능하기 위해서는 이러한 단점을 보완하는 조직을 설계하고 우호적인 제도 및 정책 환경을 조성해야 한다. 일반적으로 주식회사에 비해 협동조합 기업 방식이 지닌 상대적 단점은 대략 네 가지다.

첫째, 협동조합은 민주적인 기업이라는 장점이 있지만 이러한 민주적 특징을 실현하기 위해서는 집단적 의사 결정 비용이 들어갈 수밖에 없다. 주식회사는 투자자의 이윤 극대화라고 하는 단순 명료한 목적을 갖고 있고, 1주 1표에 따라 의결권을 집중시킬 수 있다. 또한 특정 기업의 사업 및 투자 방향을 둘러싸고 주주의 의견이 충돌할 때, 동의하지 않는 주주는 자유롭게 주식을 팔고 나가면 되기 때문에 집단적 의사 결정 비용이 낮은 편이다. 반면 협동조합에서는 '조합원의 편익 추구'라고 하는 목적을 놓고 조합원마다 느끼는 편익의 내용과 수준이 다를 수 있다. 조합 사업의 이용자가 소유자이기 때문에 조합의 사업 방향 및 전략 등에 관해 의사 결정을 할 때 이용자들이 직접 참여할 필요가 있고, 1인 1표에 의한 의사 결정 방식으로 인해 의사 결정 과정이 상당히 길어질 수 있다.

〈표 3-5〉 협동조합 기업의 상대적 단점	
주식회사(소유자 ≠ 이용자)의 장점	전통적 협동조합(소유자 = 이용자)의 단점
기업의 목적이 단순하고 주식시장이 발달해 집단적 의사 결정 비용이 낮음	기업의 목적이 단순 명료하지 않고 1인 1표에 의한 의사 결정 방식으로 인해 집단적 의사 결정 비용이 높음
투자자의 위험 부담 비용이 낮아 자본 조달이 용이하고 주식 거래를 통해 자기 자본의 안정성이 높음	출자 증권의 거래 불가와 환급 가능성으로 자기 자본이 불안정적이고, 이용자의 위험 부담 비용이 낮아 자본 투자를 기피하는 경향
기업 규모가 증대함에 따라 늘어나는 경영자의 감시 비용을 주식시장 기제를 통해 줄일 수 있음	경영 성과 측정의 어려움으로 인해 기업 규모의 증대에 따라 경영자 감시 비용이 커지는 경향
	협동의 이익 창출을 위한 노력보다는 이익 배분에 관심이 더 많은 무임 승차자 문제

집단적 의사 결정 비용 문제는 특히 노협이나 생산자협동조합에서 두드러지게 나타난다. 그 이유는 이러한 유형의 협동조합이 소협에 비해 협동조합의 사업 및 투자 정책, 그리고 잉여 및 손실의 배분정책이 조합원의 편익에 미치는 영향이 더 크기 때문이다. 조합원 1인당 출자액이 상대적으로 크다는 측면도 작용한다.

조합원 사이에 의견이 충돌할 경우에 협동조합에서는 주식회사에서처럼 한 쪽이 기업을 떠나기가 쉽지 않다. 조합원의 가입 목적이 투자 수익 증대가 아니라 사업 이용을 통한 편익 증대이므로, 조합원들은 자신들이 생각하는 방향으로 조합 사업의 집행을 관철시켜 자신의 편익을 증대할 수 있다고 믿는다. 더 나아가 서로 대립되는 의견들을 지닌 조합원들이 상호 조정에 실패해 한 쪽 조합원들이 탈퇴할 경우 탈퇴하는 조합원들에게 출자금을 포함한 조합원 지분을 환급해주어야 하기 때문에 조합의 자본은 큰 타격을 받게 된다.

이에 따라 협동조합 실천가들은 이러한 집단적 의사 결정 비용을 줄이는 방향으로 조직을 설계해왔다. 예를 들면, 조합원의 선호 및 이해관계가 이질적인 조합원 구성일수록 집단적 의사 결정 비용이 더 커지는 경향이 있기 때문에 낙농협동조합, 양돈협동조합 등처럼 가급적 동질적인 조합원으로 조합을 구성한다. 생필품공동구매소협의 경우, 규모의 경제를 실현하기 위해서 불가피하게 조합원수를 확대해야 한다면 조합의 규모는 지나치게 키우지 않고 조합들의 사업연합회를 결성해 규모의 경제와 전문화를 실현하는 조직 전략을 수립하는 것이다. 생산자협동조합의 경우에는 조합원의 지배 구조를 지닌 협동조합으로부터 사업체를 분리해 협동조합법인이 소유하는 자회사로 운영하는 사례도 나타난다. 조합 내 갈등의 문제를 중재하는 역할을 연합회에 부여하기도 한다. 또한, 많은 협동조합들이 집단적 의사 결정 비용을 줄이기 위해 조합원 리더 양성 교육 등에 힘을 기울이고 있다.

둘째, 협동조합은 무임 승차자 문제로 인해 어려움을 겪을 가능성이 높다. 무임 승차자 문제는 참여자들의 협동적 노력이 요구되는 모든 인간 집단에 내재된 문제다. 협동조합은 이용자가 소유자이기 때문에 협동조합의 성공은 조합원의 출자와 이용에 의존하고 있고, 한 조합원의 편익은 다른 조합원의 출자 및 이용 수준에 의존한다. 이러한 선 순환구조가 형성될 때 협동조합은 성공할 수 있다. 그러나 협동조합의 설립 초기에는 이러한 선순환 구조에 대한 신뢰가 형성되기까지 어려움을 겪을 수밖에 없다. 그 이유는 창립 주도 조합원의 헌신적인 노력이 있어야 하는데, 이러한 창립 주도 조합원의 노력에 대한 금전적 보상 기제가 협동조합 내에는 존재하지 않기 때문이다. 창립 주도 조합원들로 하여금 헌신적인 노력을 기울이게 할 유인책을 찾지 못한다면 협동조합을 안정적 기반에 올려놓는 것은 어려워진다.[14] 또한 협동조합은 시장경제 내에서 동종 업종의 기업들과 경쟁해야 하는데, 경쟁 기업이 제공하는 상품 및 서비스가 일시적으로 저렴할 때 조합원들이 이를 선택하는 기회주의적 행동을 할 수 있다.[15]

이러한 무임 승차자 문제를 해소하기 위해 여러 유형의 협동조합이 다양한 규칙과 조직 전략을 개발해오고 있다. 잘 알려진 바와 같이 1844년 설립된 영국의 로치데일 공정개척자협동조합이 이전의 소협과 다른 점은 이용고 배당 제도를 도입했다는 것이다. 조합의 사업에 보다 많이 참여한 조합원에게 이익을 보다 많이 배분하는 원칙을 수립한 것이다. 이러한 기여자 보상 원칙에 입각해 최근에는 조합 사업을 보다 많이 이용해 편익을 많이 받는 조합원은 그에 상응하는 출자 금액을 의무적으로 납입해야 하는 출자금과 이용고 비례 원칙을 도입하는 협동조합도 늘어나고 있다.[16] 이러한 관점에서 볼 때, 협동조합이 공급하는 상품 및 서비스의 가격 책정, 노협에서의 직무의 배분 및 임금 책정, 잉여금 및 손실금의 배분, 조합원으로부터의 자본 조달 정책 등에 있어서 무임 승차자 문제를 최소화하기 위한 노력을 기울이지 않고서는 협동조합을 지속시키기 어렵다. 이러한 노력에는 다른 조합원의 무임 승차 행동을 견제하고 자신의 무임 승차 행동의 유인을 스스로 억제시키는 조합원 간의 교류 및 문화 활동 프로그램도 포함된다.

---

14) 반면에 주식회사에서는 설립주주가 사업 성공 후 주식 상장을 통해 자신의 노력에 대한 금전적 보상을 받을 수 있다. 반면, 성공한 협동조합의 헌신적인 창립자들에 대한 조합원들의 존경이 중요한 보상 기제라고 할 수 있다.

15) 노협에서는 종업원이 조합 이윤의 배분을 청구하는 소유자이기 때문에 조합 전체의 생산성 향상을 위한 노력을 각자가 자발적으로 기울일 수도 있지만 한 조합원의 노력이 협동조합의 성과에서 차지하는 비중이 미미할 정도로 협동조합의 규모가 커질 경우에는 조합원의 노력 증가 유인이 낮아질 수 있다.

16) 이러한 새로운 제도는 전통적인 협동조합에서 잉여를 출자 금액이 아닌 이용고를 기준으로 배분하고, 출자 금액에 대해서는 시장이자율 한도 내에서 보상하게 됨에 따라 발생하는 출자금의 납입 기피 현상 즉, 무임 승차 행동 경향을 줄이기 위한 일환으로 도입됐다.

셋째, 조합원의 자본 투자 기피 경향이 협동조합의 발전을 저해한다. 협동조합은 그 소유자의 자격을 조합 사업의 이용자로 한정하기 때문에 자본 조달의 범위가 제한적일 수밖에 없다. 그런데 경제적 약자들이 대부분인 조합 사업의 이용자들은 조합의 사업이 파산할 경우 소유자로서 손실을 감당할 여력이 크지 않다. 더욱이 노협의 경우에는 협동조합 기업이 위험에 처할 경우 조합원들은 일자리도 잃고 투자금도 잃는 이중의 위험에 처할 수 있다. 때문에 협동조합 조합원들은 조합에의 자본 투자를 기피하는 경향이 있다.

그리고 전통적 협동조합의 운영 원칙에서는 잉여의 배분은 출자금이 아닌 이용고를 기준으로 이루어지기 때문에 추가 출자 유인은 더욱 낮아진다. 또한 출자 증권의 거래 불가 원칙, 탈퇴 조합원에 대한 환급 가능성으로 협동조합의 자기 자본은 불안정한 편이다. 이는 은행 등이 협동조합에 대한 대출을 기피하는 요인으로 작용하고 있다. 이로 인해 협동조합의 자본이 부족하게 되고 자본 부족은 적정 규모의 투자를 적시에 수행하기 어렵게 만들며, 결과적으로는 경쟁 기업에 비해 사업의 효율성이 낮아져 일반 조합원으로부터 사업 이용이 기피되는 악순환이 초래될 수 있다.

이러한 협동조합의 자본 제약 요건을 완화하기 위해 다양한 노력들이 전개돼 왔다. 유럽 대륙의 독일어권 지역의 협동조합들은 무배당 및 적립금을 통한 공동 재산 축적 원칙을 통해 기본적으로 자본 문제를 해결했다. 최근에는 이탈리아를 비롯해 적지 않은 나라들이 투자 조합원 제도를 도입해 조합 사업 이용자 이외에도 조합에 투자를 할 수 있도록 하고 있다. 스페인 몬드라곤 노협 복합체에서는 노협 연대기금의 조성, 현금 배당의 금지와 적립금의 증대, 협동조합에 대한 자금 제공 기능을 수행하는 노동인민금고의 설립 등을 통해 개별 노협의 파산 가능성을 최소화함으로써 조합원들의 자본 출자 기피 경향을 해소해 왔다.

마지막으로, 협동조합에는 조합의 규모가 커짐에 따라 경영자 통제 비용이 상승하는 문제가 있다. 협동조합은 경영 목적의 특성 및 주식시장의 부재로 인해 경영 성과를 측정하기가 어렵다. 이 때문에 경영자의 혁신 노력이 부족하고 효율성이 낮아질 수 있다. 심지어 경영자의 사적 이익 추구 경향이 조합원 수의 대규모화로 인한 조합원의 주인 역할 저하 경향과 결합되면 협동조합의 주식회사로의 전환 또는 파산으로 이어질 수 있다.[17] 이러한 경영자 대리인 문제는 일반적으로 대규모 금융협동조합, 대규모 소비자협동조합, 대규모 생산자협동조합 등에서 크게 나타난다.

이러한 경영자 통제 혹은 대리인 문제는 설립 초기나 조합의 규모가 크지 않을 때까지는 크게 부각되지 않지만 조합의 창립 1세대나 2세대가 물러나 조합원과 경영진 간의 강력한 연대 의식이 약화되는 시점부터 두드러지게 나타날 수 있다. 이러한 협동조합의 경영자 대리인 문제는 조합원 리더 양성의 중요성을 크게 부각시켜주며, 조합원 대표와 경영자와의 균형적인 관계를 위한 조직적 노력, 협동조합 상근 직원 문제에 대한 협동조합 6대 가치에 입각한 깊이 있는 성찰 등을 요구하고 있다.

이상에서 서술한 협동조합의 약점과 이러한 약점을 보완하는 주체적 전략은 협동조합의 유형, 협동조합이 활동하고 있는 사업의 특성, 협동조합이 직면하고 있는 시장구조 및 기술의 특성 등에 의해서 차이가 나타날 수 있기 때문에 창조적으로 응용될 필요가 있다. 〈표 3-6〉는 이상에서 서술한 내용을 정리한 것이다. 즉, 협동조합 비즈니스의 성공에 영향을 미치는 요인은 크게 협동조합에 대한 수요와 협동조합의 약점을 보완하는 제도 및 조직 전략 등으로 나뉜다. 객관적 조건이 높다고 하더라도 이러한 제도 및 조직 전략이 충분치 않다면 협동조합의 생존율은 높지 않다. 이러

---

17) 이러한 문제점들은 미국, 캐나다, 영국, 호주 등 선진국 여러 나라에서 최근에 나타났다. 존슨톤 버챌(2011)과 장종익(2014)을 참조.

한 관점은 왜 협동조합이 나라 혹은 지역마다 불균등하게 분포되어 있는 가를 설명해주며, 협동조합의 성공을 높이기 위한 실천적 방향을 설정하는데 도움이 된다.

⟨표 3-6⟩ 협동조합 비즈니스의 성공에 영향을 미치는 요인	
객관적 조건 (협동조합에 대한 수요)	−시장의 실패: 독과점, 정보의 비대칭성, 조정의 실패, 부의 외부 효과, 격차의 심화 −시장의 과잉 및 주주 자본주의에 대한 불만과 대안 추구: 선물과 답례, 평등과 참여에 대한 욕구, 정의 외부 효과
주체적 역량 (협동조합의 약점을 보완하는 제도 및 조직 전략)	−가치 창출적이고 효율적인 비즈니스 모델의 구축 −개별 협동조합의 제도 설계 −동종 및 이종 협동조합 간 네트워크 전략 −정부 및 지자체의 제도 및 정책 환경 −협동과 연대를 촉진하는 문화와 사회적 자본의 수준

제4장

전통적 소비자협동조합의
비즈니스 모델과 사례

1
소비자협동조합의 종류와 분포

소협은 생활 속에서 공통의 필요와 욕구를 지닌 소비자들이 결성해 활동하는 협동조합이다. 즉, 이용자가 협동조합을 소유한 형태로, 가장 보편화된 소협은 생필품을 주로 취급하는 공동구매 협동조합, 의료·육아·주택·교육·예술·스포츠·문화 등의 분야 소협, 전력·수도·통신서비스 분야 소협으로 나누어볼 수 있다. 최근 등장하고 있는 자동차공유협동조합 등은 시설 및 내구재의 공동 이용을 목적으로 한다는 점에서 별도로 구분할 수 있다. 본 장에서는 생필품 공동구매협동조합을 다루고 다음 장에서 나머지 종류의 소비자협동조합에 대해 살펴보자.

〈표 4-1〉 소비자협동조합의 종류	
소비자협동조합	생필품 공동구매 및 제조
	의료, 육아, 주택, 교육, 예술, 스포츠, 문화 공동 구매
	전력·통신서비스 공동 구매
	시설 및 내구재 공동 이용

생필품 공동구매 소협은 가장 오래된 종류의 협동조합이다. 1844년에 설립된 로치데일 공정개척자협동조합(이하 로치데일 협동조합)이 생필품 공동구매 협동조합이다. 로치데일 협동조합 모델은 유럽과 북미, 오세아니아,

아시아 등 세계로 퍼져 나갔다. 생필품 공동구매 협동조합은 보통 일정한 지역 내의 소비자들이 지역 기반으로 설립하는 지역소협과, 동일한 직장 및 학교, 교회 등을 기반으로 설립하는 직장소협으로 나눌 수 있다. 한국에서는 일본 생활협동조합의 영향으로 소비자생활협동조합이라는 명칭을 쓴다. 보통은 지역소협이 큰 규모로 발전하지만, 중·고교의 매점이나 대학교의 매점 및 식당을 구성원들이 소유하는 방식의 소비자협동조합이 발달된 나라도 있다. 미국, 캐나다, 일본, 한국의 상당수 대학에서는 소협이 오래전부터 설립돼 운영되어 왔으며, 말레이시아에서는 거의 모든 중·고교 매점이 협동조합으로 운영되고 있다.

2
유럽 생필품 공동구매 소비자협동조합 운동은 어떻게 성공했는가?

유럽의 소협은 가장 대중적으로 발전해온 협동조합 부문 중의 하나다. 이는 소협이 19세기 후반 소비자들이 직면한 공통의 문제를 해결하기 위해 노력했고, 사업 조직으로서 선구적인 모델을 구축하는 데 성공했기 때문이다. 소협이 처음 등장했던 19세기 중반의 시대적 과제 중 하나는 정직한 거래와 믿을 수 있는 품질의 생필품을 구하는 것이었다. 당시에는 부당한 가격, 품질 및 중량의 속임수 등으로 소비자를 착취하는 전 근대적 유통 구조가 지배적이었다.[1] 또한 이 시기에는 재화의 공급이 부족하고 공급자 주도의 시장이었기 때문에 공급자 독과점 시장 구조가 커다란 사회 문제였다.[2] 이러한 시대적 환경 하에서 소비자가 소유권을 행사하는

------

1) Birchall, 2011
2) Brazda and Schediwy, 1989

기업 형태인 소협은 부당한 이득을 취하지 않을 뿐 아니라 협동조합 간 협동을 통한 공동 구매력을 형성함으로써 독과점 기업에 대항했다. 그 결실로 소비자들에게 저렴한 가격의 생활 물자를 안정적으로 공급할 수 있었다. 나라마다 발전의 정도는 달랐지만 유럽 소협의 대부분은 이러한 과제를 2차 세계대전까지 훌륭히 수행해 대중들로부터 높은 평가를 받았고 많은 나라에서 조합원 가입이 폭발적으로 증가했다(〈표 4-2〉 참조).

〈표 4-2〉 영국 소협의 변화 추이			
	조합수	총 조합원수 (천 명)	조합당 평균조합원수
1881	971	547	564
1914	1,385	3,054	2,205
1942	1,058	8,925	8,436
1962	801	3,140	16,404
1980	206	10,009	48,587
1990	79	8,193	103,709
2000	47	9,724	206,893
2007	30	8,100	270,000
2010	24	9,600	400,000

출처: Müller(1989), Cooperative Union(2009), Cooperatives UK(2012).

이러한 과제를 수행함에 있어서 소협이 채택한 비즈니스 모델은 현금 거래 및 이용 실적 배당 원칙[3]과 프랜차이즈 조직 모형이었다. 현금 거래는 당시 소협들이 외상 거래 관행으로 인한 현금 부족 및 미수금 확대로 파산하는 경우가 적지 않았다는 점에서 거래 방식의 혁신이었다. 이용 실

----

3) 이 원칙은 로치데일소협이 처음으로 도입한 운영 원칙이었다(Birchall, 1997).

적 배당은 자유로운 가입 및 탈퇴의 조건하에서 조합원의 기회주의적 행동을 최소화하고 협동의 이익을 높이는 획기적인 방안이었다. 이용 실적 배당의 원칙을 통해 이룬 구매 집중의 결과로 소협은 도매업자와의 거래에서 협상력을 높일 수 있었고, 이는 가격 인하로 이어졌다.

현금 거래 및 이용 실적 배당의 원칙이 조합 차원에서 채택한 비즈니스 원칙이었다면 조합과 조합 사이에는 연합 사업 조직 설립[4]이라는 혁신이 있었다. 조합의 도매 기능(특히 제조업자로부터의 구매 기능)을 연합 사업 조직에 집중해 가격 교섭력을 높였고, 조합들의 구매 비용 상 중복을 해소했다. 조합과 사업 연합회가 소매 및 도매 기능을 분담함으로써 사업 효율성이 높아지고 조합원 편익이 향상됐던 것이다.

20세기 후반에 들어와 주식회사 기업들이 프랜차이즈의 사업 방식을 많이 도입했는데, 실제 유럽 유통업계에서 프랜차이즈 방식을 가장 먼저 도입한 것은 소비자협동조합이었다. 주식회사 프랜차이즈 모형과 협동조합 프랜차이즈 모형의 차이는 가맹주(도매 기능) 역할을 수행하는 사업 연합 조직에 대한 소유권을 조합(소매 기능을 담당하는 가맹점)들이 가지고 있다는 점이다.[5] 그 당시 도매업자와 소매업자 사이의 거래는 소위 현물 시장 spot market 거래 관계를 벗어나지 못하고 있었다. 이런 상황에서 유럽의 소비자협동조합은 협동조합 프랜차이즈 모형 창안을 통해 소매 유통의 혁신자 역할을 1950년대까지 수행했다.

이념적 측면 및 주체 형성 측면에서 살펴보면, 유럽의 소협은 1890년대~1900년대 유럽의 주요 국가에서 노동운동 진영의 적극적인 참여 결정[6]

---

4) 도매 기능을 담당하는 연합 사업 조직은 영국에서는 1863년, 노르웨이에서는 1906년, 프랑스에서는 1906년, 이탈리아에서는 1911년에 설립되었다.

5) 그러므로 주식회사 프랜차이즈사업에서 나타나는 을에 대한 갑의 횡포 문제가 발생하지 않고 오히려 가맹점의 도덕적 해이 문제나 가맹주로의 사업 및 통제권의 적절한 수준의 이양을 거부하는 문제가 발생해 소협 전체 사업의 효율성에 걸림돌로 작용할 수 있다.

으로 수천 개가 설립되면서 풀뿌리 운동으로 발전했다. 이는 그 이전 시기에 추진된 소협 운동이 지식인 및 상층 노동자를 중심으로 해서 위로부터 전개됐던 것과 구별된다.[7] 이처럼 협동조합은 설립 초창기에는 정치적 수단의 측면이 강했다. 이후 많은 소규모 조합들이 파산했고, 나머지 조합들이 자본의 부족, 경영 및 회계 전문가의 결여 등으로 인한 어려움을 겪는 과정에서 정치적 측면은 점차 약화되고, 조합원과 경영진 모두 경제적 효율성을 더 중요시하게 되었다.

또, 협동조합 1세대에서는 이념적 지도자들이 중심이었던 반면 1900년대 이후 협동조합 2세대에 이르러서는 경영 지도자들이 출현했다. 이렇게 협동조합은 운동의 주체인 동시에 경영체로 정립되기 시작했다.[8]

이렇게 유럽 소협은 조합 운영의 제도 및 전체 조직 체계의 정립을 통해 신뢰의 위기 단계를 극복하고 식료품 시장에서 높은 점유율을 차지하게 됐다. 1955년에 영국 소협의 비중은 식료품 시장의 20%를 차지했고, 독일은 10%, 프랑스는 5%, 북유럽의 국가들은 평균 18%를 기록했다.

3
전후 유럽의 소비자협동조합들의 운명은 어떻게 갈라졌는가?

그러나 2차 세계대전 이후, 상황은 크게 변하기 시작했다. 우선 성과 측면에서 국가별로 큰 차이가 나타났다. 식료품 시장에서의 점유율과 조합

---

6) 소협 운동 추진자들은 노동 계급의 정치 지도자들에게 노동운동의 한 부분으로서 소협을 받아들이도록 설득하는데 성공했다. 또한 노동운동의 지도자들은 협동조합이 노동자 정당과 노동조합을 위해 파업기금의 모금 등 조직적·재정적 지원을 할 수 있을 것으로 보면서 정치적으로 소협에 대한 참여를 결정했다(Brazda and Schediwy, 1989).

7~8) Brazda and Schediwy, 1989

원 수로 살펴보면, 영국 소협의 식료품 시장 점유율은 1955년까지는 20%로 모든 유럽 국가 중에서 가장 높은 비율을 자랑했으나 2005년에 5% 수준으로 하락했으며(〈그림 4-1〉 참조), 조합원 수도 1962년 1,310만 명에서 1990년 820만 명으로 감소했다(〈표 4-2〉 참조). 프랑스의 소협은 연합 조직이 해산하는 등 사실상 붕괴를 경험했다. 프랑스 소협의 식료품 시장에서의 점유율은 1970년 약 5%였는데, 그 후 지속적으로 감소해 1990년 약 1% 수준까지 떨어졌다(〈그림 4-1〉 참조).[9] 조합원수도 1975년 305만 명에서 2010년 67만 5천명으로 대폭 줄었다.

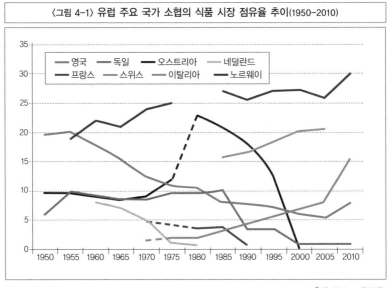

〈그림 4-1〉 유럽 주요 국가 소협의 식품 시장 점유율 추이(1950-2010)

출처: Ekberg(2012)

_____

9) 독일의 소협도 1955년에 10%까지 상승했으나 그 후 30여 년 간 정체를 나타낸 후 1985년부터 급격히 쇠퇴해 2010년에 약 1% 수준을 기록하고 있어 프랑스와 비슷한 쇠퇴의 경로를 밟았다.

반면 노르웨이 소협은 2차 세계대전 전에도 식품 유통의 중심적인 역할을 수행했고, 유통 근대화가 진행된 2차 세계대전 후에도 시장을 선도하며 꾸준히 성장했다. 노르웨이 소협의 시장 점유율은 1955년 18% 수준이었으나 1975년 25%까지 상승했고 이 수준을 2010년까지 유지했다.[10] 조합원 수도 1950년 33만 명에서 2009년 120만 명으로 크게 증가했다. 이탈리아 소협은 2차 세계대전 전에는 큰 영향력을 발휘하지 못했으나 1970년대 이후 크게 성장했다. 1970년 약 2%였던 시장 점유율이 1980년 이후 꾸준히 상승해 2005년 8%, 2010년 15%를 상회할 만큼 비약적으로 발전했다(〈그림 4-1〉 참조). 조합원 수도 1978년 78만 명에서 2010년 743만 명으로 열 배 가까이 증가했다.

이렇게 유럽 4개 국가 소협들이 극명한 차이를 보인 이유는 무엇일까? 여러 요인이 있겠지만 전반적으로 볼 때, 환경의 급격한 변화에 대응하는 과정에서 성패가 갈렸다고 설명할 수 있다. 소협 중에서 실용주의적 관점에 입각한 조직들이 환경의 변화에 보다 효과적으로 대응했고, 새로운 사업 영역을 개척하는 한편 사회적으로 의미 있는 조직으로서의 역할을 수행했다. 그 결과 경제적으로 지속 가능성이 높은 조직으로 발전했다. 또한 소협들 중에서 조합과 연합 조직 사이의 역할 분담이 명확하고, 통일된 전략을 수립해 실천한 소협들이 성장했다는 사실도 확인된다.[11] 유통 환경의 급변 및 현대화 과정에서 살아남기 위해서는 조합과 연합 사업 조직이 긴밀하게 통합된 사업전략을 세우고, 의사 결정 구조를 연합 조직으로 집중시키는 방식이 효과적이었다. 즉, 소협들이 보다 강화된 프랜차이

---

10) 〈그림 4-1〉에서 보는 바와 같이, 북유럽 4개국의 소협은 평균적으로 전후에 지속적으로 성장한 예에 속한다. 이 나라 소협들의 평균 시장 점유율은 1955년에 약 18% 수준에서 꾸준히 상승해 2010년에 30%를 약간 상회하고 있다(Ekberg, 2012).
11) 장종익(2014), "전후 유럽 소비자협동조합의 진화에 관한 연구,"『동향과 전망』90호를 참조할 것.

즈 모형으로의 혁신을 이루어낸 나라들에서는 좋은 성과를 보였다.

왜 유럽 소협들에게 이러한 혁신이 요구되었는지를 시장 및 기술의 환경 변화 측면에서 살펴보자. 양차 세계대전 기간 미국에서 시작된 대량 생산 및 대량 소비 체제가 유럽에 도입됐고 유럽 각국은 전후 내내 지속됐던 심각한 물자 부족 상황에서 벗어나게 된다. 문제는 대량으로 생산된 재화를 어떻게 효율적으로 배분할 것인가에 있었다. 시장에 대한 정부의 감독 기능이 현저히 강화되고, 거래 측면에서 품질 등급화 및 규격화 등의 제도가 도입되고, 거래 과정에서의 속임수 행위에 대한 처벌이 강화되는 등 여러 조치가 이어졌다.

또한 시장에서 지배력을 행사하는 독과점 행위를 예방하고 감시하는 독과점 금지에 관한 법률이 신설돼 20세기 중반까지 미국과 유럽 대부분 나라에 도입됐다. 이런 조치들로 인해 유럽에 소협이 등장했을 당시 시장의 문제점이 상당히 줄어든 것이다.

또한 대량 생산 체제는 기업 규모의 확대 및 기업 종류의 다양화와 더불어 진행되었기 때문에 사무직 노동자 계층이 새롭게 등장하게 된다. 이들은 소득 수준이 상대적으로 높아 구매력이 컸고, 이들의 생활 방식은 전통적인 육체 노동자 계층과는 차이가 있었는데, 시간의 기회 비용이 상대적으로 컸으며 생활의 편리함을 추구했다. 19세기 중반 영국과 프랑스 소협과 같이 산업 자본주의 공업 지대 및 도시에서 탄생한 소협은 산업 노동 계층 조합원으로 구성됐고 이들의 빈곤을 해결하는데 초점을 맞췄다. 20세기 초반 사무직 노동자 계층 등장으로 인한 인구 구성의 변화는 소협의 조합원 구성에도 커다란 변화를 가져 왔다. 이용자와 소유자가 분리된 주식회사 기업에서는 이 점이 전혀 문제가 되지 않았지만 이용자와 소유자가 일체화된 협동조합의 경우에는 조합원의 구성에 이질성이 나타날 수 있다는 점에서 문제의 소지가 됐다.

소협이 주로 활동하는 유통업 분야에서 의미 있는 기술 변화는 셀프 서비스[12]를 바탕으로 하는 슈퍼마켓과 하이퍼마켓 체인 시스템의 등장이다. 1940년대까지 서유럽의 식품점들은 정육점, 과일점, 베이커리, 기타 식료품점 등으로 나뉘어 있었으며, 매장 주인의 이름을 붙인 매우 작은 규모의 점포가 주거 지역에 밀집해 있는 형태였다. 20세기 말에 이르면 이러한 매장들은 거의 사라지고 셀프 서비스 기술을 바탕으로 한 슈퍼마켓, 하이퍼마켓, 편의점 등 형태로 거의 전환된다. 이러한 소매유통의 혁명은 1950~1960년대의 셀프서비스 및 슈퍼마켓의 도입과 1970~1980년대의 슈퍼마켓 및 하이퍼마켓의 도입 등 두 단계로 이뤄졌다. 매장의 규모는 크게 확대되었으나 매장 수는 급격히 줄어들었다. 영국에서 식품 매장 수는 1950년에 25만 6천 개에서 2000년 1만 4,500개로 줄어들었으며, 1950년대 전통적인 매장의 면적은 평균 93㎡였으나 하이퍼마켓의 판매 면적은 최소한 4,959㎡였다. 매장의 형태도 다양해졌다. 높은 품질의 상품을 공급하는 매장과 저렴한 가격의 상품을 공급하는 매장으로 분화됐다. 1980년대와 1990년대에 많은 소매 유통업체들은 소규모 편의점, 중간 규모의 슈퍼마켓, 대규모의 하이퍼마켓 및 슈퍼마켓 등을 함께 운영했다.

이러한 새로운 유통의 혁명은 대부분 세인즈베리Sainsbury's, 테스코Tesco, 까르푸Carrefour 등 대규모 슈퍼마켓 체인들에 의해서 이뤄졌다. 이들은 상품의 기획 및 선정, 구매 및 조달, 물류, 매장의 관리, 품질 관리 및 브랜드 관리, 홍보 등의 측면에서 표준화·통합화·중앙 집중화된 소매 체인 조직화 기술을 도입했다. 이러한 경영 및 조직 기술의 도입으로 대량 유통 체제가 가능해졌고, 규모의 경제 이익으로 유통 비용의 절감과 원스톱 쇼핑 체제 및 편의성이 제고됐다. 즉, 유통시장에서 유럽 소협에 새로운 경쟁자가 강력한 형태로 등장한 것이다. 유럽 소협의 초기 발전은 전통적인 유

---

12) 셀프 서비스 방식의 매대는, 고객이 직접 상품을 선택해 자신이 구입한 상품을 계산대에 가지고 오는 매대로 영국의 소비자협동조합이 1942년에 처음으로 도입했다.

통구조 하에서 이루어진 성과였지만 새로운 기술 및 시장 환경이 급격히 도입되면서 유럽 소협의 사업은 새로운 도전에 직면했다. 이러한 시대적 환경의 변화를 어떻게 인식하고 대응했는가의 측면에서 유럽 4개국 소협은 차이를 나타냈던 것이다.

4
생필품 공동구매 소협 비즈니스 모델의 특징

앞에서 살펴보았듯이 생필품 공동구매 소협은 초기부터 양질의 생필품을 저렴하게 공급하기 위한 목적으로 설립됐기 때문에 이에 알맞은 비즈니스 모델을 발전시켜 왔다. 이 모델은 다음과 같은 몇 가지 요소로 이루어져 있다.

첫째, 제조업체(공급자)와의 교섭력을 키우고, 물류 및 구매 기능의 효율성을 높이기 위해 이 기능들을 개별 조합들로부터 사업연합회가 위임받아 총괄하는 프랜차이즈 모형이다. 핵심적 요소라 할 수 있는 이 프랜차이즈 모형은 생필품 공동구매 소협이 발전한 모든 나라에서 채택됐다. 한편으로 협동조합형 프랜차이즈 모형은 조합의 규모 확대에 따라 발생하는 의사 결정 비용 상승, 무임 승차자 문제를 해결하기 위한 방안이기도 했다. 1차 협동조합들이 도매 및 소매 기능, 전략적 경영과 일상 업무 기능 사이의 분업 및 전문화를 도모하기 위해서는 규모를 비약적으로 키울 수밖에 없는데, 이는 조직 운용 비용을 급속히 높이는 단점이 나타났다. 그러므로 도매 및 전략적 경영 기능을 사업 연합 조직으로 위임하게 되면서 조합은 일정한 수준 안에서 규모를 유지할 수 있게 됐다. 즉, 프랜차이즈 모델은 조합의 내적 지속 가능성을 위한 전략이기도 했다.

또한 사업 연합 조직 모형은 전국적으로 통일된 브랜드를 통해 소협의

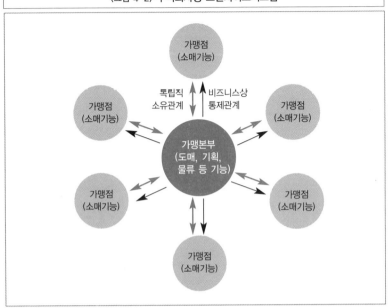

〈그림 4-2〉 주식회사형 프랜차이즈시스템

가맹점
(소매기능)

가맹점
(소매기능)

독립적
소유관계

비즈니스상
통제관계

가맹점
(소매기능)

가맹본부
(도매, 기획,
물류 등 기능)

가맹점
(소매기능)

가맹점
(소매기능)

가맹점
(소매기능)

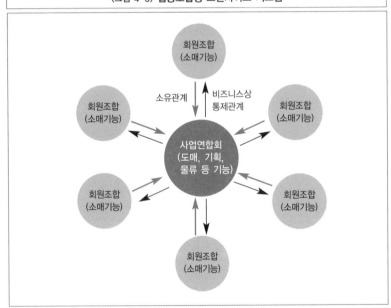

〈그림 4-3〉 협동조합형 프랜차이즈 시스템

회원조합
(소매기능)

회원조합
(소매기능)

소유관계

비즈니스상
통제관계

회원조합
(소매기능)

사업연합회
(도매, 기획,
물류 등 기능)

회원조합
(소매기능)

회원조합
(소매기능)

회원조합
(소매기능)

이미지를 높일 수 있었다. 활동 영역이 지역 안으로 한정될 수밖에 없는 1차 조합에 비해 사업 연합 조직은 소협이 설립되지 않은 지역, 또는 전략적으로 육성해야 하는 지역에서 생필품공동구매소협의 육성(인큐베이팅)을 보다 쉽게 추진할 수 있다. 역사적으로 생필품공동구매소협의 확산이 빠르게 이루어질 수 있었던 것은 이러한 프랜차이즈 모형 때문이었다. [13)]

이에 따라 사업 연합 조직 전략을 채택한 소협은 다른 종류의 협동조합과 달리 여러 가지 과제에 직면하게 된다. 사업 연합 조직과 회원 조합 간의 기능 분담 범위 설정, 의사 결정 권한 배분, 정보의 공유 및 소통 촉진 방법 구축, 사업 연합 조직의 회원 조합에 대한 비용 부과 및 잉여 배분의 합리적 기준의 마련, 사업 연합 조직에 대한 평가 및 감독 체제의 구축 등이다.

생필품 공동구매 소협 비즈니스 모델의 두 번째 특징은 가격 경쟁 및 품질 경쟁에 매우 민감할 수밖에 없다는 것이다. 최종 소비자를 대상으로 수많은 품목의 일상 필수품을 판매하는 사업을 수행하기 때문이다. 조합원은 가입 출자금을 최소 금액으로 납입하는 경우가 대부분이므로, 품목별로 다른 유통업체를 이용하는 등 기회주의적 행동을 할 가능성이 늘 존재한다. 조합원 1인당 사업 이용액은 생필품 공동구매 소협의 경영 효율성을 결정하는 중요한 요인이라 이 문제를 방치할 수는 없다. 조합원 1인당 사업 이용액이 높을수록 조합원의 조합에 대한 몰입 수준이 높고 조합 경영의 효율성이 높아지게 되기 때문이다.

조합원 1인당 사업 이용액을 결정하는 중요한 요인은 가격 수준, 품질 수준뿐만 아니라 조합원들이 중요하다고 생각하는 상품 및 상품 가치의 개발, 그리고 조합에의 참여 가치 등도 포함된다. 결국 조합이 조합원의

---

13) 이러한 프랜차이즈모형은 신협과 영농자재공동구매농협에서도 적용되었다.

의견을 어떻게 수렴해 조합 사업에 반영할 것인가에 관한 문제로 귀결된다. 조합원 수가 크게 증가할 경우 조합원의 의사를 반영하는 기제를 어떻게 만들어내며, 적극적으로 조합을 이용하고 운영에 참여하는 조합원을 어떻게 보상할 것인가의 고민이 커지게 마련이다. 이를 창조적으로 해결하는 조합 및 사업 연합 조직이 지속적으로 발전할 수 있다.

5
우리나라 생필품 공동구매 소협의 발전 과정과 특징

소비자생활협동조합법에 근거해 활동하고 있는 한국의 소비자생활협동조합은 생필품공동구매협동조합, 대학생활협동조합, 의료서비스공동구매협동조합[14], 육아서비스공동구매협동조합 등 네 가지 종류로 나뉜다. 여기에서는 생필품공동구매협동조합에 한정해 살펴보자.

1980년대 후반 유기 농산물의 공동구매 사업에 특화됐던 생협 조직들이 최근까지 가장 대중적인 규모로 확대 발전하고 있다. 한살림, iCOOP 생협, 두레생협, 행복중심생협(구 여성민우회생협) 등 네 갈래의 생협 조직들은 2012년 말 현재 공급액이 7,111억 원에 달하고 조합원수는 67만 명에 이른다. 전국에 129개의 지역 생협, 직장 생협 및 단체 생협들이 조직돼 활동하고 있는데[15], 이 생협들은 출발 당시의 이념과 주체들에 따라 네 갈래의 연합 사업 조직으로 각각 네트워크를 형성하고 있다. 1998년에는 조합원 총 3만 여명에 공급액 165억 원 규모에 불과했으나, 2000년대 이

---

14) 주민참여형 의료생활협동조합은 소비자생협법의 맹점을 악용한 유사의료생협의 난립으로 인해, 2012년 12월 협동조합기본법 시행 후 의료복지사회적협동조합으로 대부분 법인격을 전환했다.
15) 아이쿱생협사업연합회, 한살림연합, 두레생협연합회, 민우회생협연합회의 2013년 총회자료집

후 급속한 성장세를 보이고 있다. iCOOP생협과 한살림의 직원 수는 각각 1,000명이 넘어 중견기업의 수준에 이르고 있다.

<표 4-3> 한국 생활재 공동구매생협의 공급액 추이

(단위: 억 원)

	1998	2001	2003	2005	2007	2009	2011	2012
iCOOP생협	15	83	278	584	942	2,062	3,002	3,449
한살림	117	272	495	809	1,090	1,594	2,226	2,563
두레생협	21	61	136	204	242	416	740	932
민우회생협	12	30	57	67	86	154	169	167
합계	165	446	965	1,665	1,417	4,366	6,137	7,111

출처: 각 연합 조직 총회 자료집

생협들은 다양한 배경에서 발전해왔다. 두레생협연합조직은 신협 운동가들이 설립한 소협에 뿌리를 두고 있다. 우리나라의 도시 지역에서 처음에 출현한 생협은 신협이 전개해온 지역 사회 개발 사업의 직거래를 바탕으로 1985년 탄생한 안양바른생협이다. 두레생협연합조직은 바른생협 및 주민생협(성남) 등 수도권의 생협을 중심으로 출발했다. 신협은 1960년대에 가톨릭 교구를 기반으로 설립된 후 농촌뿐만 아니라 노동자들이 밀집한 도시로 전파되었다. 1970년대에 영세 농민의 소득 증대를 위해 시작된 사업이 농촌 신협과 도시 신협 사이의 농산물 직거래다. 신협 운동가들이 일본생협으로부터 배우고 지역 신협의 도움을 받아 생협을 설립하면서 전국생협중앙회를 결성했고, 1990년대 후반에 수도권사업연합이라고 하는 사업 연합 조직을 결성하게 된다. 이 조직이 나중에 노동운동에서 시작한 일부 지역생협(인천평화생협, 경기두레생협 등)과 종교운동에서 시작한 일부 단체생협(광명YMCA등대생협, 남양주YMCA등대생협, 부천YMCA등대생협, 원불교를 기반으로 한 한울안생협 등) 등과 공동으로 두레생협연합조직으로 발전하게 된다. 두레생협에서의 '두레'의 의미는 이미 잘 알려진 바와 같이 "옛 조상들이 힘을 모아 마을 공동의 일이나 행사를 치르면서 공동체를 유지하고 결속을 다졌던 것으로 생활공동체를 지향"하는 것이다. 두레생협은 사람과 자연, 지역과 환경을 살리는 지역생명운동을 추구하고 있다.

한살림소비자생활협동조합은 1970년대부터 지역살림운동, 농민운동, 협동조합운동을 전개해온 지식인 및 가톨릭 지도자들이 농민과 도시민의 협동을 통한 생명 복원 운동을 전개하고자 1986년 서울에 한살림농산을 설립하고 1988년 협동조합 형태의 조직을 결성한 것이 출발이다. 한살림은 초창기부터 생산자와 소비자가 친환경 유기농 식품의 생산과 소비를 통해 '한집 살림'하듯 더불어 살게 되면 '밥상살림, 농업살림, 생명살림'이 이룩될 수 있을 것이라는 철학을 기반으로 했다. 이를 위해 도시지역에서 소비자를, 농촌지역에서 유기농 생산자를 조직해왔다.

마지막으로, 우리나라의 생필품 공동구매 협동조합 중에서 2008년 이후 공급액 1위를 유지하고 있는 iCOOP생협은 노동운동과 진보정당 운동의 활동가들이 1990년대 설립한 지역생협들에 뿌리를 두고 있다. 진보정당 운동을 시도하던 활동가들이 1988년과 1992년 선거에서 패배한 후, 생협운동을 통한 대중 조직의 건설을 꿈꾸면서 서울, 인천, 울산, 창원 등 대도시에 생협을 설립하기 시작했다. 그 결과 1990년대 중반 한 때 전국에 200개가 넘는 지역생협이 설립됐지만 1997년 이후 외환위기를 겪으면서 상당수가 소멸되는 등 위기를 맞았다. 이 중에서 경인지역의 규모가 큰 생협들인 부천생협, 인천생협(구 부평생협), 별내, 수원, 안산, 한밭생협 등은 21세기생협연대를 창립하고 회원 생협의 물류를 통합해 외환위기의 파고를 넘어설 수 있었다. 21세기생협연대는 2001년 한국생협연대로 명칭이 변경됐고, 2008년 iCOOP생협연대로 다시 이름이 변경되었다. iCOOP생협연대는 출발 당시에 한살림이나 두레생협보다 사업 및 조직 규모가 작았지만 그 후 비약적인 발전을 했고 전국적으로 가장 많은 단위 생협 수와 매장 수를 보유하게 됐다. 아이쿱생협은 소비자 조합원을 주인으로 설정하고 과제 해결 중심의 협동조합운동을 전개한다. "나와 이웃 그리고 지구환경을 위한 소비가 생협 소비의 본질"이라는 철학에 기반하며, '서민에게 유기농산물을'이라는 슬로건을 내걸고 이를 실현하기 위해 사업과 조직의 혁신을 추진해오고 있다.

협동조합은 조합원의 필요와 욕구를 조직화해 사업을 확대하고 이를 통해 사회적 영향력을 넓혀가는 조직이다. 우리나라의 생협은 친환경 유기농 식품의 조직적 거래를 통해 안전한 식품의 생산과 소비, 적정한 농업과 환경의 보전 등 시대적 과제를 해결하기 위해 노력해왔다. 그뿐 아니라 생협조직에서의 안정적인 일자리 창출 역할도 수행하고 있다.[16] 더 나아가 생협들은 지역 및 시민사회 세력과 더불어 공정무역, 도농교류, 교육문제 해결, 의료 등 다양한 생활문화 서비스를 제공함으로써 지역공동체의 활성화에 기여하고 있다.

이상에서 서술한 것처럼 우리나라의 생협은 조합원의 공통의 필요와 열망의 내용 면에서 유럽의 소협과는 차이가 있다. 19세기 중후반에 설립된 유럽의 소협은 독과점 시장 구조와 공급 부족이라는 시대적 환경 하에서 양질의 생필품을 저렴하게 공급하는 것을 목적으로 출발했다. 반면 한국의 생협은 공급 과잉과 거품 소비가 만연한 시장 환경에서 건강과 환경을 생각하는 농식품의 윤리적 생산과 소비를 추구하고자 시작됐다. 우리나

---

16) 특히 icoop생협사업연합은 비정규직 일자리를 만들지 않는 것으로 잘 알려져 있다.

라에서도 유럽의 소협과 같은 목적을 지닌 협동조합의 실천 운동이 없었던 것은 아니지만, 일제 강점기 때 간헐적으로 특정 지역에서만 시도됐다가 사업체로서의 생명을 유지하지 못하고 사라진 경우가 대부분이다. 1920년 설립된 목포소비조합, 1960년대에 한국노총 산하 노동조합들이 만든 소비조합 등이 대표적인 사례다. 또한 1960~1970년대 협동교육연구원에서 교육을 받은 지역 운동가들이 각 지역에서 시도했던 소비조합들도 고립 분산적인 구판장 성격을 벗어나지 못했다. 이러한 시도들은 조직적으로 발전하지 못하고 1970~1980년대에 대부분 중단됐다.[17]

그 같은 실패의 원인에 대한 연구가 체계적으로 이루어지지는 않았지만, 3장에서 제시한 협동조합 비즈니스 모델의 성공 요인 분석 틀에 입각해볼 때, 당시 소협에 대한 수요의 강도에 비해 소비자협동조합운동의 주체들이 잠재적 조합원들에게 제공하는 편익이 크지 않았고, 협동조합의 약점을 보완하는 전략 개발에 실패했기 때문인 것으로 추정된다. 특히 공동구매력을 집중하고 상품 기획 및 물류 기능을 효율적으로 수행할 수 있는 강력한 연합사업 조직을 만들어내지 못했던 점이 크게 작용한 것으로 보인다.

반면 유기농 식품의 거래에 특화된 생협은 대중적으로 발전해 왔다. 유기농 식품의 취급 목적은 독과점 구조의 문제에 대한 대처라기보다는 유기농 식품의 품질 정보의 비대칭성에 대처하기 위한 것이다. 생산 및 거래의 측면에서 볼 때, 친환경 농식품은 일반 농식품과는 다른 세 가지 특징을 지닌다. 첫째, 친환경 농식품은 생산 과정에서 안전성과 환경 보호 등을 고려해 일반 농식품과는 차별적으로 재배되거나 가공되는 제품이다.

---

17) 이에 대한 자세한 내용은 아이쿱협동조합연구소 편(2012)을 참조할 것.

이러한 안전성 및 환경 보호라는 속성은 육안으로 확인하거나 섭취를 통해 확인하기가 매우 어렵다. 즉 친환경 농산물의 차별적 속성은 생산 과정에서 형성되기 때문에 이 속성이 유지되고 있는지에 대해 생산자는 잘 알고 있는 반면 구매하는 개별 소비자는 전혀 알 수 없는 처지에 놓이게 된다. 이러한 특징으로 인해 생산자와 소비자가 서로를 모르는 비인격적 거래impersonal transactions에 있어서 생산자는 자신이 생산한 친환경 농산물의 진위 여부를 소비자에게 전달해 확신시키기가 극히 어렵다. 소비자의 신뢰를 얻기까지는 매우 높은 비용이 소요된다. 때문에 일반 시장을 통해서는 거래가 활성화될 가능성이 높지 않다.

둘째, 친환경 농식품은 생산 과정의 속성 측면에서 차별화된 제품인데, 이러한 제품의 생산은 일반 농산물의 생산보다 더 많은 비용이 소요되고 재배 과정에서의 위험성이 높을 뿐만 아니라 장기적인 노력과 투자를 통해서만 안정적인 생산성을 확보하고 유지할 수 있다. 때문에 농민들로서는 판매처가 명확히 정해지지 않은 상황에서는 친환경 농식품을 위한 장기적 투자에 나서기 어렵다. 이와 같은 농민들의 장기 투자 기피 현상은 친환경 농식품 거래의 확대를 저해하게 된다.

셋째, 친환경 농식품 산업은 발생 초기에는 거래 혹은 시장의 규모가 매우 작기thin market 때문에 판매자와 구매자가 동의하는 적정 가격 설정이 어렵고, 물류 및 유통 비용도 상대적으로 높다. 친환경 농식품의 시장 규모가 작을 때에는 생산자와 소비자의 층이 얇고 분산돼 있는 경향이 강하기 때문에 양쪽을 물류망으로 연결시키고 정보를 전달하는 매개 비용이 높을 수밖에 없다. 이 비용이 제품 단가에 반영돼 소비자 구매 가격이 높아지게 되고 이는 잠재적 소비자 층의 확대를 저해하는 요인으로 작용한다. 그리고 다시 이는 물류 및 유통 비용의 감축을 어렵게 만드는 악순환을 초래한다.

소협은 주식회사를 통한 시장 거래 방식에 비해 이러한 친환경 농식품 거래의 저해 요인을 해소하는데 장점이 있기 때문에 발전할 수 있었다. 특히, 친환경 농식품 품질에 대한 정보의 비대칭성 문제를 해소하는데 있어서 생협은 주식회사에 비해 장점을 발휘할 수 있는 기업 소유 형태다. 안전성 및 환경 보호라고 하는 속성을 지닌 친환경 농식품이 비인격적 거래를 특징으로 하는 시장에서 거래될 경우에 이윤 극대화를 목적으로 하는 생산자 및 유통업체는 가격 프리미엄이 있는 친환경 농식품의 품질을 속이려는 유혹에 빠지기 쉽다. 반면 친환경 농식품의 유통을 담당하는 소협의 소유자는 곧 소비자이기 때문에 친환경적인 농식품을 안심하고 구매할 수 있는 안정적인 공급체계의 구축을 기본 사업 목적으로 설정할 수 있다. 소비자가 유통 기업의 소유자라는 점 자체가 친환경 농식품을 공급하는 유통업체와 소비자와의 불신을 최소화하고 신뢰 관계를 구축할 수 있도록 하는 것이다.

두 번째 장점은, 소협이 농민들의 장기 투자 기피 경향이나 정보 불균형을 통한 이익 추구 문제를 직접적으로 해소한 것이다. 소비자 조합원 대표들을 생산자와 가공업체를 직접 방문, 면담하도록 해서 파트너를 선별하고 장기적인 거래 관계를 구축하는 것이 소협의 일반적인 방식이다. 즉, 친환경 농식품의 품질 검사 결과를 놓고 신뢰하는 것이 아니라, 생산자와 가공업체 대표의 사업 철학 및 품성, 주위의 평판 등을 바탕으로 신뢰하는 것이다. 소비자 조합원들의 반복적이고 정기적인 생산지 방문으로 구축된 거래 관계는 생산자가 일시적인 이익을 위해 소비자를 속이는 행위를 하지 못하도록 하는 효과도 있다. 거래 관계 지속을 통한 이익이 일시적인 속임수를 통한 이익보다 커지기 때문이다.

이러한 방식은 친환경 농식품 품질에 대한 인증 제도가 정착되기 전까지 농민 및 가공업체와 소협과의 신뢰 관계를 구축하고 농민들의 유기농 및 무농약 농업에 대한 장기 투자를 하도록 유도하는데 큰 도움이 됐다. 이와 같은 상대적인 장점 덕분에 친환경 농식품 공동구매 소협은 소매 매장 및 물류 시설 등이 일반적인 유통 기업의 수준에 미치지 못했음에도 불구하고 크게 발전할 수 있었다.

우리나라의 생협이 채택한 사업 모형은 유럽 소협과 유사한 프랜차이즈 방식이었다. 네 가지 계열의 생협 간에 차이가 생기기 시작한 것은 이 프랜차이즈 모형의 적용과 관련이 있다. 프랜차이즈 모형의 원리 및 협동조합형 프랜차이즈 모형 등에 대한 이해도 차이, 사업 연합 조직과 회원 조합 간의 사업 및 업무의 배분 정도, 그리고 사업 통합 및 표준화 수준 등의 차이가 비즈니스 전략 및 조직 전략 상의 차이로 이어졌고, 사업의 성과 차이로 나타난 것이다. 아래 아이쿱생협 사례 설명은 이러한 관점을 적용했다.

마지막으로 우리나라 생협은 일본에서 전후에 발전한 생협 시스템을 상당 부분 벤치마킹했다. 20세기 후반 유럽 소협이 쇠퇴한 반면 일본 생협은 독자적이고 혁신적인 모델로 성장했다. 조합 사업과 사회 문제에 대해 주부 조합원을 중심으로 다양하게 참여하는 운영 모델, 반班이라고 하는 명칭으로 수행된 조합원의 공동 구입 사업, 산직 사업(도농직거래) 등을 새롭게 만들어 낸 것이다. 생협이라는 용어에서도 나타나듯이 '생활 속의 협동'이란 관점에서 공동구매 소협 모델의 외연을 더 적극적으로 확대한 점은 일본 생협의 기여라 할 수 있다. 1990년대 우리나라 생협의 초창기 리더들은 일본 생협을 방문해 이러한 혁신적 운영 모델을 배워 한국에 도입했다. 무점포 공동구입, 유기농 생산자와의 직거래, 주부들을 중심으로 한 교육 환경 육아 건강 등 다양한 주제의 위원회 조직 등이 일본 생협에서 배워온 것들이다. 그런 점에서 일본 생협은 유럽 소협과 한국 생협을 잇는 중간 다리 역할을 수행했다고 할 수 있다. [18]

....

18) 이 점을 지적해주신 김형미 박사께 감사드린다.

한국대학생협

우리나라에서도 1980년대 후반부터 대학교에 생협이 설립되기 시작했다. 소비자생활협동조합법이 시행된 1999년 이전에 설립된 것이다. 1988년에 최초로 서강대학교에서 학생소비자협동조합이 설립됐고(1992년에 해산됨), 1989년에는 이화여자대학교에서 학생소비자협동조합이 만들어졌다. 1990년에는 조선대학교에서 조선대생활협동조합이 문을 열었다. 2013년 말까지 총 32개의 대학교에서 생협이 설립됐으며, 이 대학생협들은 대학생협연합회를 결성했다(http://www.univcoop.or.kr).

대학교에서의 매점이나 식당은 약간의 공간적 독점spatial monopoly의 특성을 지니고 있어서 이를 협동조합 방식의 소유로 전환하게 되면 이용자의 편익이 증대할 가능성이 높다. 문제는 4년마다 학생 조합원이 변동하게 되는 조합원의 유동성이 협동조합 소유 비용을 높이는 요인으로 작용한다는 것이다. 이러한 소유 비용을 줄이는데 성공한 대학들이 생협의 발전을 경험하게 된다. 최근 중·고등학교에서도 매점을 협동조합으로 전환하는 사례가 나타나고 있는데, 중·고교의 매점은 공간적 독점의 성격이 더욱 강하기 때문에 협동조합으로의 전환에 따른 편익이 높아진다. 또 3년마다 학생 조합원이 변동한다는 점에서도 대학생협의 구조적 특성과 크게 다르지 않다. 다만 중·고교의 학생들에게 협동조합의 참여를 통해 실천적 교육을 체험하도록 하는 기회로 설계된다면 상대적으로 높은 거버넌스 비용의 문제도 해소될 가능성이 높다.

프랑스 소비자협동조합의 실패 사례[19]

❖ 개요

프랑스의 소협은 실패한 소협의 대표적인 사례다. 프랑스의 소협은 1800
년대 후반에 노동조합의 지원을 받아 크게 발전해 1975년에는 305만 명
의 조합원이 가입돼 있었고, 6,987개의 매장을 운영해 소매 시장의 2.4%
를 점유했다. 소비자조합에서 일하는 직원의 수는 당시 4만 3천 명에 달
했다. 그러나 이러한 소비자조합은 1986년 소비자조합사업연합회가 파
산하면서 급격히 쇠퇴했다. 2010년 말 현재 소비자조합의 조합원 수는
67만여 명에 그치고 있다. 이러한 프랑스 소비자조합의 쇠퇴는 전후 소
매 유통 환경의 급격한 변화에 대한 소비자협동조합의 조직·사업·경영적
적응의 실패 때문인 것으로 분석되고 있다.

〈표 4-4〉 프랑스 소협의 변화 추이					
	1914	1924	1949	1975	2010
조합수	2,980	3,465	1,120	225	4
조합원 총수(천명)	864	2,152	n.a.	3,050	675
조합당 조합원 수	404	909	n.a	13,555	168,750
직원 수	n.a.	n.a.	n.a.	43,000	11,547

출처: Schediwy(1989); Coop FR(2012).

....

19) 장종익(2012b)을 주로 참조하였음.

프랑스 소협은 1890년대에 들어서면서 사회주의자들에 의해 공장지대에 집중적으로 설립됐으며, 가톨릭과 중도파들에 의해서도 경쟁적으로 만들어졌다. 사회주의자들이 설립한 소협은 사회주의 정당이나 공산주의 정당, 그리고 노동조합 운동과 매우 긴밀하게 연계돼 있었다. 때문에 소협의 의의를 노동자들이 파업을 할 경우 지원하는 데 있다고 생각했다. 반면, 가톨릭과 중도파들은 소협이 절약과 알콜 중독의 치유 등에 초점을 맞추어야 한다고 생각했다. 협동조합 운동 내의 양 분파 사이의 이와 같은 대립은 도매사업연합조직의 결성에 커다란 걸림돌이었다.

프랑스 내의 소협은 1880년 300개에서 1910년 2,600개로 늘어났다. 1912년 양 분파의 소협들이 단일 총회를 개최해 전국 소비협동조합연합회(FNCC: Fédération Nationale des Coopératives de Consommation를 창립했다. 기독교사회주의자들과 사회민주당개혁주의자들이 결합한 것이다. 이런 결단이 이뤄진 것은 1906년 설립된 도매사업연합회의 경제적 문제를 해결해야 한다는 과제 때문이었다. 그러나 파리 교외의 공장 지대에 위치한 가장 크고 급진적인 노동자 중심의 소비자협동조합인 벨비와즈Bellevilloise가 FNCC의 가입을 거부함으로써 분열은 지속되었다. 1923년 조합원 수 기준으로 프랑스 소협 중에서 55%만이 FNCC에 가입했고, 공급액 기준으로는 63%가 가입했다.

1920~1922년 FNCC 도매회사는 파업과 내부 경영진 간의 갈등 등으로 손실을 기록했고, 대규모 광역 조합들은 FNCC의 도매회사의 이용을 기피하면서 독자적인 도매 기능을 강화하기 시작했다. 이에 따라 FNCC의 도매회사의 기능은 수수료 기준으로 단순 도매 기능을 수행하는데 머무르게 되었다.

이후 조합의 합병 과정을 통해 소협은 1920년 4,000개에서 1929년 3,265개, 1939년 2,200개, 1949년에 1,120개로 감소했다. 합병으로 인해 조합의 규모는 커졌으나 좌파 협동조합 실천가들은 조합을 상업적으로 확대하는 것에 대한 강한 거부감을 나타냈다. 그런 가운데 소협은 전쟁 기간 동안 공정한 유통업자로서의 명성을 얻게 되었으며, 생활물자의 수입권에서 우월적 지위를 갖게 되었다.

❖ 유통 환경의 변화에 대한 프랑스 소협의 대응

프랑스는 영국에 비해 유통업의 근대화 속도가 늦게 시작된 가운데 전후 프랑스 소협은 재화 유통의 근대화 과정에서 뒤처지게 되었다. 이렇게 시대 흐름을 따라가지 못하자 프랑스 소협은 그동안 쌓아 왔던 공정한 가격의 현대적 기업이라고 하는 이미지를 점차 잃기 시작했다. 반면에 카르푸Carrefour Group와 소매업자들의 협동조합인 에드와르 레끄레르Edouard Leclerc가 프랑스 소매 시장에서 선도적인 역할을 담당하기 시작했다.

1961년 프랑스에는 45개의 광역 소협이 존재했는데, 이 조합들은 FNCC 회원 수에서 차지하는 비중은 8%에 불과했지만 거래액 비중은 90% 정도를 차지했다. 이 조합들은 3만 1,036명의 종업원들을 고용하고 8,007개의 매장을 운영해 270만 명의 조합원에게 재화와 서비스를 공급하고 있었다. 프랑스에서는 산업화가 진행된 지역에는 소협의 분포가 밀집된 반면, 남부와 같이 농업 등이 발달한 지역에서는 소협이 발달하지 않아 전국적으로 소협의 분포는 매우 불균등했다.

대규모 광역 소협도 대부분 매우 작은 매장을 운영하고 있었는데, 이 매장은 매장 관리인에게 통상 6%의 수수료를 지급했다. 이 매장 관리인의 영업 방식은 지역의 전통적인 매장과 다르지 않았다. 이러한 광역 소협의 경우에도 조합원 1인당 공급액과 출자액은 매우 낮은 상태였다. 같은 시기의 스웨덴 소협과 비교해볼 때, 조합원 1인당 공급액은 스웨덴의 3분의 1 수준에 불과했고, 전체 부채와 자본의 구성에 있어서 출자금의 비중도 스웨덴의 3분의 1 정도였다.

프랑스 소협의 식료품 시장에서의 점유율은 1958년에 3.6%였으나 1960년대에 들어오면서 서서히 쇠퇴하기 시작했다. 이는 1950년대의 시대 환경의 변화에 대한 소협의 대응이 원활하지 못했던 탓이다. 1950년대에 대량 생산 시스템과 대량 소비 체제가 진전됐고 도시화도 빠르게 진행됐으며, 경쟁 유통 업체는 유통 구조를 혁신하면서 이러한 변화에 대응했다. 그러나 소협은 대부분 소도시에 매장을 가지고 있었고, 소협의 이사진과 경영진은 대규모 매장을 기획하고 운영할 수 있는 능력이 부족했다. 재무 상태 역시 대규모 매장을 건설하기에는 역부족이었고, 조합원들은 외부로부터의 자본 조달에 대해서도 소극적이었다.

이런 영향으로 프랑스의 소협의 매장 수는 1961년 1만 개에서 1975년 6,987개로 줄어든 반면에 개별 매장의 규모는 커졌다. 1975년에는 278개의 슈퍼마켓과 24개의 하이퍼마켓이 운영됐다. 소매시장 점유율은 2.4% 정도였다. 직원 수는 4만 3천 명이었고, 15개의 공장에서 300여개의 제품을 생산했다. 조합 간 합병도 이뤄져 총 225개의 조합 중에서 광역 조합은 25개에 이르렀다. 이중 10개의 대규모 광역 조합이 전체 소협 공급액의 80%를 차지했다.

이렇듯 겉으로 보기에는 건전하게 운영되는 것처럼 보였지만 안으로는 곪아가고 있었다. 1979년 FNCC의 총회에서 로제 케리넥Roger Kerinec 회장은 소협의 증가하는 부채 문제, 조합원의 조합사업 이용률 저하, 조합원 가입의 장점 감소 등을 우려하는 보고를 했다. 1983년 프랑스 소협은 2천만 가구 중에서 150만 가구를 조합원으로 보유하고 소매 시장에서 3%, 농식품 시장에서 5%의 시장을 점하고 있었다. 1800만 명의 피고용인 중에서 4만 명이 소협에 고용돼 있었다.

프랑스 소협의 위기는 브르타뉴Bretagne 지역의 광역 소협이었던 로리앙Lorient이 1982년 부도를 맞으면서 표면화되기 시작했다. 로리앙 소협은

1958년까지만 해도 6.9%의 배당을 지급할 정도로 튼튼한 조합이었지만 슈퍼마켓 매장으로 진출이 너무 늦은 것이 문제의 시작이었다. 조합의 매출은 늘어나지 못하고 급기야 매장에서 손실이 발생하자 1982년에는 200개의 매장 중에서 40개를 폐쇄했고 1,556명의 직원 중에서 250명을 해고했다. 1984년 로리앙, 낭시Nancy 등 자금 경색에 처한 광역 조합들이 SGCC[20)]에 구원의 손길을 요청하면서 광역 조합들에 대한 외부의 감사가 이루어졌는데, 이에 따르면 대부분의 조합들이 엄청난 규모의 재고를 가지고 있었고, 회계 장부 상에는 이러한 재고가 과다평가 돼 있었다. 이로 인해 조합의 현금 흐름이 경색되자 엄청난 재무적 손실이 드러났다.

19개 광역 소비조합 중에서 가장 규모가 큰 조합들인 노르Nord와 낭시를 비롯해 6개 조합[21)]이 1985년에 파산하거나 해산 절차에 들어갔다. 특히 프랑스 산업지대였던 북부 지역의 소협들이 커다란 어려움에 처했다. 이러한 대형 소비조합들의 부도는 SGCC의 재무상태를 극도로 어렵게 만들었다. SGCC는 자금을 동원하기 위해 1985년에 FNCC의 사치스러운 본부 건물을 매각했고, 조합원 소식지를 중단했으며, 1986년과 1987년에 사실상 모든 제조 시설을 매각했다. 또한 자금 경색에 처한 대형 소비조합들은 하이퍼마켓과 슈퍼마켓을 매각하기 시작했다. 1985년 11월에 SGCC는 자신의 도매 사업 기능을 중단하기로 결정했다. 1986년 1월 FNCC의 모든 직원은 해고되었고, SGCC는 해산하기로 결정되었다. 그러나 이 결정은 3월 FNCC를 해산하지 않는 것으로 번복됐고, 새로운 회장이 선출됐다.

---

20) 프랑스 소협의 사업연합조직, Societé Générale des Coopératives de Consommation.
21) 노드조합의 직원 수는 4,928명이었고, 낭시조합의 직원 수는 4,804명이 될 정도로 큰 규모였다.

프랑스 소협이 환경 변화에 적응하지 못했던 이유는 다음과 같이 요약된다. 첫째, 이념적 경직성과 조직의 관료화다. 프랑스 소협이 가장 많이 분포돼 있던 북부 지역에서는 노동조합 전통이 강했고, 노동 쟁의 기간 동안 소협은 이러한 쟁의를 지원하는데 활용됐으며, 이 지역 소협 대부분은 현대화된 매장을 원하지 않았다. 소협의 임원들은 대부분 학교 교사, 철도 노동자, 전기 및 가스회사의 노동자, 노동조합 활동가들로 구성돼 있었고, 이들은 이사장도 현장 출신이 적합하다고 생각했으며, 더 나아가 경영 책임자도 대졸자가 아닌 현장 출신이어야 한다고 생각했다. 심지어 이사장직은 대물림됐다. 이사회는 내용도 없는 이념적 회의를 장시간 동안 지속하기가 다반사였고, 직원들은 동기가 결여돼 있었으며, 소비조합은 노동조합에 대해 너무나 관대했다. 2차 대전 후 20년 동안 전통적인 입장의 운동가들이 중앙 조직의 지도부를 장악했는데, 그들은 전후에 불어 닥친 셀프서비스 시스템 등 유통 시장의 근본적인 변화를 아메리카니즘Americanism으로 치부하면서 거부했다. 이러한 이념적 경직성은 반자본주의적 분위기가 강했던 프랑스 북부 지역에서 매우 강했다. 반면 '실용주의적 인물'이 조합의 지도부를 맡은 곳에서는 조합의 광역화와 현대화가 이루어졌다. 그러나 전체적으로 이러한 분위기는 지배적이지 못했다.

임원들은 조합원들이 자신들과 생각이 다르다는 점을 인식하지 못했다. 민간 유통 기업이었던 오샹Auchan이 프랑스 북부 지역에 처음으로 하이퍼마켓을 개장하자 폭발적인 반응이 일었고, 소협의 시장 점유율은 급격히 추락했다. 프랑스 소협의 소규모 매장의 경쟁력은 경쟁 업체의 대규모 매장에 비해 효율성이 낮았을 뿐만 아니라 대다수 가족 경영 소매업체에 비해서도 경쟁력이 낮아지게 됐다. 1985~1986년 프랑스 소협이 위기에 처했음에도 불구하고 일반 대중들은 거의 관심이 없었다. 수십만 명의 조합원들이 자신들의 출자금이 휴지 조각이 되었음에도 불구하고 큰 문제를 느끼지 못했다.[22] 파리의 연합 조직들에서는 1,000여 명의 직원들이 일자리를 잃었다. 결국 많은 프랑스 소비자협동조합은 '고요한' 가운데 사라졌다고 말할 수 있다.

둘째, 전문 기술 관료에 대한 경계다. 위에 언급한 것처럼 소협의 지도자들은 대졸 출신자들을 신뢰하지 않았고 밑바닥에서 성장해온 직원 중에서 경영 책임자를 임명했다. 경영 책임자는 이사회의 구성원에서 제도적으로 배제됐다. 이는 소협의 사업적 성공의 중요성을 상대적으로 경시하는 반면 이념적 정치적 활동을 강조하는 분위기가 팽배했기 때문이다. 즉, 협동조합의 정신을 강조하는 사람들이 지배적이었는데, 이들은 협동조합의 효율성을 강조하는 사람들을 극단적으로 불신했다. 이러한 분위기로 인해 프랑스에서는 정치적 역할을 담당하는 FNCC가 사업적 기능을 담당하는 SGCC에 비해 우월적인 지위를 누리고 있었다. 사업적 기능을 담당하는 SGCC의 권한과 기능은 다른 유럽 국가에 비해 상대적으로 매우 취약했다. 그리고 지역의 군웅할거주의가 강했다.

셋째, 전통적 노동조합 운동가들과 혁신적 협동조합 사이의 불화이다. 프랑스 소협 부문 내에서도 혁신적인 조직들이 있었으나 연합 사업 조직 내에서 전통적 노동조합 운동 중심의 협동조합들이 수적으로 우세했다. 이들은 회원조합에 대한 공급 가격을 차별화하자는 논리에 대해 반대했고, 결과적으로 평등주의적 동일 가격 정책을 고집하여 혁신적인 대규모 조합들이 소규모 전통적 소협을 보조하는 형국을 만들었다. 이러한 가격 정책은 프랑스 소협 전체의 연대성을 지속시키는데 저해요인으로 작용했다. 더 나아가 SGCC는 경영의 악화로 고전을 면치 못하는 회원 조합을 보조했을 뿐만 아니라 이 조합들에게 물자 공급의 미수금을 대출해주어

---

22) 물론 조합원 1인당 출자금은 당시 저녁 한 끼 값에 불과한 수준이었다.

야 했고, 이에 따라 SGCC의 재무 구조가 크게 악화됐다.

넷째, '이용 실적 배당→ 높은 마진 구조→ 공급액 감소→ 손실'이라는 악순환 구조의 발생이다. 프랑스 소협은 유럽의 다른 소협들처럼 높은 이용 실적 배당을 제공한다는 점을 조합원 가입의 장점으로 선전했는데, 이를 위해 높은 마진 구조를 유지하려고 했다. 그러나 높은 마진 구조는 매출액의 감소를 초래했고, 결과적으로 손실을 내 이용 실적 배당도 지급하지 못하는 상황에 처하게 됐다.

다섯째, 자본의 제공자로서의 조합원의 역할에 대한 프랑스 소협의 개발 노력 미흡이다. 프랑스 소협은 조합원의 출자금에 대해 시장 이자율에 해당하는 정도의 배당을 지급했음에도 불구하고 자본의 조성에 대한 조합원의 역할을 증대시키려는 노력을 기울이지 않았다. 이 때문에 프랑스 소협의 조합원당 출자금은 매우 낮은 수준에 머물러 있었다. 또한 임원들은 협동조합이 원가에 입각한 경영을 하는 비영리 조직이어야 한다면서 모든 잉여는 조합원에게 배분해야 한다고 주장했다. 원로 임원들은 총회에서 새로운 사업의 개발에 대한 투자 제안을 거부하는 분위기였다.

<표 4-5> 프랑스 소협의 실패 요인 요약

객관적 조건	1960년대 이후에 까르푸와 같은 강력한 경쟁 상대자가 등장해 유통 현대화가 이루어지자 소협에 대한 수요가 낮아지는 반면에 소협은 새로운 수요를 발굴하는 노력에 소홀	
주체적 역량	비즈니스 모델의 구축	시장 및 기술 환경의 변화에 대응한 기존 비즈니스 모델의 혁신에 실패
	제도 설계	1세기가 지난 후에도 로치데일 설립 당시의 제도 수준에 머무르고 있었음
	네트워크 전략	조합과 사업연합회와의 네트워크가 취약한 수준
	제도 및 정책 환경	우호적
	문화와 사회적 자본의 수준	소비자협동조합 전체 조직의 상층부에서 이념의 과잉, 혁신에 대한 거부, 지식인에 대한 불신 문화가 팽배

2010년 현재 프랑스에는 전통적인 소비자협동조합 4곳이 운영되고 있는데 총 조합원 수는 67만 5천여 명에 직원 수는 1만 1,547명인 것으로 기록돼 있다. 1980년대 후반에 많은 프랑스 소협들이 위기에 처했음에도 불구하고 알사스협동조합Coop Alsace과 상트지역협동조합Coop Regionale in Saintes 등 2개 광역소비협동조합은 건재했다. 알사스협동조합은 85년 동안의 역사를 지니고 광역적으로 확대해왔으며, 라이파이젠협동조합 그룹과 밀접한 관계를 유지하면서 발전해왔다. 알사스 협동조합의 지도자들은 프랑스의 전통적인 소비조합 운동가들과는 달리 소매 매장의 네트워크와 근대화를 위한 투자를 기피하지 않았다. 1988년 4,000㎡ 이상의 규모를 지닌 6개의 하이퍼마켓, 60개의 슈퍼마켓, 300개의 소규모 매장, 그리고 2개의 큰 가구점을 운영하고 있었으며, 여기에 4천여 명의 종업원이 종사하고 있었다. 이 조합은 2010년 현재 조합원수 17만 명에 3,520명의 직원을 보유한 채로 사업을 지속하고 있다. 상트지역협동조합도 규모와 연대성 측면에서 알사스협동조합과 유사하다. 일찍부터 소매점 네트워크의 현대화를 추진한 것도 공통점이다. 상트지역협동조합은 1992년에 아틀란티끄협동조합Co-op Atlantic으로 전환되었는데, 2010년 현재 프랑스에서 가장 규모가 큰 조합으로서 조합원 수 38만 7천명에 4,245명의 직원을 보유하고 있다. 이 두 소비자협동조합들은 지역에서 매우 중요한 역할을 수행했고, 정치적으로는 중립적인 입장을 취했으며, 유통 시장의 변화에 맞춰 현대화를 추진했다. 지도자들이 전통적인 소비조합 운동가들과는 달리 비즈니스 마인드를 지닌 소매 기업의 경영자들이었다는 것도 공통적이다. 그들을 인터뷰한 내용의 일부는 다음과 같다.

"우리는 자비가 없는 세상에 살고 있다. 오직 최선을 다해야만 살아남을 것이다. 세상은 우리로 하여금 과거의 유토피아에 살도록 허용하지 않는다. 많은

노동조합 운동가와 협동조합 이념 지향적 운동가들은 이념적이고 시간이 남아
돈다. 그러나 그들은 현존하는 부를 배분하는 일을 할 뿐 그러한 부를 창출하
는데 관심이 없기 때문에 협동조합에 긍정적인 영향을 미치지 못한다. 그러나 창
출된 부가 있어야 배분할 수 있다는 점을 알아야 한다."

사례
〈 2 〉
이탈리아 레가 소협의 성공사례

❖ 개요

이탈리아의 협동조합은 유럽의 다른 나라와 달리 정치적·이념적 성향에
따라 계열화돼 있다. 좌파 계열의 레가협동조합총연맹Legacoop, 우파 계열
의 협동조합총연맹AGCI, 그리고 가톨릭 계열의 협동조합총연맹Confcooper-
ative 등 세 계열의 협동조합연합조직이 이탈리아 협동조합 섹터를 주로 형
성하고 있다. 23) 이 중에서 생필품 공동구매 소비자협동조합은 레가협동
조합 소속인 ANCC-COOP24)이 가장 크다. 2010년 기준으로 레가협동
조합에 소속돼 있는 소협은 모두 145개이며, 이중 9개는 대규모 광역합병
조합, 14개는 중규모, 나머지 92개는 소규모 조합들이다. 이 조합들이 전
국연합회인 ANCC와 전국사업연합회인 코트 이탈리아Coop Italia를 결성하
고 있다. 소협들은 총 16개 지역에서 1,444개의 매장을 운영하고 있고,

....

23) 자세한 내용은 Zamagni and Zamagni(2009)을 참조할 것.
24) 소협의 비사업적 연합회임.

2010년 총 공급액은 129억 유로로 달하며 여기에 종사하는 직원은 5만 6,682명에 이른다. 레가협동조합 회원 소협에 가입돼 있는 조합원은 약 740만 명에 달하고 이 소협의 식품 시장 점유율은 18%를 차지해 이탈리아 소매 유통업계에서 시장 점유율 1, 2위를 차지한다.

이탈리아 소협은 2001년 기록에 따르면, 하이퍼마켓과 슈퍼마켓을 전국적 차원에서 체계적이고 통일성 있게 운영하기 위해 상품 카테고리별로 계획이 이뤄지고 있으며, 육류 이력추적 시스템, 유전자 조작 상품 표시, 동물 복지 등 품질 관리 기준을 확립하고 있다. 또, 전국적 차원에서 통일성 있는 판촉 활동을 전개하고 있다. 지역의 특산품과 전통 식자재 연구 및 개발 부문을 설치하고 슬로푸드 협회와도 협력 활동을 개시했다. 2000년 8월 코트 이탈리아의 독자 브랜드인 COOP 품질 관리 시스템은 유통 기업으로서는 이탈리아에서 처음으로 ISO9001의 인증을 받았다.

또한 이탈리아 소협은 소협 브랜드 상품을 개발해 협동조합의 발전에 이해가 높은 제조업체에 위탁 제조하고 있다. 특히 공정무역, 환경, 유기 재배, 육아용 상품 등의 분야에서 생협의 가치를 높이기 위해 노력하고 있다. 그리고 지역의 NPO 조직과의 협력으로, 상품의 가치가 떨어져 판매할 수 없는 상품을 어려운 가정에 기부하는 활동을 전개하고 있다.

❖ 1960년대까지의 이탈리아 소협의 상황
〈그림 4-1〉에서 보는 바와 같이 이탈리아 소협은 1960년대까지는 매우 미미한 수준이었는데, 1970년 이후 비약적으로 발전했다. 그 요인은 다음과 같다. 산업도시 토리노에서 1860년대 시작된 이탈리아 소협은 노동조합 운동 및 지역 주민 운동의 발전과 함께 중북부의 여러 도시를 중심으로 크게 발전했다. 당시만 해도 규모는 지역의 노동운동 및 지역 주민 운동의 거점 사무소에 소규모의 매장으로 존재하는 정도였다. 이탈리아

소매 유통 상황은 서유럽과는 달리 매우 후진적이었다. 전통적인 소규모 식품 판매점들이 압도적으로 많이 분포돼 있었다. 대부분의 서유럽 국가에서는 유통의 근대화가 1950~1960년대에 시작됐지만 이탈리아에서는 1980년대에 본격화됐다. 1956년에는 3,300개의 소협이 7,000개의 매장을 운영했다. 당시 소협들이 가입한 레가협동조합총연맹은 좌파 정당의 중요한 대중적 기반이었고, 많은 소협들이 공산당에 대한 자금을 지원하느라 재정적으로 어려움을 겪기도 했다. 1960년대까지 이탈리아 소협은 이념적 분열, 지역주의, 분절화, 중앙사업연합조직의 취약성, 사적 소매유통업자들의 정치적 로비 등으로 인해 정체를 면치 못했다.[25]

※ 1970년대 이후 이탈리아 소협의 혁신

그러나 1960년대 초에 많은 협동조합 지도자들은 협동조합들이 지속적으로 발전하기 위해서는 다양한 부류의 중산층을 수용해야 한다는 점을 지적하고 독과점에 반대하는 모든 보통 사람들의 협동과 연대를 강조했다. 또한 1960년대 후반 이탈리아 소협은 영국, 프랑스, 스위스 등에서 유통의 커다란 변화를 목도하면서 외국 자본과 대규모 산업 자본이 유통업에 진출하게 되면 소협의 위기가 초래될 것임을 깨달았다. 그리고 이 인식을 바탕으로 슈퍼마켓을 전격적으로 도입하기 시작했다.[26] 1968년 1월에 코프 이탈리아라는 사업연합회가 본격적으로 회원 소협의 도매 사업 기능을 개시했으며, COOP 로고를 전국적으로 사용할 것을 제안했다. 소규모 소협에서는 슈퍼마켓 설립 자금을 확보하기가 어려웠기 때문에 많은 소협의 합병이 추진되었다. 또한 규모의 경제가 조합원에게 경제적 이

---

25) Setzer, 1989; Battilani, 2005
26) Battilani, 2005

익을 가져다준다는 점을 인식시키려고 노력했다.

1970년대 후반 오일쇼크로 인해 국가 차원에서 사회 경제적 위기가 진행되는 가운데, 소협 지도자들은 전국 규모의 강력한 사업 연대의 필요성을 절감했고 개혁 지향적 조직 체제를 확립했다. 레가는 소협 부문에서 전국적 통일성을 확보하고 사업의 효율성을 제고하기 위해 코트 이탈리아를 1978년 재조직하고 효율성을 높이기 위한 작업에 착수했다. 또한 광역 단위로 도매사업 단위인 콘소시아를 결성했고, 조합의 광역 합병을 추진했다.[27] 1970년대 후반에는 매장의 개혁, 건강과 환경을 배려한 상품의 개발, 소비자 교육을 중시하는 활동의 전개 등에 힘입어 매년 10만 명의 조합원이 증가했다. 레가는 소비자협동조합이 현대식 매장을 개설하는데 자금을 제공하기 위해 Banec cooperative economic bank이라고 하는 금융 기관을 1986년 설립했다. 현대화된 유통 네트워크의 창출, 매장의 현대화, 매력적인 가격 정책을 수립해 이탈리아 소매 유통업계를 선도하는 역할을 수행했고 이 결과 매출이 급증하고 조합원이 급속히 증가했다. 소협 조합원 수는 1978년에 79만 8천명에서 1990년 226만 7천명으로 증가했다.

1990년대 코트 이탈리아는 하이퍼마켓의 도입으로 두 번째 유통 혁명을 선도했다. 1988년에 5개에 불과했던 하이퍼마켓이 2008년에 93개로 늘어났으며, 이로 인해 매출이 증가하고 조합원 수가 2010년에는 743만 명으로 급증했다. 이탈리아 소협의 조직체계는 연합 조직이 이분화 돼 있다는 점에서 프랑스의 소협과 유사하지만 비사업적 기능을 수행하는 ANCC가 조합 임직원의 경영 능력을 위한 교육 프로그램을 도입하는 등 매우 실용적이었고, 코트 이탈리아의 도매 사업 기능은 매우 전략적이었

---

27) 1993년에 회원 소협은 모두 300개로 줄어들었으며, 상위 9개 광역합병조합이 전체 공급액의 78%를 차지했다.

으며, 조합의 슈퍼마켓 도입은 통일적이고 체계적이었다. [28] 대규모 슈퍼마켓이나 하이퍼마켓을 도입하기 위해서는 자본과 높은 경영 능력이 요구됐는데, 이를 달성하기 위해 조합의 합병이 전략적으로 추진됐다. [29] 이와 더불어 1979년 전국적 차원으로 브랜드를 통일시켰다. 조합의 대규모 슈퍼마켓의 운영 능력을 향상시키기 위해 ANCC는 서비스 협동조합Service-Coop을 운영해 경영 지원 및 기술 지원 프로그램을 운영했다. 또한 초기에는 주 단위 컨소시움을 결성해 도내 물류창고 운영의 합리화와 물류창고 회계의 통일, 재고 관리의 통일 등을 도모했다. 주 단위 차원의 연합회는 합병을 촉진하고 조합 경영의 표준화를 추진하는 등 매장 경영 및 협동조합에 네트워크 개념을 도입했다. 조합이 합병을 통해 규모가 대폭적으로 확대되면서 주 단위 차원의 컨소시엄은 코트 이탈리아로 통합되었고, 도연합회는 ANCC로 통합돼 조직 체계의 조정이 원활하게 이루어졌다. [30]

<표 4-6> 이탈리아 소협의 성공 요인 요약

객관적 조건	전후에 이탈리아 소매유통의 현대화가 지체되는 가운데 유통의 현대화 및 후기 산업사회의 윤리적 소비에 대한 수요가 높아지게 됨	
주체적 역량	비즈니스 모델의 구축	외국으로부터 선진적인 협동조합형 프랜차이즈 사업 모형을 적극 도입
	제도 설계	전통적인 이용 실적 배당 정책 고수
	네트워크 전략	사업연합조직은 사업 통합을 통한 효율화, 비사업연합조직은 교육 훈련을 통한 조합원 리더의 양성 등의 역할 분담
	제도 및 정책 환경	매우 우호적임. 특히 소협의 유통 현대화를 위한 투자 자금을 지원하는 금융 기관 설립
	문화와 사회적 자본의 수준	중북부에서의 높은 수준의 사회적 신뢰, 1970년대 좌파의 실용주의 노선으로의 전환

출처: 장종익(2012b).

이처럼 조합과 연합 사업 조직 간의 관계에 있어서 연합 사업 조직은 조합 사업을 보완하는 체계적이고 통일적인 기능을 수행했다. 그런 한편 조합의 규모가 대폭 확대될 때는 연합 사업 조직의 기능과 영역도 유연하게 조정됐다. 또한 소협 조직들이 가입한 레가협동조합총연맹이 1970년대에 과거의 이념지향 노선에서 실용주의 노선으로 변경하면서 소협에는 중간 계층의 참여가 확대돼 시대 환경의 변화에 보다 유연하게 대처할 수 있었다.[31]

사례

〈 3 〉

아이쿱생협의 성공사례[32]

앞에서 살펴본 바와 같이 우리나라에서 친환경 농식품의 거래를 위한 소비자협동조합의 장점은 1988년에 처음으로 설립된 한살림을 통해 가장 먼저 구현됐다. 이후 두레생협이나 여성민우회생협(현 행복중심생협), 한국생협연대(현 아이쿱생협사업연합회) 등이 뒤를 이어 생산자와 신뢰적 거래 관계를 구축했다.[32] 그러나 소비자협동조합의 설립 초기의 거래 관계의 모델 구축이 지속적인 성장을 보장하는 것은 아니다. 우리나라에 있어서 소비자

....
28) Battilani, 2005; Zamagni, 2006.
29) Battilani, 2005.
30) Setzer, 1989.
31) Zamagni, 2006.
32) 보다 자세한 내용은 장종익(2013), 신성식(2011, 2014)을 참조할 것.

생활협동조합의 성장 정도는 친환경 농식품 거래에 적합한 비즈니스 모델을 어떻게 효율적으로 구축했는가와 소협의 약점을 어떻게 효과적으로 보완했는가에 의해 결정됐다고 할 수 있다.

친환경 농식품 시장이 작을 때에는 생산자와 소비자의 층이 얇고 분산돼 있는 경향이 강하기 때문에 양쪽을 물류적으로 연결시키고 정보를 전달하는 비용이 높아 제품 단가가 높아지게 되고, 이는 잠재적 소비자 층의 확대를 저해하는 요인으로 작용한다. 이는 다시 물류 및 유통 비용의 감축을 어렵게 만드는 악순환을 초래한다. 이렇게 친환경 농식품 시장의 협소함으로 인한 거래의 비효율성 문제를 해소하기 위해서는 소비자협동조합이 전문화와 투자, 그리고 조합원 관계의 활성화 등에 나서야 한다. 전문화는 조합과 연합 사업 조직 사이에 소매 기능과 도매 기능 분담, 연합 사업 조직으로의 구매력 집중 등을 통해 실현될 수 있다. 물류와 전산 등에 대한 집중적인 투자도 요구되며, 조합원의 확대를 위한 유인 제도도 개발될 필요가 있다.

이러한 세 가지 측면에서 iCOOP생협은 다른 생협에 비해 뒤늦게 출발했음에도 매우 효과적인 전략을 수행해 가장 높은 성장률을 달성한 것으로 평가된다. 아이쿱생협은 1998년에 공급액이 15억 원으로 한살림의 12.8% 수준에 불과했으나 2008년엔 한살림의 공급액을 추월해 그 격차는 시간이 갈수록 더 벌어지고 있다. 아이쿱생협연합 조직에 고용돼 있는 인원수는 2003년 말 123명에서 2012년 말 1,468명으로 10년 만에 11.9배 증가했다.

iCOOP생협이 이렇게 상대적으로 높은 성장률을 기록했던 것은 1998

---

33) 친환경 농식품의 거래를 위한 소협의 장점은 한국에서만 확인되는 것이 아니라 외국에서도 확인되고 있다. 2007년 기준 프랑스 유기농 식품 시장의 10%를 차지하고 있는 Biocoop, 2009년 기준 스위스 유기농 식품 시장의 73%를 차지하고 있는 Coop과 Migros (Kilcher외, 2011), 이탈리아 유기농 식품의 거래를 선도하고 있는 코프 이탈리아(Battilani, 2005) 등이 대표적인 사례이다.

년부터 조합원 관계의 혁신, 단위조합과 연합 조직과의 관계 혁신, 연합 조직의 혁신 등 크게 세 가지 혁신을 시도했기 때문으로 분석된다. 이 세 가지 혁신은 서로 긴밀히 연결돼 있으며, 앞에서 살펴본 협동조합의 약점을 보완하는 기제로 작용한 것으로 보인다.

첫째, 조합원 관계의 혁신은 조합비 제도와 구매 대행제, 그리고 조합원으로부터의 목적 차입금의 실시로 이루어졌으며, 협동조합 소유권의 단점을 보완하기 위한 노력의 일환으로 추진되었다. iCOOP생협의 조합비 제도와 구매 대행제는 조합원이 매달 일정한 금액의 조합비를 조합에 납입하는 제도로서 조합원에게 생협은 제품을 원가로 공급하고 조합 운영비는 조합원들이 책임지고 조달하는 취지를 실현하기 위한 것이다. 조합비 제도와 구매 대행제는 일종의 선先 이용 실적 배당 제도라고 할 수 있는 것으로 1961년에 캐나다 오타와에서 새로운 소비자협동조합들이 도입한 조합비direct charge제도와 유사하다.

이러한 구매 대행제와 조합비 제도의 도입을 통해 조합원의 조합 참여의 의미를 정기적으로 생각하도록 하는 훈련 효과disciplining effects를 가져왔다. 즉, 조합원의 조합에의 몰입 수준을 높이는 효과가 발휘된다. 이는 아이쿱 생협의 조합원 1인당 조합 사업 이용액(구매액)이 다른 생협에 비해 두세 배 높은 것에서도 확인된다. 또한 구매 대행제와 조합비 제도는 조합원 활동가들이 조합 운영비를 확보하기 위해 조합원의 숫자를 늘리는 노력에 집중하도록 하는 인센티브 효과를 창출했다. 실제로 조합비 제도 도입을 바탕으로 iCOOP생협은 교육 프로그램을 운영해 2010년까지 2천여 명의 활동가를 배출해냈고, 이들이 조직의 주체 세력으로서 역할을 수행한 것으로 평가되고 있다.

또한 2000년 수도권 물류 센터의 화재 발생을 계기로 시도된 조합원으로부터의 차입금 제도는 그 후 여러 목적 사업에 대해 수 차례에 걸쳐 차입과 상환을 반복하면서 그 규모가 2010년 말 현재 160억 원으로 확대되었다. 목적 출자금 규모도 118억 원에 달하는데 이는 일반 출자금 총액 92억 원을 상회하는 규모다. 생협이 조합원으로부터 자금을 차입하고 원리금을 상환하는 일을 반복하는 과정을 통해 조합원과 조합의 신뢰 관계는 크게 향상되었을 뿐만 아니라 조합원의 iCOOP생협의 새로운 사업에 대한 관심과 참여도 역시 자연스럽게 높아졌다. 이러한 차입금 제도는 일종의 조합원을 대상으로 하는 크라우드 펀딩membership crowd funding이라고 할 수 있는데, 아이쿱생협이 우리나라에서 크라우드 펀딩을 가장 먼저 도입한 셈이다. 아이쿱생협은 이러한 크라우드 펀딩을 통해 협동조합 출자 제도의 단점을 보완한 것으로 분석된다.

둘째, '사업의 집중과 조직의 분화'라는 기치로 시도된 조합과 연합 사업 조직과의 관계 혁신은 iCOOP생협이 보여준 사업 방식의 혁신이었다. iCOOP생협은 유통업이라는 본질에 천착하고 농산물 유통의 특성 상 커다란 비중을 차지하는 물류비 절감 목표를 실현하기 위해 협동조합형 프랜차이즈 시스템을 구축했다. 이를 통해 주문과 공급, 조달과 구매, 물류 등에서 조합 간 중복 투자와 중복 활동에 따른 낭비를 줄이고 전문성을 획기적으로 제고할 수 있었다. 과일, 채소, 축산물 등은 부패성이 높아서 감모분의 발생이 필연적이고, 신선도에 따라 가치가 크게 변화하며, 곡물은 단위 가치 당 중량이 크기 때문에 유통단계 당 물류비의 비중이 상대적으로 높은 편이다. 이는 정선, 선별, 포장, 보관, 운송 등 물류 체계의 효율화가 농축산물의 거래 효율화에 있어서 매우 중요하다는 점을 시사해준다. iCOOP생협의 이러한 물류 혁신은 저장성이 낮은 친환경 농축산물의 취급 품목과 양의 확대에 크게 기여했다.

iCOOP생협은 이러한 혁신을 바탕으로 단위 생협의 경영 안정을 도모하고 생협조합원 활동가들이 경영에 매달리던 것에서 해방돼 다양한 조합원 활동에 전념할 수 있도록 체제를 구축했다. 조합의 단점을 보완할 수 있는 원리가 바로 사업의 집중과 조직의 분화다.

셋째, 연합 조직의 혁신을 도모했다. 연합 조직의 혁신적 내용의 핵심은 조직의 분화를 통한 권한과 책임의 제고라고 할 수 있다. 혁신은 다양한 협동조합 기업의 설립뿐만 아니라 사업 조직과 운동 조직의 분리, 다양한 목적의 조직의 분리 등으로 나타났다. 이는 협동조합 기업 형태의 단점인 경영자에 대한 통제력 부족, 경영 성과에 대한 평가 체계 미비로 인한 도덕적 해이의 가능성에 대처하기 위한 방법으로 이해될 수 있다. 조직이 분화되면 성과를 평가하기가 용이하고 경영자의 책임성이 강화되기 때문에 경영자의 전문성이 보다 잘 발휘되는 경향이 있다.

〈표 4-7〉 아이쿱생협의 성공 요인 요약

객관적 조건	친환경적이고 안전하며 건강한 먹거리에 대한 소비자의 수요는 증대하는 반면에 유기농 식품의 품질 정보의 비대칭성으로 인해 이윤 극대화를 목적으로 하는 투자자 소유 기업을 신뢰하기 어려운 상황	
주체적 역량	비즈니스 모델의 구축	협동조합형 프랜차이즈모델/사업 연합으로의 사업 집중과 전문화
	제도 설계	-구매 대행제와 조합비 제도 도입을 통한 무임 승차자 문제 완화 -조합원 크라우드펀딩 도입을 통해 출자금 부족 문제 완화 -책임 조합원 제도의 도입 등으로 조합원의 주인 역할 강화 -직원과 공급생산자에게 소유 노동 및 출자 제도 도입을 통한 소유 인센티브 제도 도입
	네트워크 전략	-사업연합 조직은 사업 통합을 통한 효율화, 비사업연합 조직은 교육 훈련을 통한 조합원 리더 양성 등의 역할 분담 -1차 조합의 분산화 -사업연합 조직의 비즈니스별 분사화와 이의 네트워크 추진
	제도 및 정책 환경	중립적, 점차 우호적
	문화와 사회적 자본의 수준	사회적으로 의미 있는 삶을 살고자 하는 전업 주부들의 열망

이러한 세 가지 혁신을 통해 iCOOP생협은 설립 당시 6개 조합의 누적 적자가 5억 원이었던 상황을 빠른 시간 안에 반전시킬 수 있었고, 친환경 농식품 공급 가격의 인하 및 품목의 다양화, 편의성 제고를 통해 조합원 수와 사업액의 급속한 증가를 이뤄냈다. 이러한 아이쿱생협의 사례는 친환경 농식품 거래에 소협이 장점을 가지기는 하지만 그 자체보다는 혁신적 형태의 조직 및 사업모델을 구축하는가 여부가 조직의 성장과 깊이 연관돼 있다는 점을 알려준다.

■ **영국 The Co-operative Group**

세계에서 가장 역사가 오래되고 규모가 크며 다양한 사업을 전개하는 소협

설립연도 1844년, 조합원 수 약 810만 명, 직원 수 약 10만 명

■ **스위스 Migros**

개인 기업에서 협동조합으로 전환한 대표적인 소협, 스위스에서 가장 윤리적이고, 지역에 기여하며 경영적으로 혁신적인 소협이라고 평가받고 있음.

설립연도 1925년, 조합원 수 약 200만 명(스위스 인구 700만 명), 직원 수 약 8만 6천명

■ **덴마크 FDB**

덴마크 전체 가구의 50%인 170만 명의 조합원을 보유한 FDB는 회원 조합과 개인이 함께 가입한 혼합형 조직 구조를 지닌 소협임.

■ **이탈리아 Coop Italia**

레가협동조합 소협의 사업연합 조직으로서 가장 규모가 크고 혁신적인 협동조합 중의 하나

설립연도 1967년, 회원조합의 조합원 수 약 740만 명, 직원 수 약 5만 7천명

■ **프랑스 Biocoop Association**

선진국에서 최근에 유기농 식품, 공정 무역, 반핵 활동 등을 중심으로 해 발전한 소비자협동조합.

설립연도 1987년, 직원 수 1,800명

■ **미국 National Cooperative Grocers Association**

165개 스토어를 운영하는 128개 식품 소협(Food Coop)의 연합회

연합회는 2000년에 설립됐음. 130만 명의 조합원, 약 1조 4천억 원의 매출액

■ **싱가포르 NTUC Fairprice Cooperative LTD**

노동조합 중앙 조직인 NTUC를 기반으로 1973년에 설립된 싱가포르의 대표적인 소협, 전체 가구 수의 절반 이상이 이용.

■ **캐나다 Mountain Equipment Co-op(등산 장비 공동구매협동조합)**

1971년 대학산악부 회원 6명이 5달러씩 출자해 시작, 40년 만에 캐나다 국민의 10%가 넘는 360만 명의 조합원을 보유함. 비조합원에게는 팔지 않고, 바겐세일이 없으며, 환경친화적 매장 운영, 그리고 철저한 이용 실적 배당을 실시하고 있음.

■ **미국 Harvard & MIT Coop**

미국 보스턴에 위치한 하버드 대학과 매사추세츠공대의 학생들과 교직원들이 공동으로 운영하는 협동조합으로 도서, 의류, 가구, 기타 생필품을 공급. 2011년에 5만 7천 명의 조합원을 보유하고 있고, 4,300만 달러의 매출을 올리고 있음. 철저한 이용 실적 배당을 실시하는 것으로 유명함.

제 5 장

새로운 소비자협동조합의
비즈니스 모델과 사례

의료, 육아, 교육, 주택, 문화, 예술, 에너지 등

1
주택소비자협동조합

주택소비자협동조합은 소협의 하나로 새롭게 등장한 유형은 아니다. 보통 사람들이 생활에서 어려움을 느끼는 가장 큰 문제는 먹거리와 주거이기 때문에, 자본주의가 발전하고 도시화가 진전되는 동안 주거 문제의 공동 해결을 위한 노력도 꾸준히 이뤄져왔다. 먹거리의 문제를 소협 방식으로 해결하려는 시도만큼, 주택문제를 협동조합 방식으로 해결하려는 시도 역시 19세기 말부터 여러 곳에서 시작됐고 또한 널리 확산됐다.

그런데 최근 확산되고 있는 주택소협은 주로 낙후된 지역이나 슬럼화된 지역에서 도시를 재생하고 취약 계층의 주거를 개선하기 위한 방법의 하나로 새롭게 주목받고 있다. 공공 부문과 시민 사회 영역의 협력에 힘입어 도시에서 혁신적인 모델을 보여줄 수 있을 것으로 기대되고 있기도 하다는 점에서 사회적 주택협동조합으로 분류할 수 있다.

우선 기존의 주택소협부터 간략히 살펴보자. 유럽의 주택협동조합연합회에 따르면, 2010년 말 기준 15개 유럽 국가에 3만 6천 개의 주택협동조합이 1천만여 채의 주택을 보유하고 있는 것으로 알려져 있다.[1) 폴란드는 전체 주택의 27%를 주택협동조합이 보유하고 있으며, 체코와 스웨덴은 그 비중이 각각 17%, 노르웨이는 15%, 오스트리아는 10% 수준으로

---

1) CECODHAS Housing Europe.

협동조합 주택의 비중이 상대적으로 높은 편이다. 다음으로 덴마크는 9%, 에스토니아는 8%, 헝가리는 7%, 독일은 6%, 스페인은 5.5%, 스위스는 5.1%, 이탈리아는 2%의 주택을 주택협동조합이 보유한 것으로 나타났다.

유독 영국에서는 주택협동조합이 전체 주택의 0.1%를 차지할 정도로 거의 발전하지 않았다. 생필품공동구매소협이 태동하고 크게 발전한 것과는 대조적이다. 반면 미국에서는 여러 도시에서 주택협동조합이 발전해 왔다. 위스콘신대학의 협동조합연구소가 조사한 바에 따르면, 미국의 주택소비자협동조합은 9,471개에 달한다.[2] 특히 세계에서 주택협동조합이 가장 밀집된 곳은 다름 아닌 뉴욕이다. 미국 내에는 약 150만 세대의 협동조합 주택이 있는데, 이중 약 60만 세대의 협동조합 주택이 뉴욕에 위치해 있다.[3] 미국의 주택협동조합은 버클리대학교, 캘리포니아 산타바바라대학교 등 대학교에서 학생들이 조합원으로 가입해 운영되는 경우도 많다.[4]

국제협동조합연맹ICA 내에는 19개 국가의 주택협동조합연합회들이 가입된 국제주택협동조합연맹International Co-operative Housing Organisation이 부문별 조직으로 설치돼 운영되고 있다. 주택협동조합은 주택 자산이 지니고 있는 거래의 특성, 관련 법률 및 제도의 복잡성 등으로 인해 조합원을 확보하기가 쉽지 않고 초기 설립이 매우 어렵기 때문에 연합회의 역할과 기능이 큰 편이다.

주택협동조합은 주택 가치가 개인에게 귀속되어 있느냐, 아니면 공동

---

2) UWCC(2009).
3) Birchall, 2011.
4) 우리나라에서도 대학생 등 청년들이 주도하여 저렴한 임대형 협동조합 주택 건설을 목표로 한 민달팽이주택협동조합이 2014년 3월에 설립되었다.

으로 소유되느냐에 따라 세 가지로 나뉜다. 5) 첫 번째 종류는 지분형 주택소협full equity cooperative이다. 협동조합은 사람들이 자신들이 사는 아파트의 가치와 동등한 지분을 구입하도록 한다. 그리고 지분을 구입한 사람에게 조합원 자격을 부여하고 지분에 해당하는 집에 대한 소유권을 부여한다. 조합원이 조합을 탈퇴할 때에는 자신의 지분을 시장 가격에 팔수 있다. 보통 협동조합의 지분은 시장에서 거래되지 않는 반면, 지분형 주택소협의 조합원 지분은 시장에서 거래된다는 것이 특징이다. 스웨덴과 핀란드의 주택소협의 상당수가 이러한 지분형 주택소협이다. 이탈리아에서도 이런 지분형 주택소비자협동조합이 대부분을 차지한다. 조합원은 자신이 보유한 지분에 해당하는 집을 비조합원에게 임대할 수도 있다.

지분형 주택소협은 우리나라 아파트와 유사하게 운영되지만 둘 사이에는 중요한 차이점이 있다. 지분형 주택소협은 조합원(거주자)이 특정한 자기 자산을 소유하는 것이 아니라 건물 주인인 협동조합의 지분을 소유하는 형태다. 따라서 주택의 소유권이 조합원 개인이 아닌 협동조합에 있다. 조합원은 협동조합 내 주택을 직접 구매할 수는 없다. 협동조합 형태의 장점은 시설의 유지 보수를 위한 재정 조달 측면에서 뚜렷하게 나타난다. 협동조합은 소유 자산을 담보로 자금을 조달할 수 있기 때문에 시설에 대한 투자가 가능하다. 반면 아파트의 경우 관리위원회는 소유권이 없기 때문에 전체에게 혜택이 돌아가는 투자를 하려고 할 때 재원 조달이 쉽지 않다. 6)

두 번째 유형은 비지분형 주택소협non-equity cooperative이다. 협동조합이 주택을 공동으로 소유하고 조합원은 협동조합으로부터 집을 임대하는 형태다. 조합원이 이사를 갈 때에는 조합을 탈퇴하고 출자한 명목 가치의

---

5) 이러한 구분은 Birchall(2011)을 참조하였다.
6) 남기포, 2005.

지분을 환급받는다. 이런 주택소협은 조합원들의 부담이 가장 적은 유형이다. 비지분형 주택소협을 구성할 때는, 협동조합을 설립한 뒤 지주나 비영리 기관으로부터 토지를 임차하고, 거기에 공동으로 주택을 건축하여 운영하는 방식을 따른다.

마지막으로 유한지분형 주택소협limited equity cooperative이 있다. 이는 지분형 주택소비자협동조합과 비지분형 주택소협의 중간 유형이다. 지분형 주택소협처럼 조합원이 자신의 지분에 해당하는 집을 소유하긴 하지만, 조합을 탈퇴할 때 시장을 통해 직접 집을 팔기보다는 일정한 한도 내에서 지분을 재평가하는 공식에 기초해 조합으로부터 지분을 환급받는다.

주택협동조합의 운영 형태는 각 나라의 여건에 따라 다양하게 나타난다. 조합을 구성하는 핵심 구성원들의 목적, 조합이 위치하고 있는 중앙 정부나 지방자치단체의 지원 정도, 토지 및 주택의 거래 및 건설에 관한 법률적 제약, 금융 기관의 대출 제도, 주택 시장의 구조 등이 영향을 미친다. 주택소비자협동조합의 가장 큰 장점은 조합원들이 보유한 자원을 통합하여 조합원들의 구매력을 향상시키고, 집의 소유와 관련된 모든 서비스와 장비의 구매에 소요되는 조합원 1인당 비용을 낮춘다는 데 있다. 주택소협의 또 다른 특징은 조합원 대표를 통해 협동조합 주택에 입주하려고 하는 사람들을 선별할 수 있다는 점이다. 이러한 주택소협의 특징은 다른 형태의 주택 소유와는 구별된다.

영국에서는 1990년대 이후에 저소득층을 위한 비지분형 협동조합을 개발하기 시작했다. 저소득 주택으로써 협동조합 주택의 장점은 지역 사회 공동체 유지 기능에 있다. 협동조합 주택은 공공 주택과는 달리 자기 주택이라는 의식이 강하게 작용하게 된다. 안전하고 깨끗한 지역 사회를 유지하는 것이 주민들의 자산 가치와 밀접하게 연결되기 때문에 조합원들의 지역 사회 활동에 대한 참여가 높아지게 된다. 반면에 공공 주택 밀집 지역은 지역 주민의 소유의식이 낮고 지역 주민들의 활동이 매우 적어 불량 지구로 변할 가능성이 높다.[7] 스코틀랜드에서는 서유럽에서 가장 노후화 되어 운영이 어려운 30여 개의 공영 주택 단지를 매입, 보수, 운영하기 위해 커뮤니티소유협동조합이 설립됐다. 이 조합은 1만 5천호 이상을 인수했고 훈련 조직, 식품대량구매소비조합, 신협과의 연계를 통해 주민의 생활을 개선해 나가고 있다.

영국 코인 스트리트Coin Street 개발 사례는 주거지 재생 사업에 사회적기업을 활용하는 동시에 주택협동조합을 적용한 경우다. 코인 스트리트 주택협동조합은 런던 광역시로부터 불하받은 국공유지에 지역 커뮤니티를 위한 임대 주택을 건설해 지역의 저소득 노동자들에게 저렴하게 임대 주택을 제공하고 있다. 조직 구조는 총 4개의 주택협동조합(IROKO, MULBERRY, OXO TOWER WHALF, PALM)과 2차 주택협동조합으로 나뉘어져 있다. 주택협동조합은 입주자로 구성돼 있으며 주택 관리와 임대료 징수 등 주택 관리 운영 업무를 담당한다. 2차 주택협동조합은 건축가, 회계사, 변리사 등 주택설계와 건설을 담당하는 전문가로 구성돼 있다.[8] 토지의 소유권은 사회적기업인 코인 스트리트 마을 만들기 사업체가 가지고 있으며, 코인 스트리트 주택협동조합은 주택 용지를 임차하고 있다.

2차 주택협동조합은 주택 금융에 등록된 주택협회로 조직된 뒤 토지를 코인 스트리트 마을 만들기 사업체로부터 125년의 계약으로 빌렸으며, 이를 입주자로 조직된 제1차 주택협동조합에 5년마다 재계약하는 형태로 빌려준다. 1차 주택협동조합은 개별 주택의 임차료를 결정하고 임차료 징수, 주택 수선, 주택지 관리 및 새로운 입주자 선정 등을 담당한다. 조합원은 주택을 소유할 수 없으며, 임대료를 지불하고 거주하게 된다. 모든 성인 입주자는 조합원이어야 하며, 1인 1 표의 기준에 의해 조합의 결정에

7) 남기포, 2005.
8) 변창흠·김란수, 2011.

참여할 수 있다. 코인 스트리트 협동조합은 공동체성을 유지하기 위해 입주가 결정된 입주자들에게 사전 교육을 실시하고 있다.

저소득자를 위한 사회 주택형 협동조합은 프랑스에서도 늘어나고 있다. 2010년 기준으로 170개의 사회 주택형 협동조합이 운영되고 있고, 6천 세대의 임대 주택을 보유하고 있으며, 약 5만 명의 조합원이 가입돼 있다.[9] 이와 같이 최근에 확산되고 있는 주택협동조합은 전통적 방식의 주택소협이라기보다는 저소득층의 주택 문제 해결을 위하여 공공 부문과 비영리 기업, 거주 예정자가 공동으로 참여하는 사회적 주택 협동조합적 성격이 강하다.

최근에는 협동조합 방식의 코하우징co-housing도 확산되는 중이다. 코하우징은 거주자가 주택을 설계하고 건축하는 의사 결정 과정에 참여하는 주택 개발의 한 유형이다. 코하우징의 목적은 공동 취사 및 공동 생활 공간을 만들어 거주민들의 사회적 상호 작용과 공동체 의식을 높이려는 데 있다. 각자는 개인 소유의 주거 공간을 가지며, 공동 공간은 공동 주택 구성원 전체가 공동으로 소유한다.[10] 최근 영국에는 코하우징 네트워크the UK Cohousing Network가 결성됐고, 코하우징의 설립이 증가하는 추세다. 2013년 2월 오마이뉴스에 소개된 영국 스트라우드Stroud 지역의 '스프링 힐 코하우징Springhill Cohousing'이 대표적이다. 총 35세대 80명의 다양한 연령대의 주민들은 자신들의 개인 주거 공간에서의 자유를 누리는 한편 '커먼 하우스Common House'라는 공유 공간에서 일주일에 세 번(수·목·금요일) 의무적으로 음식을 함께 만들어 저녁 식사를 하면서 친교의 시간을 갖는다.

한국에서도 경기도 성남시의 '주거공동체 태평동락커뮤니티'가 입주자

---

9) 프랑스는 정부나 지방자치단체가 추진하는 사회주택 중 절반이 협동조합 형태로 운영되고 있다(원종욱 외, 2012).
10) 남기포, 2005.

의 공동 출자 방식으로 2011년 78세대 규모로 조성됐다. 부산의 '디자인 더대연'은 코하우징 형태로 2013년 5월에 세워졌고, 서울에서는 마포 성미산마을에 '소행주'(소통이 있어 행복한 주택)라는 코하우징 주택이 2013년에 건립됐다. 부산에서는 대안학교 학부모들이 개인 주거 공간 14채와 커뮤니티하우스 1채를 주택협동조합 방식으로 지은 예도 있다. 일명 '일오집'이라 불리는 이 곳은 지하 1층, 지상 4층의 2개 건물과 미니 풀장을 갖춘 마당, 공동으로 사용하는 주방과 거실, 화장실 등을 갖춘 커뮤니티 하우스를 보유한 것이 특징이다. 커뮤니티 하우스는 에어로빅이나 도자기 굽기 등 강의 장소로 사용될 수 있고, 손님이 올 경우 게스트하우스가 되기도 한다.

버클리대학 학생협동조합 Berkeley Student Cooperative

버클리대학학생협동조합은 비영리 주택협동조합이다. 이 협동조합은 캘리포니아에 소재한 버클리대학교와 인근 지역의 대학교 학생들에게 저렴한 주택을 제공할 목적으로 설립됐다. 이 협동조합은 버클리대학 캠퍼스 주변 12개 학생주택협동조합에 살고 있는 1,250명의 학생 조합원으로 구성돼 있다. 각 주택협동조합은 조합원들에 의해서 민주적으로 운영되며, 학생 조합원들은 주택의 유지 및 관리에 필요한 노동을 제공함으로써 지불해야 할 주택 유지 비용을 경감받는다. 이 주택협동조합은 대공황 시기에 경제적 빈곤에 처한 학생들에게 주택을 제공할 목적으로 당시 YMCA 사무총장인 해리 킹맨Harry Kingman에 의해서 시작됐고, 큰 성공을 거두어 오늘에 이르고 있다. [11]

2
휴먼서비스협동조합

자본주의가 발전함에 따라 의료 서비스, 육아 서비스, 교육 서비스, 노인 돌봄 등 전통적으로 대가족 혹은 마을 안에서 이뤄지던 일들이 공공 영역이나 비영리 기업 또는 영리 기업이 담당하는 휴먼서비스로 바뀌었다. 그런데 이후 여러 가지 문제가 생겨났다. 서비스 전달자로서 공공 기관의 비효율성이 드러나고, 비영리 기업 역시 서비스 수혜자가 서비스의 생산 및 공급 방식을 결정하는 데 참여할 수 없기 때문에 조정 비용coordination costs이 발생하게 된 것이다. 또한 서비스 소비자들의 육체 및 정신적 조건, 정서적 지향 등에서의 차이가 점점 커짐에 따라 공급자와 소비자 사이에 서비스의 내용과 방식을 둘러싼 미스매치mismatch 문제도 생겨났다. 이 미스매치는 비효율성을 높인다. 최근 휴먼서비스를 담당하는 협동조합의 수가 크게 증가하고 있는 데는 이러한 이유가 큰 배경으로 자리하고 있다.

휴먼서비스 중에는 의료 서비스를 협동조합 방식으로 해결하려는 노력이 가장 오래 전부터 있어 왔다. 의료협동조합들은 사회적 의료보험체계가 발달하지 않은 미국과 남미에서 발전해왔다.[12] 미국에서는 그룹헬스협동조합Group Health Cooperative이 1951년에 설립되어 1984년까지 조합원 33만 2천명 규모로 성장했다. 그룹헬스협동조합은 미국 의료 시스템에서 소비자소유 건강관리 조직Health Maintenance Organization, HMO[13]의 하나로

---

11) http://berkeleystudentcooperative.org/about에서 인용.
12) Birchall, 2011.
13) 건강관리조직은 의료보험 가입자 등 미리 의료비를 지불한 사람들을 대상으로 특정한 의료 기관을 미리 지정하여 의료 서비스를 제공하는 중간 관리 기구이다.

자리 잡았다. 현재 협동조합에는 62만 8천 명의 조합원이 속해 있으며 2009년도의 매출액은 28억 달러에 달한다. 의사 결정(거버넌스) 구조는 복잡한 편인데, 재단이사회가 있고 3개의 지역위원회와 23개의 지역자문위원회, 그리고 특별 이해관계 집단이 있다. 미국에는 전적으로 소비자가 소유하고 통제하는 협동조합은 미네소타와 위스콘신 지역의 헬스파트너 Health Partner 하나밖에 없는데 이 협동조합에는 63만 명의 조합원이 가입되어 있고, 9,600명의 직원이 50개 지역에서 일하고 있다.

일본에서는 1948년 법에 의해서 의료생협이 허용된 이후 의료소협이 지속적으로 발전해왔다. 2013년 3월 기준으로 112개의 의료협동조합이 280만 명의 조합원을 보유하고 있다. 조합원 중에는 노인들이 많고, 조합원 출자금은 1인당 2만 6천 엔 수준이다. 일본 전역에서 의료생협은 77개의 병원, 348개의 진료소, 202개의 방문 간호사 센터, 26개의 노인 간병 시설, 185개의 가족 지원소 등을 운영 중이다. 여기서 일하는 의료인과 간병 직원은 모두 3만 5,113명에 달한다.[14]

공공 의료보험제도가 잘 발달한 캐나다에서도 보건의료협동조합은 114개에 이르는데, 최근에는 보건의료협동조합 중에서 주로 노인을 대상으로 가사서비스를 제공하는 가정돌봄협동조합이 크게 성장하고 있다.[15]

브라질에서 의료협동조합은 의사가 조합원이 되어 병원을 운영하는 협동조합을 설립하는 방식으로 나타난다. 기본적 의료 인프라가 부족해 의사들이 직장을 구하기 어려운 시기였던 1967년, 의사들이 공동으로 산토스Santos시에 우니메드UNIMED라는 의료협동조합을 설립한 것이 시작이었다. 우니메드를 통해 103개 병원에서 10만 9천명의 의사가 일하고 있으며, 375개의 의료협동조합이 함께 하고 있다. 우니메드는 의료인들이 의료협동조합의 설립 및 운영주체라는 점에서 의료소협이라기보다는 의료노협으로 구분할 수 있다.

국제협동조합연맹 내에는 각국 12개 의료협동조합연합회들이 가입된 국제의료협동조합기구International Health Co-operative Organisation가 활동하고 있는데, 이 기구에는 의료서비스 소비자들이 설립한 의료협동조합, 의료서비스공급자들이 설립한 의료협동조합, 그리고 소비자와 공급자들이 공동으로 운영하는 사회적협동조합 방식의 의료협동조합이 가입돼 있다.

한국에서는 과잉 진료의 해결과 예방 보건 등에 초점을 맞춘 의료소비자생활협동조합들이 1994년에 설립되기 시작해 2013년 말 19개로 늘어났다. 2013년 6월 말 기준으로 19개의 의료협동조합의 조합원 수는 모두 3만 1,342 명에 이른다. 특히 협동조합기본법 시행 이후 설립이 꾸준히 증가하고 있다. 의료소비자생활협동조합연합회가 2003년에 결성돼 설립을 지원해 온 영향도 있다. 대부분 의료생협은 과잉 진료 해소, 적정 진료의 확보라는 개별 의료서비스 소비자의 요청에서 한 발 더 나아가 의료의 공공성 확보, 의료의 불평등성 해소, 건강한 마을 만들기의 목적을 명시적으로 설정해 놓고 있다. 커뮤니티협동조합적 성격이 강한 것이다. 또한 노인 요양 시설의 설립과 자활 지원 센터의 운영 등을 통해 노인과 장애인에 대한 사회 서비스의 제공 기관으로서의 역할도 수행하고 있다.

국내 의료생협들은 협동조합기본법에 근거한 의료복지 사회적협동조합으로 전환되는 추세다. 특히 의료복지 사회적협동조합의 주민 참여형 건강 활동은 상당한 호응을 얻고 있다. 노령화의 속도가 매우 빠르고, 노령 인구에 대한 의료비 지출이 크게 증가하면서 국민의료보험의 재정 부담이 커지는 등 의료서비스에 관한 불안감이 커지고 있기 때문이다. 다만 의료복지 사회적협동조합의 공익적 목적 달성을 위한 비용의 조달 측면에서 정부와 지방자치단체와의 협력(공공 의료기관의 위탁 운영, 보건소의 건강 증진 활동의 위탁 등)이 어느 정도 이루어지는가의 여부, 공공성과 의료 소비자 요구에 부합하는 의료인을 얼마나 확보하고 양성할 수 있느냐 등에 의료복지사회적협동조합의 성패가 갈릴 수 있다.

　여성들의 경제활동참여율이 높아지면서 공동육아협동조합에 대한 수요도 크게 높아지고 있다. 우리나라도 무상보육의 시대에 접어들고 있으나 국공립어린이집 정원은 전체 보육 아동의 10% 정도 밖에 충족시키지 못한다. 이에 사실상 영리로 운영하는 민간 어린이집이 확대되고 있는데, 표준 보육 교사 임금 체계를 지키는 민간 어린이집이 거의 없는 탓에 보육 교사는 장시간 저임금 노동에 시달리면서 양질의 보육 서비스를 담보하지 못하는 실정이다. 더욱이 원장 개인의 재량으로 어린이집이 운영되는 상황이라 어린이집의 폐쇄성과 운영의 불투명성이 사회적 문제로까지 대두되고 있다.

　공동육아협동조합은 부모들이 스스로의 힘으로 마련한 공동육아 터전에서 서로가 생각하는 육아의 가치를 반영해 아이들을 보육하기 위해 세우는 협동조합이다. 우리나라에서는 1994년 설립된 '신촌 우리 어린이집'이 공동육아협동조합의 효시라 할 수 있다. 2010년 현재 60개의 어린이집과 11개의 방과후교실을 개별 협동조합이 운영하고 있다. 여기서 보육 서비스를 받는 유아와 아동은 1,800여 명이다. 그동안 공동육아협동조합은 이를 뒷받침할 만한 법적 근거 없이 영유아보육법(2005년 개정)에 근거한 공동 육아 시설을 운영하는 형태였는데, 2012년 협동조합기본법 시행에 따라 법적 기반이 마련됐다. 이에 따라 협동조합기본법에 근거한 육아 협동조합이 증가하는 추세에 있다. 공동육아협동조합도 의료협동조합과 마찬가지로 초기 보육 시설의 확보를 위해 정부 및 지방자치단체의 협력과 지원이 이루어져야 꾸준한 확산이 가능할 것으로 보인다. 참고로

2007년 기준 미국 내 보육협동조합은 1,096개, 여기에서 일하는 종업원 수는 8천여 명에 달하며, 캐나다에는 375개의 보육협동조합에 약 3만 4천명의 조합원이 가입되어 있다.[16)

3
기타 소비자협동조합

주택과 휴먼서비스 이외에 에너지, 통신, 문화, 스포츠, 교육, 장례서비스 등의 분야에서도 협동조합이 성장하고 있다. 에너지와 통신 분야에서는 미국의 농촌 지역에서 오래 전부터 발전해왔다. 2007년 말 기준 미국 농촌 전력 관련 소비자협동조합은 1,743개이며, 전화소비자협동조합은 255개다. 농촌 전력 관련 소협의 조합원수는 3,530만 2천명에 달하고 종업원 수도 13만 3천명에 이른다. 전화소협의 조합원 수는 96만 4천명에 종업원 수는 1만 3천여 명에 이른다.[17) 캐나다에도 전력 및 에너지 관련 소협이 2007년 기준 290개, 통신관련 협동조합이 97개였다.[18)

한국에서는 협동조합기본법에 따라 햇빛발전협동조합이 1년 만에 20여개 이상 설립되고 있다. 햇빛발전협동조합은 원자력 발전의 위험성을 인지하고 대안 에너지의 생산에 관심 있는 에너지 소비자들이 결성하는 것이다. 지자체 혹은 기업과 양해 각서를 체결함으로써 공공 건물 혹은 기업 사옥 등의 옥상을 임대한 뒤 태양광 발전 설비를 설치한 다음, 생산된 전기와 신재생에너지 인증서Renewable Energy Certificate, REC를 한전 자회

---

16) 원종욱 외, 2012.
17) UWCC(2009).
18) AAFC(2010).

사 등 에너지 발전회사에 판매하는 사업을 하는 협동조합이다. 이 판매
사업은 신재생에너지공급의무화RPS제도19)에 의해 이뤄지고 있다. 설치비
는 조합원의 출자금으로 마련하고, 발생한 수익에서 옥상 임대료와 설비
유지비 및 조합 적립금 등을 제외한 나머지는 다시 조합원에게 배당한다
는 점에서 햇빛발전협동조합은 에너지소협이라고 할 수 있다. 즉, 대안 에
너지를 소비하고자 하는 사람들이 햇빛 발전을 위한 생산 설비에 출자하
고 운영에 참여하는 것인데, 자신의 조합에서 생산한 태양광 에너지를 직
접 소비하는 단계는 아직 아니라는 점에서 현재는 기부성 투자 성격이 강
하다. 그런 점에서 현재의 햇빛발전협동조합은 공익적 성격을 지니고 있
다고 할 수 있다. 20)

문화와 스포츠 등 여가와 관련된 분야에서는 도서관, 카페, 소극장, 스
포츠 시설 등을 이용하는 소비자들이 출자 및 관리에 직접 참여, 시설을
공유하기 위해 협동조합을 설립하는 사례가 늘고 있다. 이러한 시설들은
생필품공동구매소협 혹은, 생산자협동조합들이 설치, 운영하는 경우도
있다. 울산 북구 중산동에는 2013년 9월 공공목욕탕이 건립됐는데, 목욕
탕, 헬스장, 카페 등의 시설을 이용자인 주민들이 '중산행복협동조합'을
만들어 운영한다. 이 사례는 관설민영官設民營의 운영 주체로써 협동조합

....

19) 일정 규모 이상의 발전 사업자에게 총 발전량 중 일정량 이상의 신재생에너지 전력으로 공급하도록
    의무화하는 제도로서, 미국, 영국, 이탈리아, 스웨덴 등에서 시행중인 제도로 우리나라는 2012년부
    터 도입되었다. 한국전력의 자회사인 한국수력원자력, 남동발전, 중부발전, 서부발전, 남부발전, 동
    서발전, 지역난방공사, 수자원공사, SK E&S, 포스코에너지, GS EPS, GS파워, MPC율촌전력 등 13
    개 발전회사를 공급 의무자로 지정하고 있다.
20) 일부 햇빛발전협동조합은 사업자협동조합으로 신고된 것으로 파악되는데, 이는 오류라고 할 수 있
    다. 사업자협동조합은 경영체(사업장)를 운영하는 조합원들이 자신의 사업 발전을 위하여 설립한
    협동조합이다. 태양광에너지를 생산하는 사업체를 운영한다고 해서 사업자협동조합이라고 분류한
    다면, 우리밀라면 공장을 운영하는 아이쿱생협도 사업자협동조합으로 분류해야 하는 논리적 모순
    이 발생한다.

방식의 유효성을 보여준다. [21] 2007년 기준으로 캐나다에서 활동 중인 여가 관련 협동조합은 278개다. 이들은 지역 주민 센터를 운영하거나 스케이트 및 컬링링크, 골프장, 캠핑장, 수영장 등을 운영한다. [22] 이탈리아에서는 최근에 지역의 협동조합들이 문화와 여행 사업 등을 추진할 때 이를 전문적으로 지원하는 연합회가 설립되고 있다. [23]

우리나라에서는 서울시 마포구 성미산마을 주민들이 다양한 소협 혹은 마을협동조합을 설립하면서 협동조합 지역 사회를 지향하고 있다. 경기도의 광명텃밭보급소협동조합처럼 도시 농업의 확산을 위한 다양한 지원 활동을 전개하기 위해 설립된 도시농업지원협동조합도 있고, 대구의 '협동조합둥지'처럼 마을에서 방과후학교를 운영하는 협동조합도 있다.

소협의 마지막 유형은 시설 및 내구재 공동이용 협동조합인데, 대표적으로 자동차공유협동조합이 그 예다. 자동차공유협동조합은 자동차공유회사를 소비자들이 소유하고 운영하는 형태다. 1987년에 스위스에서 가장 먼저 시작한 이후 유럽, 북미 등에서 최근에 크게 확산되고 있으며, 한국카세어링소비자협동조합 등으로 국내에서도 설립되고 있다.

이처럼 현대 사회의 소비 영역이 다양화되면서 소협의 영역도 크게 넓어지고 있다. 전통적인 소협이 주력했던 목적은 독과점 횡포로부터 벗어나고 정직한 거래를 실현하는 것, 유기농 식품의 품질에 대한 신뢰를 확보하고 환경을 보호하는 것, 자산 증식 수단으로써의 주택이 아니라 안정적이고 더불어 살아가는 공간으로써의 주택을 확보하는 것 등이었다. 현재는 거기서 더 나아가 서로 교류하고 참여하며, 나눔이 직접적으로 체화된 소비 방식을 실현하는 것으로 소협의 목적이 확장되고 있다. 특히 마을com-

---

21) 기획재정부(2013).
22) 원종욱 외, 2012.
23) 레가코프여행연합회(LegaCoopTourismo)와 문화협동조합연합회(ANdCC).

munity에서의 다양한 소규모 협동조합 운동은 주민들로 하여금 협력적 소비collaborative consumption를 체험하고, 여가 시간을 풍부하게 활용하며, 지역 주민 간 친근감과 사회적 신뢰를 쌓을 기회를 갖도록 해 준다는 점에서 커뮤니티협동조합 단계로 발전 중이라고 할 수 있다.[24]

사례

〈 1 〉

안성의료복지사회적협동조합

안성의료복지사회적협동조합은 의료소협이 사회적협동조합으로 발전한 사례이다. 이 같은 전환 배경에는 그동안 협동조합을 추진해 온 주체들이 가진 의료 철학과 지역 사회에 대한 관점이 놓여 있다. 안성의료생협은 뜻 있는 예비 의료인들이, 1987년 경기도 안성시 고삼면 가유리에서 현지의 가톨릭농민회와 함께 주말 진료소 활동을 하면서 싹트기 시작했다. 당시는 의료보험제도가 실시되고 경제가 발전하면서 전보다 의료 서비스에 대한 접근성이 좋아진 때였으나 주민들은 의료 기관을 그다지 신뢰하지 않았다. 무엇보다 의사에게 환자가 종속되는 일반 의료 체제에 대한 불만이 컸다. 그리하여 건강의 주체는 지역 주민이라는 철학 하에, 건강의 주체인 지역 주민이 직접 참여해 만들어가는 의료 기관을 설립하려는 움직임이 시작됐다. 1994년 300여 명의 조합원과 1억 2천만 원의 출자금으로 안성의

---

24) 이러한 커뮤니티협동조합의 발전 기제에 대해서는 실천적 연구를 통하여 그 원리가 더욱 규명될 필요가 있다.

료생협이 설립된 것이다. 이 생협은 1999년 소비자생활협동조합법이 제정됨에 따라 2001년 이 법에 따른 의료생협으로 재 창립됐다.

안성의료생협의 주요 활동목적은 세 가지이다. 첫째, 환자 중심의 믿을 수 있는 의료 서비스 제공, 둘째, 주민의 건강 자치 역량 강화, 셋째 취약 계층에 대한 보건 의료 복지 서비스의 제공 등이다. 우리나라에서는 민간 위주의 의료 공급체계와 행위별 수가제로 인하여 의료 기관 간 경쟁이 심해지면서 과잉 진료가 발생하고 있는 데 대한 국민들의 불만이 높다. 특히 치과와 한의원 의료 서비스의 품질에 대한 소비자들의 정보가 충분치 않은 편이라, 사람들은 진료를 받기 전에 지인들로부터 정보를 수집하는 것이 일반적 관행이다. 의료소비자협동조합은 의료 소비자가 의료 기관의 주인이기 때문에 이러한 과잉진료를 줄일 수 있다. 실제로 우리나라 1차 의료 기관의 대표적인 과잉 진료로 볼 수 있는 '상기도 감염 항생제 처방률'과 '주사제 처방 빈도'를 살펴보면 안성의료생협 의료 기관은 전국 의원 평균의 20% 수준으로 매우 낮다. 전체 진료비 중 비 보험 진료비 비중이나 환자 1회 평균 본인 부담금 역시 전국 평균보다 매우 낮은 것으로 나타났다.[25]

일반 의료 서비스에 대한 또 다른 불만은 환자 1인당 진료 시간이 짧고 의사의 문진이 기계적이어서 환자가 자신의 건강 상태에 대해 충분한 설명을 듣지 못한다는 것이다. 이에 따라 안성의료생협의 의료 기관은 환자에게 충분하게 설명하고 상담하기 위한 진료 시간을 확보하려고 노력하고 있다. 진료실 내에서 환자의 건강 관리 능력 향상을 위한 전문 교육을 실시하고 있으며, 전국 의료생협 차원에서 환자에게 필요한 생활 습관을 알려주기 위해 권고하는 '생활처방전 발행'을 준수하고 있다.

....
25) 안성의료복지사회적협동조합 내부 자료.

또한 안성의료생협은 조합원의 질병을 치료하는 것만이 아니라 예방하는 데 기여하기 위해 조합 가입 시 조합원 가족의 건강력을 조사한 뒤 정기적인 건강 검진을 통해 건강 상태를 살피고 함께 건강을 지키기 위한 노력을 하고 있다. 건강 검진을 받은 조합원을 대상으로 '주치의 관리 사업'을 하고 있는데, 이는 조합원을 위한 자기 관리 및 예방 조치 6개 항목을 선정, 정기적인 전화 및 내원 상담으로 자기 관리를 할 수 있도록 도와주는 것이다. 현대인에게는 잘못된 생활습관으로부터 오는 질병이 많다는 인식에 따른 것으로, 조합원들이 건강한 생활 습관을 통해 건강한 삶을 영위할 수 있도록 조합이 적극적으로 돕겠다는 취지다. 안성의료생협은 지역 주민을 대상으로 하는 건강 생활 습관 교육 및 실천 모임 등도 운영하고 있다.

이처럼 저렴한 비용으로 세심한 진료를 받을 뿐만 아니라 건강 증진을 위한 교육과 프로그램에 참여할 수 있다는 것은 지역 주민들에게 협동조합에 가입할 만한 매력적인 동기가 된다.

안성의료복지사회적협동조합이 사회적협동조합으로서 자격을 가지는 것은 이러한 사업 및 활동뿐만 아니라 건강 마을 만들기와 취약 계층 의료 지원 서비스 제공 사업 등을 해오고 있기 때문이다. 안성의료협동조합은 건강을 개인이 아닌 지역의 문제로 본다. 개인이 건강한 삶을 살기 위해서는 생활습관, 환경, 제도, 사회 경제적 요인 등 다양한 요인이 건강해져야 하며, 나뿐만 아니라 이웃의 건강 문제에도 관심을 가져야 한다고 여기는 것이다. 때문에 안성의료협동조합은 지역 사회에서 다양한 사회적 관계를 맺으면서 지역주민과 지역을 건강하게 하는 활동을 하고 있다. 지역 건강 모임들은 비조합원들도 참여할 수 있도록 하고 있으며, 조합의 대의원을 중심으로 지역 가꾸기 사업을 추진하고 있다.

지역마다 복지 사각 지대에는 경제적 이유로 치료를 받지 않거나 치료 지연을 겪는 취약 계층이 존재한다. 안성의료협동조합은 이러한 저소득

〈그림 5-1〉 안성의료협동조합의 우리 집 건강지킴이 사업

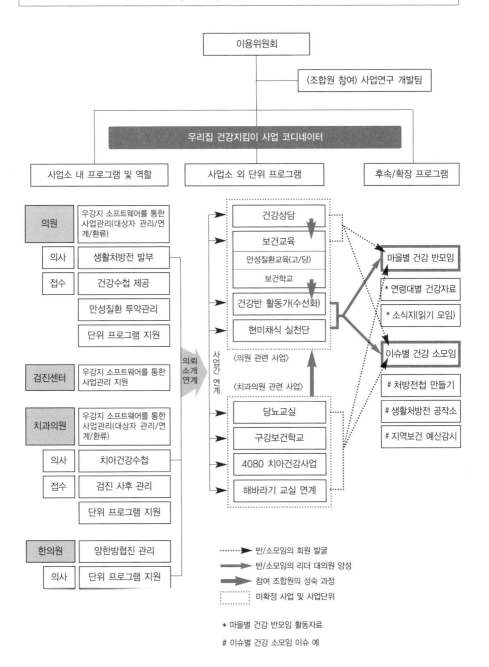

층과 거동 불편자를 위한 보건 의료 복지 서비스를 제공하고 있다. 2008년 노인장기요양법 제정 이전부터 자원 활동가를 조직해 장애인 및 노인 가정을 찾아가 가사·간병·목욕 서비스를 실시했다. 노인장기요양법 제정 이후에는 본격적으로 재가장기요양기관을 설립, 거동 불편 노인에게 간병·목욕 서비스를 제공했고, 노인요양보험제도 3등급에 해당되지 않는 독거 노인 또는 장애인을 대상으로도 간병 가사 지원 서비스를 제공했다. 노인 요양 시설, 장애 아동 방과 후 교실, 저소득층 방과 후 교실, 탈북자, 외국인 노동자 등 지역 사회의 다양한 취약 계층을 위한 시설들과도 연대해 의료서비스를 제공해왔다. 경제적 이유로 치료를 받지 못하는 환자와 외국인 노동자에 대해서는 조합 내의 일정한 심사를 거쳐 의료비를 지원하기도 한다.

안성의료협동조합이 이렇게 단순한 의료소비자협동조합 활동을 넘어서 지역 차원에서 건강한 마을을 만들고 취약 계층을 통합하는 활동을 할 수 있는 동력은 지역 주민의 조직화된 참여에서 나온다. 안성의료협동조합에 적극적으로 참여하는 지역 주민은 2009년 기준으로 임원 20명, 실무자 92명, 대의원 124명, 자원활동가 138명, 소모임 회원 355명 등 총 708명에 이른다. 이는 전체 조합원의 약 20%에 해당하는 숫자다. 안성의료협동조합은 이러한 사회적협동조합 기능을 수행하기 때문에 전통적 협동조합과는 달리 자원 활동가와 후원자 그룹을 만들어내고 있다. 2009년 한 해 동안 201명의 자원 활동가가 약 2,300시간의 자원 활동을 했으며 2,900만 원의 후원과 1억 5천만 원의 정부 지원금을 이끌어냈다. 다양한 자영업을 영위하는 조합원들로부터 선물을 받아 이러한 자원 활동가에게 답례를 하는 제도를 운영하기도 한다.

안성의료협동조합의 장점 중 하나는 결정하는 사람과 실천하는 사람이 분리돼 있지 않다는 점이다. 대의원과 임원은 각 위원회에 속해서 계획을 세우고, 총회와 이사회를 통해 결정하고, 결정에 따라 실천하고 이를 평가하고 다시 계획을 세운다. 직원은 전문 지식과 실무 능력을 가지고 조합원 활동을 지원하는 역할을 할 뿐, 실제 의료협동조합에서 활동하는 것은 이사와 대의원을 중심으로 한 조합원이다. 따라서 활동을 계획할 때는 조합원이 얼마나 진행 과정에서부터 참여할 수 있을 것인가부터 고민한다. 그래서 안성의료생협에는 위원회들이 많다. 일상적인 위원회와 일시적인 사업을 위한 위원회(치과 건설 추진위원회, 건강증진센터 추진위원회, 창립기념행사 준비위원회, 송년회 준비위원회, 조합원 참여 소위원회 등)가 있으며, 지역 조합원 활동을 위한 지역 활동가 모임이 있다. 이 모임들은 모두 이사, 대의원, 조합원, 직원 10~15인으로 구성돼 있으며 자신들이 속한 모임에서 계획과 결정, 실천, 평가를 하면서 의료협동조합과 건강, 마을, 공동체를 배워 가고 있다.

위원회는 조합원과 의료인, 조직 활동가가 서로의 입장에서 논의하고 함께 실천하는 자리로 의료협동조합의 중요한 특징 중 하나다. 지역마다 특성들이 반영되어 필요한 위원회가 구성되는데, 이용위원회, 교육홍보위원회, 건강마을위원회, 경영위원회, 인사위원회 등이 있다. 이용위원회는 의료서비스에 관련된 위원회로, 좋은 의료서비스를 제공하기 위한 방법, 환자가 편하게 의료기관을 이용할 수 있는 방법, 지역 사회 취약 계층에 대한 의료서비스 제공 방법 등을 고민, 실천하는 일을 맡는다. 교육홍보위원회는 의료생협에 대한 홍보와 조합원을 비롯한 지역주민과 함께 하는 건강, 복지, 협동조합, 지역 사회 문제 등 다양한 교육 활동을 담당한다. 건강마을위원회는 조합원이 지역주민과 함께 하는 건강한 안성 만들기 활동을 맡고 있으며, 이밖에 의료생협 살림살이를 총괄하고 비 보험 수가를 정하는 경영위원회, 직원들 인사와 복지를 총괄하는 인사위원회 등이 있다.

안성의료복지사회적협동조합은 1994년 말 조합원 400가구 수준이었던 것에서 2000년 781가구, 2008년 3,060 가구, 2013년 5,000가구로

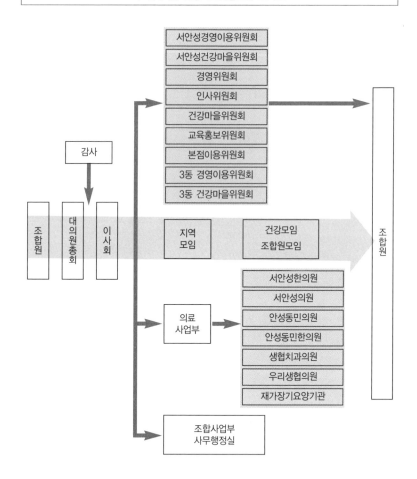

〈그림 5-2〉 안성의료협동조합 조직도

성장했다. 조합에 포함된 인구 1만 3천명은 안성 인구의 약 7%에 해당한다. 이들이 불입한 출자금은 총 9억 2천만 원에 달한다. 이를 바탕으로 안성의료협동조합은 6개 의원과 1개 재가장기요양기관, 2개의 검진 센터를 운영하고 있는데 여기에서 일하는 직원은 의사 7명, 한의사 5명, 치과의사 3명을 포함한 총 103명으로 안성에서 두 번째로 큰 의료 기관의 규모를 이루고 있다.

안성의료협동조합의 사례는 지역 주민의 자발적인 노력과 뜻있는 의료인들의 헌신이 협동조합이라는 그릇을 통해 결합될 때 의미 있는 성과를 거둘 수 있음을 보여준다. 힘을 모으면 보다 저렴한 비용으로 건강을 증진하며, 건강한 지역을 만들어갈 수 있다는 것을 실천으로 증명한 것이다. 노령화가 급진전됨에 따라 의료의 공공성과 더불어 효율성이 중요해지는 시기에 안성의료협동조합의 사례는 더욱 중요하다. 주민의 참여를 통한 의료비의 절감이 가능하다는 점을 보여줬으며, 그런 점에서 의료협동조합이 향후 공공 의료 기관 및 보건소 사업의 중요한 파트너로서 역할을 할 수 있다는 점을 시사해주기 때문이다.

사례
〈 2 〉

서울 마포구 성미산마을의 협동조합연대[26]

서울과 같은 대도시에서는 직장과 주거가 분리되고 이동이 잦기 때문에 같은 아파트에서 살더라도 이웃끼리 긴밀한 관계를 형성하기 어렵다. 사회적 관계성의 약화는 경제적으로 비효율적인 결과를 초래할 뿐만 아니라 삶의 다양한 영역에서 행복지수를 낮춘다. 그런 가운데 성미산마을은 협동조합과 호혜적 마을 경제 만들기를 추진한 대표적인 사례로서 레이들

---

26) 주로 이경란(2010)에서 발췌, 인용하였음.

로 박사가 1980년에 주창한 협동조합 지역 사회의 지향성을 보여준다. 성미산마을은 서울의 마포 서부 지역에 1994년과 1995년 두 개의 공동육아협동조합이 설립된 데서 시작됐다. 이 조합원들로 마을 만들기의 주체가 처음 형성된 것이다. 이 지역의 마을 사람들은 행복한 지역공동체, 아름다운 생태마을, 소통과 교류의 문화예술마을, 호혜적 마을경제, 서로를 살리는 마을 배움 공동체, 주민참여와 협동에 의한 상호 돌봄의 실천 등의 가치를 지역과 삶을 통해 실천해왔다.

성미산마을 만들기 주체들은 지난 20여 년 동안 돌봄과 복지(육아·어린이돌봄·노인돌봄·장애우돌봄·지역소외계층 돌봄·의료자치), 교육과 문화(대안학교·교육문화네트워크·마을극장·도서관·동아리들), 경제사업(먹거리·금융·대체생활용품·재활용품·주택·휴식공간·지역통화), 생활정치(시민단체·풀뿌리정치네트워크), 환경(성미산지키기·생태마을만들기·도시계획·에너지) 영역 등에서 많은 수의 협동조합, 일공동체, 사회적(마을)기업, 계, 위원회 등과 같은 조직들을 만들어 냈다(아래 그림 〈5-3〉 참조).

이러한 사회적 경제 조직들은 주로 출자나 기금을 통해 자금을 마련했다. 출자는 협동조합이나 사업체(일공동체)를 설립할 때 활용하는 방식이다. 공동육아협동조합이나 생협, 마을카페, 반찬가게, 두레사업체들은 출자금을 통해 자금을 조달했다. 반면 어린이집이나 학교와 같이 수익이 창출되지 않는 경우는 기금 방식을 채택했다. 성미산학교의 경우 입학 시 학교 설립 기금을 내며, 탈퇴나 졸업하면 기금이 학교 소유로 남도록 했다. 최근에는 정부나 지자체, 시민단체로부터 온 공모 사업이 일정한 비중을 차지한다. 이러한 공모사업에 참여함으로써 사회적 일자리를 만들거나 운영 자금을 보충하는 것이다.

성미산마을의 큰 특징은 지역 내부에서 필요한 자금이 순환된다는 것이다. 아이들의 성장 과정을 따라 살펴보면, 공동육아협동조합의 조합원들이 처음으로 동원한 자원(출자금)은 어린이집의 터전 마련과 시설 설비

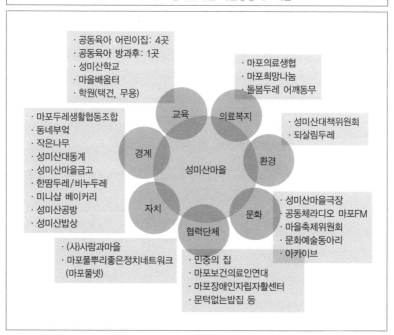

등에 쓰였다. 어린이집을 졸업하거나 탈퇴하면서 되돌려 받는 출자금의 일부를 어린이집의 기금으로 남겨놓고, 남은 자원을 자신에게 필요한 단위, 예를 들어 아이에게 필요한 방과 후 어린이집이나 우리마을꿈터, 대안학교의 출자금이나 기금으로 사용한다.

이와 더불어 자금의 선순환을 일으키는 조직으로는 생협과 대동계가 있다. 생협은 2003년 조합원이 300가구를 넘으면서 법인 조직으로 개편됐는데, 2010년 4천 가구 규모로 성장했다. 생협은 출자금으로 조성된 자본금의 10% 내에서 마을의 협동 사업에 출자하거나 마을 사업에 필요한 자금을 빌려준다. 성미산차병원(자동차정비센터), 마을카페 작은나무, 한땀누레와 되살림두레, 비누두레, 성미산밥상 등 마을기업들이 설립될 때 출자나 대출을 통해 기반 조성을 도왔다. 성미산대동계는 '경제목적의

친목계'이며, 계원과 지역의 단체에 필요한 자금을 지원하는 것을 주된 목적으로 한다. 일종의 커뮤니티 금융 기관인 셈이다. 2006년부터 시작돼 2008년부터 회원 대상의 대부 사업을 시작했으며 2009년부터 마을 내 기업에 대해 적립 금액의 20% 내에서 출자하고 있다.

이러한 마을 사람들의 노력은 삶의 변화로 나타났다. '친환경', '저탄소' 생활 방식이 일상 생활에서 구현된 것이다. 소비와 교육에도 변화가 왔다. 대부분의 주민들이 유기농 먹거리와 채식을 중시하고, 아이들에게 인지교육을 시키기보다 많이 놀도록 하게 된 것이다. 아이들은 기성 놀잇감을 갖고 놀거나 놀이공원에 가기보다는 직접 만드는 수공예품이나 자연물을 가지고 놀게 됐고, 뒷산 나들이를 가장 중요한 생태학습으로 여기게 됐다. 동네 사람들이 어울릴 수 있는 축제와 동아리 활동이 활성화돼 있어, 어린이와 청소년들도 지역 내에서 어른들과 스스럼없이 어울리며 친구들과 깊이 사귀게 됐다.

직장을 다니는 사람들도 직장에서의 관계보다는 동네 사람들과의 관계의 비중이 높아졌다. 마을축제, 마을극장, 마포 FM 활동이 영화 연극인 등 전문적인 문화인들과 결합하게 되면서 소비자였던 마을 주민들이 문화 생산자이자 소비자인 프로슈머prosumer로 변화해가고 있다.

마을기업이 생겨나면서 마을에서 일하는 사람의 수가 많이 늘어났다. 2010년 현재 마을에서 전업으로 일을 하는 사람은 약 100여명 정도다. 그 외에 급여 노동과 자원 활동을 겸하는 사람들, 자원 활동만 하는 사람들이 있는데, 이런 사람들을 모두 합하면 마을 안에서 노동과 자원 활동을 하는 사람들이 약 200명 가량 된다.

성미산마을은 공공 부문과 자본주의적 시장경제 부문이 채워주지 못하는 생활의 필요를 마을 주민들이 협동과 연대를 통해 스스로 충족시킬 수 있음을 보여준 사례다. 그러나 이 마을경제는 일정한 제한성을 가지고 있는 것도 사실이다. 마을경제가 여전히 기존 경제 질서에 크게 종속돼 있기 때문이다. 구성원들의 대부분은 중산층으로 마을 외부의 국가 및 시장경제에서 일해 필요한 돈을 벌고, 그것을 마을경제에 투입해 유지하고 있다. 이러한 한계에도 불구하고 성미산마을의 실험은 대도시 주민으로서 협동과 연대의 의지와 노하우를 축적시킨 소중한 경험이며, 이를 바탕으로 더 넓은 사회적 연대로 나아갈 수 있는 가능성을 보여준다.

사례
〈 3 〉

스위스 모빌리티 협동조합[27]

1987년 무렵, 스위스의 협동조합 두 곳이 차량 공유 사업을 시작했다. 10년 후인 1997년 두 협동조합은 합병해 이름을 모빌리티로 바꿨다. 모빌리티 협동조합Mobility Cooperative은 10만 명의 소비자들이 차량 2,600대를 공유하는, 유럽에서 가장 큰 차량 공유 기업이 됐다. 모빌리티를 이용하는 회사나 개인은 가솔린, 유지비용 및 고정 보험료를 지불한다. 조합원은 전화로 차량을 예약할 수 있고 인터넷이나 스마트 폰을 통해서도 차량을 등록할 수 있다. 초기에는 이용자끼리 서로 열쇠를 건네주며 차량을 인수인계했지만, 이제 소비자는 예약한 장소에 주차시켜 놓은 차에 가서 조합원 카드로 차문을 열고 바로 운전할 수 있게 됐다.

현재 모빌리티협동조합은 모든 차량을 스위스 교통 시스템과 통합하

....
27) 서울시(2013).

기 위해 작업 중이다. 교통국과 파트너십을 맺어 기차역에 차량 수백 대를 대기시키는 식이다. 이 제휴는 소비자에게 편리할 뿐만 아니라 대중교통 이용을 장려하는 효과도 낳는다. 모빌리티협동조합은 유럽 다른 나라의 카셰어링회사와도 제휴하고 있어 소비자들은 국경을 넘나들며 서비스를 이용할 수 있다. 스위스 우체국이 낮에 우편 배달에 사용한 모빌리티 차량을 밤에는 일반 소비자들이 사용하기도 한다. 이러한 자원 공유는 엄청난 친환경 효과를 낳는다. 2010년 모빌리티 협동조합 조합원들이 공유차량 이용으로 절감한 탄소배출량은 290kg에 이른다. 이로 인해 스위스 거리로 나가지 않은 차량 수는 1만 8천대였다. 모빌리티협동조합의 추산에 따르면, 조합원은 자가 차량을 소유할 때와 비교했을 때 매년 3,700~5,400달러를 절약하고 있다.

1. 의료

· 일본의 의료생협
· 한국의료복지사회적협동조합연합회

2. 육아

· 신촌우리어린이집
· 공동육아와 공동체교육

3 주택

· 스웨덴 스톡홀름 HSB Housing Cooperatives
  1900년대 초에 설립된 주택협동조합의 연합회

· 영국 런던 Coin Street Housing Cooperatives

· 미국 미네소타 주 노스필드 Kildahl Park Pointe Housing Cooperative
  노인주거 협동조합 (공동거실), 설립연도 2006년, 조합원수 51명

· Estonian Union of Cooperative Housing Association
  800개 주택협동조합의 연합회, 에스토니아 인구의 6.5%를 차지하는 10만 명의 인구가 거주함.
  1996년 설립

· 마포구 성미산마을 소행주

· 성남시 주거공동체 태평동락 커뮤니티

· 예술인 협동조합형 공공주택(중구 만리동 2가)

· 전국흙집짓기협동조합

4. 문화, 예술, 스포츠

· 독일 베를린 TAZ Cooperative
  1만 1천명의 독자(과반수 이상은 녹색당 지지자들)들에 의해 소유되는 일간지 언론사(독일에서 유일
  함). 1979년에 설립됐던 언론사가 경영 악화로 파산 직전에 이르자 1992년에 독자들이 협동조합 방
  식으로 인수한 사례.

· 캐나다 브리티시 콜럼비아, My Mountain Co-op
  스키장협동조합, 개인 조합원과 회사 조합원으로 구성되어 지역 사회에 기여하는 스키레저 추구, 설
  립연도 2011

· 스페인 FC Barcelona
1899년 스페인의 카탈루냐 지방의 바르셀로나를 기반으로 탄생, 17만 3천여 명의 조합원, 조합원의
투표로 구단주 격인 회장을 선출

5. 에너지(전력), 수도, 전화, 케이블TV

· 미국 National Rural Electricity Cooperative Association

· 독일 Greenpeace Energy
2000년에 설립된 에너지 협동조합, 풍력발전 등

· 덴마크 Hvidovre Wind Turbine Cooperative
덴마크 Middelgrunden 발전협동조합
코펜하겐 주민 8,500명이 출자해 설립한 풍력발전협동조합

· 네덜란드 De Vindvogel
풍력터빈을 인수하거나 구매하며 태양열 판넬을 설치, 조합원에게 15년 동안 돈을 빌리고 5~8%의
이자를 지급, 설립연도 1991년, 조합원 수 2,800명, 직원 수 5명

· 영국 스코틀랜드 통신협동조합 Whitcomm

· Chbermoor UK Cumbria
영국 최초의 브로드밴드 협동조합. 중소기업, 자선단체 및 공공 기관들과 함께 ICT의 혁신적 이용
을 촉진하고 있음.

· 통신소비자협동조합

· 한살림 햇빛발전협동조합

6. 시설 및 내구재 공동 이용

· 영국 Lyvennet Community Pub
설립연도 2011년, 조합원 수 297명, 직원 수 9명

· 작은나무(성미산마을카페)
설립연도 2004년, 직원수 7명

· 스위스 Mobility Cooperative

· 한국카셰어링소비자협동조합

소사업자협동조합의
비즈니스 모델과 사례

1
소사업자협동조합의 개념과 실태

사업자협동조합을 만드는 사람들은 각기 사업체를 운영해 자신과 가족의 생활비를 조달하는 사람들이다. 자기 사업체의 발전을 위해 협동조합을 설립하는 것이다. 말하자면, 소위 기업가들이 사업자협동조합의 조합원들이다. 기업가들 중에서 규모가 큰 사업체를 운영하는 기업가들은 기업체를 수평적 혹은 수직적으로 확장해 규모나 범위의 경제를 실현하는 쪽을 추구한다. 때문에 협동조합을 통하여 자신의 사업체를 발전시키고자 하는 기업가들은 대부분 영세 소규모 기업가들이다. 대표적으로 농민, 어민, 산림경영자, 수공업자, 소규모 유통업자, 소규모 음식점이나 숙박시설 경영자, 자신의 운송수단으로 사업을 운영하는 개인 차주 사업자, 혹은 소규모 운송사업자 등이다. 우리나라에서는 5인 미만의 종업원을 고용하고 있는 자영업자들이 이러한 사업자협동조합을 설립하는 중심 주체다. 일부 소기업의 경영자 겸 소유자도 협동조합의 결성에 관심이 있다.[1]

사업자들의 협력 형태는 동일한 업종에 종사하는 거의 모든 사업자들

---

[1] 우리나라 중소기업기본법에서 규정하는 소기업은 광업, 제조업, 건설업, 운수업, 출판·영상·방송통신 및 정보서비스업, 사업시설관리 및 사업지원 서비스업, 보건업 및 사회복지 서비스업, 전문·과학 및 기술 서비스업을 주된 업종으로 하는 경우에는 상시 근로자 수가 50명 미만인 기업을 기준으로 하며, 그 외 업종을 주된 업종으로 하는 경우는 상시 근로자 수가 10명 미만인 기업을 기준으로 한다.

이 가입된 협회조직business association과 공동사업체로 나뉜다. 자동차공업협회, 인쇄업협회, 음식업중앙회, 농민협회 등 협회 조직은 회원으로부터 회비를 받아서 운영되며, 각종 경영 상의 정보 공유와 대 정부 이익 대변 활동을 주로 펼친다. 한편 공동 사업체는 2개 이상의 사업자들이 공동으로 출자해 협동조합 혹은 주식회사 법인의 형태로 별도의 공동사업체를 운영하는 것을 말한다. 사업자협동조합은 후자의 협력 형태 중 하나다.

사업자협동조합은 조합원의 사업체 발전을 주요 목적으로 하기 때문에 원료, 기계 장비 등의 공동 구입, 공동 물류, 상품 및 서비스의 공동판매와 공동 홍보, 공동 브랜드 사용 및 품질 관리, 직원 교육 및 훈련 시설 및 프로그램의 공동 운영, 기타 보험 서비스 등을 할 수 있다. 사업자협동조합은 소협과 마찬가지로 협동조합 내에서 일하는 직원은 피고용자의 지위를 갖는 비조합원이다. 여러 노협이나 사회적협동조합이 원자재의 공동구매 혹은 생산된 제품의 공동판매 사업체를 협동조합 방식으로 설립하고 운영할 경우에도 이 사업체를 사업자협동조합으로 부를 수 있다.[2] 만약 노협 방식으로 운영하는 여러 수제화 업체가 자신들이 생산한 수제화 제품의 공동판매 기업을 공동 출자 방식으로 설립해 직원을 고용하는 방식으로 운영하게 된다면 이러한 협동조합은 수제화노협의 연합회라고 부를 수도 있지만 본질은 수제화노동자협동조합이라고 하는 사업자들의 협동조합이다. 만약 공동판매를 위한 협동조합이 종업원들이 출자하고 소유하며 관련 수제화노동자협동조합이 일부 출자하는 방식으로 운영된다면, 이 협동조합의 본질은 노동자협동조합이라고 할 수 있다. 이러한 2차적 노동자협동조합은 스페인 몬드라곤이나 이탈리아에서

---

2) 이탈리아에서는 이를 콘소시움으로 부른다.

흔히 발견된다.

　사업자협동조합 중에서 여러 나라에서 가장 보편적으로 발전한 유형이 농민들이 설립한 농협이다. 농협은 시장의 불완전성에서 비롯되는 농민들의 불이익을 만회하기 위해, 그리고 소생산자 농민들 간의 협동을 통해 새로운 가치를 창출하려는 목적으로 농민들이 자율적으로 운영하는 경제 조직이다. 19세기 중반 유럽과 미국에서 낙농가들이 공동으로 출자하여 우유, 버터, 치즈 등을 생산하는 유가공 공장을 설립한 것이 시작이며, 이렇게 탄생한 농협은 취급하는 농축산물 기능이 다양해지면서 확산됐다. 이러한 초창기 농협의 확산은 독과점 등 시장제도의 취약성을 배경으로 이뤄졌다. 농협은 농축산물의 공동판매협동조합, 공동가공협동조합, 영농자재의 공동구매협동조합, 농기계 등의 공동이용협동조합, 농업공동생산협동조합 등 다양한 형태로 나타났다. 이중에서 농축산물의 공동판매 및 가공협동조합과 영농자재의 공동구매협동조합이 크게 발전했다. 미국 캘리포니아 지방의 오렌지 재배 농가들이 설립한 선키스트와, 요플레라는 상품 브랜드로 유명한 프랑스 낙농가 협동조합 소디알Sodiaal은 세계적인 식품기업으로 성장한 대표적인 농협이다. 대부분의 농협들은 자국 내 농축산업 부문의 주요 기업이 되었으며, 매우 높은 시장점유율을 차지하게 됐다. 특히 유럽 대부분의 나라에서 낙농 부문에서 차지하는 농협의 시장점유율은 거의 80%에 달한다. 덴마크의 양돈 부문 시장 점유율은 95%에 이른다. 미국에서도 전체적인 농축산물 판매에서 농협의 시장 점유율은 1980년대 말 32% 수준이었다.

　그러나 개발도상국에서의 농협의 설립 배경은 선진국에서와는 차이가 난다. 대부분 식민지 시대에 제국주의의 농업 개발의 수단 혹은 정치적 지배의 목적으로 하향식으로 설립된 것이다. 이러한 하향식 협동조합의 설립 및 운영은 탈식민지화 이후 개발 연대라고 일컬어지는 1960~1970년대에 개발독재정권들에 의해서도 강화됐다.[3]

소사업자협동조합이 지속적으로 발전할 수 있을 것인가에 대해서는 여러 가지 의문이 제기돼 왔지만 이러한 의문을 불식시켜온 실천적 사례가 독립 소매상들의 협동조합이다. 1963년 유럽 독립 소매상들이 결성한 협동조합연맹UGAL, the Union of Groups of Independent Retailers of Europe에는 2011년 현재, 32만 5천명의 소매상들이 조직한 협동조합들의 22개 연합회가 가입돼 있다. 이러한 소매상들은 평균 10명 정도의 종업원을 보유하고 있는 소규모 소매 기업이다. 소매상들과 소매상협동조합은 총 4,730억 유로의 매출액을 기록하고 있고, 358만 6천명의 종업원을 보유하고 있다.[4] 이러한 소상인협동조합이 가장 발달한 나라는 독일, 프랑스, 이탈리아다.

대표적으로 1962년에 설립된 이탈리아의 코나드CONAD는 3천여 슈퍼마켓 주인들의 협동조합으로서 이탈리아 전체 식료품 시장의 12%를 차지하고 있다.[5] 유럽 내에는 카르푸Carrefour, 영국의 테스코Tesco처럼 자본이 지배하는 주식회사형 대규모 슈퍼체인이 있는 반면, 코나드와 같이 소규모 소매상들이 주도하는 협동조합형 대규모 슈퍼체인이나 소비자가 주도하는 협동조합형 대규모 슈퍼체인이 공존하고 있다. 이렇게 다양한 기업방식 간의 견제와 경쟁이 존재하기 때문에 우리나라에서 나타나는 대자본의 일방적인 '갑을관계'적 횡포를 제어할 수 있다.

반면 우리나라의 경우 농협과 기타 소사업자협동조합 모두 정부의 통제를 받아 왔다. 현재의 농협중앙회와 그 회원 농협으로서의 지역농협은 1920~1930년대 일본제국주의의 식민지 지배 수단으로서 설립된 금융조합과 산업조합에 그 뿌리를 두고 있다. 1920년대에 협동조합 운동가와 농민들에 의해서 자발적으로 성장한 민간협동조합 운동은 내부적 한계와

---

3) 자세한 내용은 Birchall(1997)을 참조할 것.
4~5) Ravensburg, 2011.

일제의 억압으로 1930년대 말에 좌절됐다. 광복 이후에도 그 정체성은 회복되지 못했고, 1961년 박정희 정권에 의해서 농업금융조합연합회 중심의 농협중앙회가 탄생했다. 1960년대 말부터 시작된 이동조합의 읍·면 단위로의 합병과 시·군 조합, 농협중앙회의 수직적 조직 구조 형성을 통해 독재 정부는 농협을 경제 개발의 지원 기관으로 삼았다. 식량 생산을 늘려 팽창하는 도시의 주민에게 값싼 농산물을 원활히 공급할 수 있도록 농협 체제를 적극 활용한 것이다. 이 시기에 일제 때부터 자발적으로 성장한 서울우유협동조합, 경북능금협동조합, 그리고 제주감귤협동조합 등 품목 농협도 정부 통제형 농협 체제에 편입됐다. 정부가 비료와 농약, 농업 금융의 배분 대행 기관으로서의 역할을 농협에 부여하는 한편, 농협중앙회의 조직유지 수단으로서 비협동조합적 사업인 은행 금융업을 전국적으로 할 수 있도록 허용해준 결과, 농협중앙회는 개발도상국에서는 보기 드물게 비약적으로 성장했다. 1970년대부터 시작된 지역농협의 상호금융과 결합되면서 농협의 신용 사업은 전국적 조직망, 정부 정책 자금의 대행 효과, 정부의 지원과 보호 등으로 급성장했다.

그러나 1980년대 본격화된 농산물 시장 개방과 정부의 자원 배분 기능 및 계획 경제 중심의 경제 정책 기조의 대 전환, 그리고 정치적 자유의 진전 등으로 농협의 역할과 기능에 대해서도 변화가 요구됐다. 1990년대 이후 조합장과 중앙회장의 직선제 및 일부 영역에서 자율성이 높아졌다. 그렇지만 국가 주도의 경제 개발 시기에 형성된 조직 체제와 제도는 그대로 유지됐다. 이렇게 기존 체제에 한계가 있기 때문에 농협은 농민들이 협동을 통한 새로운 가치를 창출하고 그 협동의 이익을 통하여 지역 사회의 역량을 강화하는 선 순환적 구조를 가지기에는 매우 미흡한 상태다. 이러한 역사와 구조는 수협도 대동소이하다.

1962년 제정된 중소기업협동조합법에 근거해 설립된 업종별 중소기업 협동조합은 정부의 공공조달 등 단체 수의 계약의 수단으로 활용되어 왔을 뿐 협동조합의 가치 창출 기능은 미약했다. 개발독재정권의 산업 정책 수단으로 농협, 수협, 중소기업협동조합이 활용돼 오면서 해당 정부 부처는 이러한 협동조합들을 산하 기관으로 여기고 통제해 온 것이 사실이다. 소사업자들이 공동의 필요를 충족시키기 위해 협동을 하고 싶더라도 그럴 수 있는 자유가 2012년 11월까지는 사실상 없었던 셈이다.

2012년 12월 협동조합기본법이 시행됨에 따라 국민들에게는 협동조합 설립의 자유가 주어졌다. 2013년 11월말까지 법 시행 이후 1년 동안 설립된 3,057개의 협동조합 중에서 소사업자협동조합은 65%의 비중을 차지한다. 이는 다른 나라들에서 나타나는 협동조합의 유형별 분포와 비교해볼 때 매우 이례적이며, 당초 많이 설립될 것으로 예상되었던 사회적협동조합이 약 3%밖에 나타나지 않은 것과 대조적이다.

소사업자협동조합의 높은 비중은 우리나라 경제구조적 특징을 반영하는 것으로 매우 중요한 의미를 지닌다. 소사업자협동조합은 주로 유통, 제조, 서비스, 운송 등의 분야에 종사하는 자영업자들이 설립했다. 중소기업청은 '소상공인 협업화 사업' 정책을 통해 이 협동조합들의 설립을 지원했다. 우리나라는 전체 고용 중 자영업 종사자들의 비중이 31.3%로 OECD 평균 15.8%에 비해 약 두 배 높다.[6] 때문에 자영업의 고용 안정과 고용의 질 개선은 매우 중요한 정책적 과제다. 이러한 소사업자협동조합은 최근 우리나라에서 크게 이슈화되고 있는 대기업의 골목상권 침범, '갑을관계' 등의 문제를 소사업자들 스스로 해결할 수 있는 방안으로 크게 주목받고 있다.

----

6) 김복순, 2014.

〈표 6-1〉 협동조합기본법에 의해서 설립된 협동조합의 유형별 분포(2012.12-2013.11)

(단위: 개소, %)

	사업자 협동조합	직원 협동조합	소비자 협동조합	다중이해 관계자 협동조합	사회적 협동조합	합계
전국	1909 (62.7%)	225 (7.5%)	208 (6.8%)	601 (19.7%)	102 (3.3%)	3,045 (100.0%)

〈표 6-2〉 협동조합기본법에 의하여 설립된 사업자협동조합의 분야 및 일부 목록

도·소매/숙박 /음식/관광	슈퍼마켓, 전통시장, 전자상거래, 식자재판매, 가구판매, 문구류, 서점, 의류판매, 목재유통, 컴퓨터 판매, 숙박, 음식업, 관광
	서울시중고자동차중개인협동조합, 전국편의점사업자협동조합, 광주나들가게협동조합, 중앙시장협동조합, 정선아리랑시장협동조합, 대전서점협동조합, 울산서점협동조합, 게스트하우스협동조합, 전주한옥마을협동조합, 한국캠핑협동조합
제조·건설· 출판	제과점, 한과류, 한복, 차량수리, 공예, 귀금속, 안경, 수제화, 자전거
	서울성수수제화생산협동조합, 성수동수제화협동조합, 강북패션의류제조협동조합, 성북의류협동조합, 성남섬유패션제조협동조합, 한국우리옷협동조합, 서울의류봉제협동조합, 우리술협동조합, 우리술우리음식협동조합, 한지산업협동조합, 한마음전통식품협동조합, 중소건설협동조합, 인스인테리어산업협동조합, 한국건축자재협동조합 서울자전거협동조합, 주얼리협동조합, 대구 서구맛빵협동조합, 서울 서대문구 동네빵네협동조합, 바른생산자협동조합, 서울인쇄출판기업협동조합, 우리들정비협동조합
운송 및 기타	미용, 세탁, 커피점, 교육, 사회복지, 사업지원서비스업, 운송,스포츠 및 문화
	퀵서비스협동조합, 성북도시생활폐기물관리협동조합, 성북의류자원순환협동조합, 신재생자원협동조합

2
소사업자협동조합의 특징

소사업자협동조합은 자영업자의 고용 안정과 질적 개선을 위한 중요한 수단의 하나로 평가된다. 소사업자협동조합의 지속 가능성 여부는 우리나라 협동조합이 향후 발전할 수 있을지를 전망하는 가늠자라고 할 수 있다. 그러나 역사적으로 소사업자협동조합은 제한된 산업 분야 혹은 제한된 지역에서 발전돼 왔다. 소사업자협동조합의 경제적 설립 타당성이나 지속 가능 전략에 대한 실용적인 연구는 농협에 대한 연구에 비해 상대적으로 빈약한 편이다.[7] 소사업자협동조합은 과연 지속 가능할 수 있을까?

기본적으로 자영업의 비중은 자본주의가 발전함에 따라 지속적으로 감소한다. 때문에 자영업 혹은 소기업의 기반이 크게 축소되는 분야에서는 소사업자협동조합의 설립 전망은 높지 않다. 반면 농업은 자본과 임노동의 관계를 통한 농장의 대규모화 장점이 크지 않은 업종에서는 가족농 체제가 지속되기 마련이다. 그 이유는 첫째, 농업노동자로서 일할 때보다 농장 소유주일 경우 보이지 않는 노력을 더욱 기울일 가능성이 높기 때문이다. 둘째로 농장의 성과는 날씨 등 자연의 불확실성에 영향을 받기 때문에 노동의 성과를 측정하기가 어려워 인센티브 제도를 설계한다는 게 쉽지 않다. 땅에 씨를 뿌리고 밭을 가는 경종 농업의 경우에는 어차피 모내기와 경작, 수확을 순서대로 해야 할 뿐 동시에 진행할 수 없으므로 규모를 확대해도 분업의 효과가 크게 발생하지 않는다. 이러한 이유로 농업에는 소경영 체제의 상대적 장점이 계속 존재하게 된다.

소경영 체제의 장점은 대규모 자동화의 이익보다는 고도의 수작업 기

---

7) Birchall(2011)과 Ravensburg(2011)을 참조할 것.

술이 요구되는 공예 분야, 고객의 차별화된 요구에 대한 현지의 암묵적 tacit 정보 및 맞춤형 서비스가 중요한 요식업과 숙박업, 또는 소매업, 도로에서 개별적인 노동이 이루어지는 운송업 등에서도 발휘된다. 그렇기 때문에 선진국에서도 이러한 분야는 자영업 혹은 소기업의 비중이 여전히 높다. 그리고 요식업과 숙박업 및 소매업 분야에서 프랜차이즈 형태의 비즈니스 조직이 발달한 것은 기업 간 수평적·수직적 통합을 통한 대규모화의 장점보다는 소경영의 장점이 크기 때문이다. 프랜차이즈는 소경영의 장점을 살리되 기업 간 협력 체제를 통해 전문화의 이익을 도모하기 위한 것이다.

문제는 이러한 소경영 체제로는 세계화, 정보통신기술혁명, 새로운 경영기법의 도입 등 환경의 급격한 변화에 대응하기 어렵기 때문에, 생산성이 상대적으로 낮아지고, 변화하는 소비자의 요구를 충족시키지 못해 도태하게 된다는 것이다. 이러한 경우, 소사업자들이 협력을 통해 수직적 공급 체인의 전방 혹은 후방에 진출해 각각의 경영체를 업그레이드시킬 수 있다면, 즉 협동의 이익을 창출할 수 있다면 지속 가능성을 높일 수 있을 것이다. 이런 인식이 커질 때 소사업자협동조합에 대한 수요는 높아질 것이다(⟨그림 6-1⟩ 참조). 즉, 소사업자협동조합의 설립 목적은 협동 사업을 통해 조합원들이 운영하는 사업체의 생산성 및 수익성 향상에 기여하고, 성장률 및 안정성 제고에 기여하는데 있다. 협동이 잘 이뤄질 경우 소사업자협동조합은 영세 사업자의 혁신을 촉진하는데 기여하고 지역의 영세 및 소사업체의 안정적 유지를 통해 지역 순환형 경제에 기여할 뿐만 아니라, 사회적으로는 빈부격차의 완화에도 기여하게 된다.

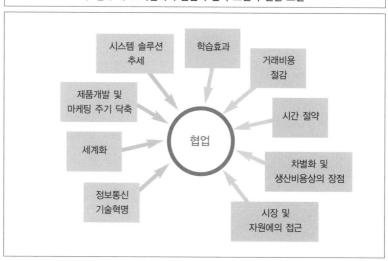

출처: Ravensburg(2011)

소사업자협동조합은 기업 조직과 시장 조직의 중간에 위치하는 일종의 혼합조직hybrid이다.[8] 혼합 조직에는 사업자협동조합 말고도 네트워크, 전략적 제휴, 프랜차이즈, 클러스터, 동업, 하청계약subcontracting 등이 있다. 이 조직의 참여자들은 각자 독립성을 유지하면서 서로 함께 할 수 있는 사업에 합의한 한 가족이라는 점에서 공통적이다. 이들은 시장과는 달리 가격 신호the price system의 도움을 직접적으로 받지 않고 상호 간에 의견을 조율하며, 기업과는 달리 서로 동일한 소유 내에 있지 않으면서도 정보와 기술, 자본과 상품 및 서비스를 공유한다.[9] 이 관점에서 소사업자협동조합의 일반적 특성을 보다 세부적으로 파악해보면 다음과 같다. 첫째, 소사업자협동조합은 사업자 조합원들이 공동으로 소유하고 이용하

---

8) Williamson(1996)과 Menard(2004)를 참조할 것.
9) Menard(2004).

며, 그로부터 이익을 얻는 자원 공동 이용pooling resources 조직이다. 둘째, 소사업자협동조합에서 조합원들 사이에 체결하는 계약은 독립적으로 사업장을 운영하는 조합원들 사이에서 그 자원과 활동을 연결시켜준다. 셋째, 소사업자협동조합은 조합원 간의 상호 의존 조직이다. 즉, 협동조합의 투자, 의사 결정, 그리고 사업 성과는 조합원의 상호 의존성에 달려 있다. 넷째, 조합원과 소사업자협동조합과의 거래는 하나의 기업으로 통합되어 있지 않고 조합원의 사업장은 독립적으로 운영된다. 그러므로 소사업자협동조합은 '불완전한 수평적·수직적 통합incomplete horizontal and vertical integration'으로 정의할 수 있다. 조합원 사업장의 불완전한 수평적 통합이고, 수직적 공급체인의 전방 혹은 후방으로의 진출을 위한 불완전한 수직적 통합인 것이다.

3
소사업자협동조합의 비즈니스 모델

소사업자협동조합의 비즈니스모델은 세 가지로 분류할 수 있다. 첫 번째는 공동 사무 행정 모형 혹은 단체 협상 모형이다. 공동 사무 행정 모형은 개인차주 사업자나 소규모 운송업자들이 협동조합을 설립하여 화물정보의 교환 및 이용, 공동배차사업, 주차장 등 공동 시설 사업, 공동구매사업 등의 전부 혹은 일부를 수행하는 경우다. 단체협상negotiation 모형은 가공업체에 농축산물을 납품하는 농민이나 생산물을 납품하는 공인, 그리고 물품을 구매하는 소매상 등이 판매력 혹은 구매력을 결집하여 납품의 조건이나 구매 조건을 향상하기 위한 것이다.

두 번째 비즈니스 모형은 농어민, 공인들이 자신들이 생산하는 상품의 판매, 가공, 홍보, 수출 등을 공동으로 수행하거나 자신들이 생산하는데

〈표 6-3〉 사업자협동조합의 세 가지 유형	
사업자(생산자) 협동조합	소사업자들의 단체 계약 및 공동 사무 모델
	농민의 공동판매/가공 및 소공인의 공동판매(전략적 제휴 모델)
	소매/음식/숙박/운송업 분야 소사업자의 공동구매·공동 브랜드(프랜차이즈 모델)

필요한 투입재의 공동구매를 위한 별도의 기업을 협동조합 방식으로 설립하여 운영하는 전략적 제휴strategic alliance 모형이다. 보통 전략적 제휴 개념은 둘 이상의 사업체가 자신들의 사업체는 독립적으로 유지하면서 공통의 목적을 달성하기 위해 체결한 계약 혹은 협정으로 넓게 정의된다. 그런데 필자가 여기에서 사용하는 전략적 제휴 모형은 수직적 공급체인vertical supply chain에서 중간재 및 최종 재화 혹은 서비스의 생산자들이 가공 및 판매 단계로 전방 진출forward integration을 하기 위해 협동조합을 설립하는 형태를 말한다.

마지막은 소상인, 음식업자, 숙박업자들이 자신들의 사업체의 업그레이드를 위해 프랜차이즈 본사를 공동 출자로 설립 운영하는 협동조합형 프랜차이즈 모형이다. 프랜차이즈 사업이란 가맹 사업을 말하는데, 가맹 사업자가 일정한 가맹금을 지급하고 가맹 본부의 상호, 상표, 서비스를 사용하고, 본부가 제시하는 일정한 품질 기준이나 영업 방식에 따라 상품 또는 용역을 판매하는 상행위다. 프랜차이즈 가맹 사업자의 입장에서 볼 때, 프랜차이즈는 투자나 자기 책임 없이도 재화를 유통하는 '체인 스토어'를 설치할 수 있는 대안이다. 협동조합형 모델은 이를 뒤집은 것이다. 최종 소비자를 대상으로 재화 및 서비스를 공급해 오던 소상인, 음식업자, 숙박업자들이 역으로 이러한 프랜차이즈 가맹 본부(사업자)를 설립함으로써 사업의 성공을 꾀하는 비즈니스 모델이다. 이는 재화 및 서비스의 수직적 공급체인 단계에서 소매업자들이 후방 진출backward integration을 위해 협동조합을 설립하는 경우라고 할 수 있다.

1) 단체협상 모델 혹은 공동 행정 사무 모델

사업자협동조합의 가장 단순한 모델이 단체협상bargaining 모델, 혹은 공동 행정 사무 모델이다. 이 모델은 사업자협동조합이 사업자들의 각종 원자재의 공동 구입을 대행하는 단순한 수탁 사업 집행자로서의 역할을 하거나 특정한 판매처에 공동 납품하기 위한 계약을 공동으로 체결할 경우 단체협상의 역할을 수행하는 것이다. 예를 들어, 축산 농가들이 사료를 구입하기 위해 협동조합을 결성했다고 해보자. 협동조합은 다수의 축산농가 조합원로부터 구매 권한을 위임 받은 뒤, 가장 유리한 조건으로 사료를 구입할 수 있도록 사료 시장 및 업체 조사, 협상, 사료 단체 구매 계약 체결 등 업무를 대행할 수 있다. 이 경우, 개별 축산 농가들의 사료 구매량을 모아서 대량 구매를 할 수 있기 때문에 가격을 할인받기에 유리하다. 또한 개별 축산 농가들이 가장 유리한 조건으로 사료를 구매하기 위하여 각기 소모하던 시간과 노력을 절감하는 데도 기여한다. 사료 구매 업무를 협동조합의 직원에게 특화시킴으로써 전문성이 생겨날 수도 있다. 또, 이 협동조합은 단순한 수탁 업무를 취급하기 때문에 설립하는 데 많은 투자금이 필요하지도 않고 사업의 위험도 거의 없으며, 협동조합의 직원 수가 많을 필요도 없다.

이러한 모형은 미국의 패스트푸드 프랜차이즈의 가맹점들이 원자재나 식품을 공동구매하기 위한 사업체를 만드는 데도 채택됐다. 예를 들어 미국의 버거킹 프랜차이즈에 가맹되어 있는 가맹점과 본사는 1인 1표의 협동조합 원리로 1991년 레스토랑 서비스 회사Restaurant Service Incorporated.를 설립했다. 가맹점 판매용 식품 원자재 및 음료를 공동구매하기 위한 것으로, 2013년 한해에만 약 30억 달러어치를 공동구매했다. 레스토랑 서비스 회사는 조합원들을 위하여 가장 유리한 조건으로 계약을 체결하는 역할만을 수행한다. 구매된 식품은 공급자가 각 가맹점으로 직접 배달한다. 이 레스토랑 서비스는 버거킹 가맹점에서 필요한 거의 모든 원자재 및 장비 등을 공동구매하고 있다. 그렇다면 버거킹 본사는 어떤 일을 할까? 브랜드 전략, 마케팅 프로그램 및 제품 개발, 식품의 품질과 안전성 유지, 원자재 공급자와 식품 유통업자에 대한 승인과 취소 등의 역할을 수행한다. 10)

농민들이 농산물을 가공회사에 판매할 경우에도 이러한 단체협상 모형이 유용하다. 미국 워싱턴 주와 오리건 주의 아스파라가스 생산자들은 통조림 가공회사에 아스파라가스를 원료로 판매하는 계약을 집단적으로 체결하기 위해 '워싱턴 오리건 아스파라거스 생산자 협회'Washington Oregon asparagus growers association를 1957년 결성했다. 이 협회는 일종의 협상 협동조합bargaining cooperatives으로써 조합원들을 대신해 아스파라가스 및 통조림 제품의 시장 동향을 분석하고, 이를 바탕으로 통조림 회사와 계약을 최대한 유리하게 체결해 조합원들의 이익을 실현한다. 통조림 회사의 입장에서도 수많은 농민들과 1대 1로 협상하고 계약을 체결하는 불편함을 덜 수 있다.

중소 화물 자동차 운송 사업자들이 화물 정보와 차량 정보를 연결하는 공동 배차 사업, 연료 공동구매를 위한 가격 협상 대행 사업 등을 펼치기 위해 사업자협동조합을 결성하는 것도 같은 유형이다. 이 경우에도 협동조합은 독자적인 사업이나 투자를 하기보다는 조합원이 필요로 하는 화물 정보를 수집해 조합원들의 차량 정보와 연결시켜주는 공동 행정 사무 기능을 수행하는데 주력한다. 641개 화물운송협동조합이 소속된 일

10) www.rsiweb.com에서 인용.

본 화물 운송 협동조합 연합회가 대표적이다.[11] 물론 더 나아가 조합원들의 운송 사업을 업그레이드하기 위해 공동으로 투자해 각종 시설 및 운송 장비를 구입하는 단계로 갈 수도 있다. 이렇게 해서 가치를 창출하게 된다면 전략적 제휴 모형으로 발전하는 것이다. 프랑스에서 1992년 설립된 중소 화물 운송 사업자들의 협동조합인 ASTRE가 그 대표적인 예다. 이 협동조합의 설립 당시 목적은 18개 회원사들의 화물 정보의 교환 및 이용이었지만 이후 종합물류회사로 성장해 2012년 기준 146개 회원사를 두고 있다. 협동조합은 회원사가 보유하지 못한 운송 시설에 공동 투자를 함으로써 조합원 기업과 조합이 함께 일반 화물 운송, 벌크 및 공공건설 운송, 보관 및 물류 서비스, 철도 복합 운송 사업 등을 수행할 수 있도록 한다. 일종의 시너지를 발휘하는 것이다.[12]

2) 전략적 제휴 모델

전략적 제휴 모델은 최종 소비자에게 공급되는 재화 및 서비스의 수직적 공급체인 단계에서 생산자가 전방 진출을 위하여 협동조합을 설립하는 것이다. 대표적으로 농민들이 자신이 생산한 농산물이나 축산물의 부가가치를 높이기 위해 공동으로 유통이나 가공 기능을 담당하는 협동조합을 설립하는 경우를 들 수 있다.

양돈 농가의 예로 설명해보자. 〈그림 6-2〉에서와 보는 바와 같이 돼지고기 식품 공급 체인에서는 각 경제 주체들이 자신이 위치한 단계에서 가치를 부가한 후 다음 단계에 생산물을 판매하는 연쇄적인 교환 활동이 이루어지고 나서야 최종 소비자에게 돼지고기가 판매된다. 일반적으로 양

11) http://www.nikka-net.or.jp 참조.
12) http://www.astre.fr 참조.

돈 농가는 어린 돼지를 분만시키는 활동과 이를 비육하는 활동을 담당한 후 성돈을 도축장 사업자에게 판매한다. 만약에 양돈 농가들이 도축장 운영업자와 성돈 판매 조건을 향상시키기 위한 협상을 전담하는 협동조합을 설립한다면 이는 단체협상 모형 협동조합에 해당된다. 실제 단체협상 모형은 도축장의 독과점 횡포가 심한 지역에서 농가들이 단체로 대응하기 위해 강구했던 방안의 하나였다.

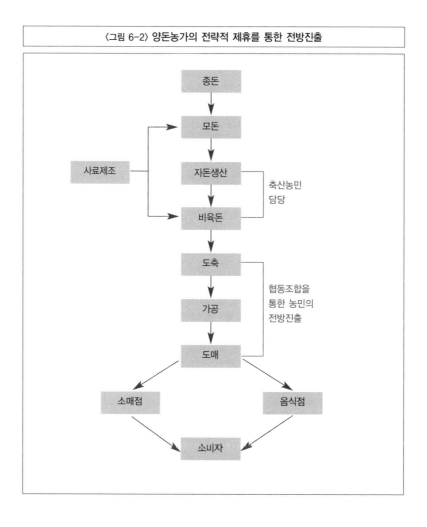

〈그림 6-2〉 양돈농가의 전략적 제휴를 통한 전방진출

전략적 제휴 모형 협동조합은 이러한 역할을 넘어서 도축장 및 가공 공장을 양돈농가들의 협동조합이 직접 운영하는 형태다. 즉, 돼지고기 식품 공급체인에서 양돈 농가들이 전방 단계로 진출하기 위해 전략적 제휴를 채택하는 것이다. 덴마크의 데니쉬 크라운Danish Crown, 우리나라의 도드람 양돈 농협 등 대부분의 양돈 농가들의 협동조합은 이렇게 도축 및 가공단계로 진출하고 있으며, 사료 공장도 운영하는 경우가 꽤 있다. 그렇다면 양돈농가들이 도축장이나 가공 공장을 운영하는 것이 경제적으로 효율적인가의 문제가 중요해진다. 많은 경제학자들은 양돈농가들이 주식회사가 독립적으로 운영하는 도축장과 거래하는 경우보다 협동조합이 소유한 도축장과 거래하는 경우에 더 효율적일 수 있다고 주장한다.

양돈 협동조합의 조합원이 양돈 조합에 공급하는 돼지의 품질 측면에서 살펴보자. 양돈 농가들은 사설 도축 기업과 거래에서보다 자신들의 조합에 돼지를 공급할 때, 돼지의 품질을 높이는 노력을 자발적으로 더 기울일 가능성이 크다. 왜냐하면 자신들의 추가 노력으로 향상된 돼지 품질이 그 양돈조합의 돼지고기 판매 수입의 증대에 기여하고, 그 결과로 조합이 추가로 번 돈은 조합원 자신들의 몫이라는 것을 알기 때문이다.

사설 도축 및 가공 기업 역시 출하 양돈 농가의 돼지 품질의 향상을 위해 등급별 차별 가격 제도 등 여러 가지 방법을 고안한다. 그러나 일반적인 농축산물이 다 그렇듯 돼지고기도 기술적으로 품질을 확인하기가 쉽지 않은 영역이 있다. 그리고 그 품질은 소비자에게 구매돼 섭취되는 마지막 순간에 확인된다. 따라서 이윤 추구 기업이 아무리 품질 측정 및 선별 비용measurement and sorting costs을 들인다 해도 품질을 높이는 데 한계가 있다. 반면 협동조합은 품질을 높이려는 양돈 농가의 자발성이 담보되기 때문에 많은 비용 없이도 높은 품질을 유지할 수 있다.

더 나아가 양돈 협동조합은 특정 소비자의 기호(예를 들면, 선호부위, 지방의 함유량, 마블링 정도, 색, 향 등)에 맞춘 돼지고기의 개발 및 생산에 발빠르게 대응할 수 있다는 장점도 가진다. 조합원과 자유로운 정보 공유와 소통을 통해 바람직한 품질 개발을 이루어낼 수 있으며, 조합원은 조합 운영에 대한 참여를 통해 조합의 시장 개발 활동 등에 대해 보다 많은 정보를 갖게 된다. 이윤 추구 기업과 거래하는 농가에 비해 시장을 더 잘 이해하고 능동적으로 대처할 수 있게 되는 것이다.

즉, 양돈협동조합의 소유자가 양돈협동조합에 생돈을 공급하는 농민들이기 때문에 공급자의 이해 동기와 농협의 이해 동기가 사기업과 거래하는 경우보다 잘 융화될 수 있다. 양돈협동조합에 있어 생돈 공급자는 소유자인 동시에, 그 기업의 경제활동으로 인해 발생한 잉여에 대한 청구권자이기 때문이다. 식품의 수직적 공급 체인의 각 단계에서의 사업자 사이의 협력이 매우 중요한 경쟁력이 되며, 시장에서 공급 체인의 경쟁력이 갈수록 중요해지고 있는 오늘날, 협동조합의 이러한 장점들은 매우 의미가 있다고 할 수 있다.

그러나 사업자협동조합으로서 농협이라는 조직 형태는 이러한 장점 못지 않은 약점도 안고 있다. 바로 무임 승차자의 문제다. 특히 '규모와 범위의 경제' 실현을 위해 조합의 크기가 커지게 되면 조합원의 조합에 대한 자발적인 기여 동기(예를 들어 품질 향상 동기)는 현저히 떨어진다. 자신의 품질 향상 노력으로 인한 조합 전체의 판매 수입의 증가와, 그 중에서 자신에게 돌아올 이익의 비중이 서로 인지하기 어려울 만큼 매우 작아질 때 이런 현상이 발생한다. 즉, 이러한 상황에 놓인 조합에서는 무임 승차 분위기가 팽배해진다. 물론 설립 초기 및 성장기 농협에서도 무임 승차자의 문제는 존재했다. 그러나 이 시기 무임 승차자의 문제는 매우 단순했다. 앞에서 서술한 조합과 조합원 간 이해 동기의 융화, 그리고 이용고 배당 제도가 결합되면 이 문제는 상당 부분 해소됐다.

조합 이용 실적에 따라 이윤을 배분하는 이용고 배당 제도는 보다 많은 조합원 가입을 유도하고, 기존 조합원의 조합 사업 이용률을 높이기 위한 제도다. 독과점 기업들에 대한 대항력을 키우기 위해서나 조합 판매 물품의 단위당 비용을 최소화하기 위해서는 조합원들이 일시적이고 차별적인 우대 조건 하에 다른 기업 제품을 이용하는 기회주의적 행위를 최소화 할 필요가 있기 때문이다.

농협의 시가주의market-based pricing 13)에 입각한 거래와 함께 이용고 배당은 조합에 대한 출자와 이용은 기피하면서 농협의 활동의 성과인 농자재 가격의 인하 또는 농산물 가격의 인상이라고 하는 열매는 향유하려고 하는 비조합원 농민의 무임 승차 행위를 차단하기 위한 제도였다. 이 같은 제도들은 조합의 사업이 상대적으로 단순하고 시장의 독과점적 성격이 농후했던 농업의 양적 성장의 단계에서는 무임 승차자의 문제 해결에 기여했다.

그러나 조합의 사업이 가공 및 소매 유통의 단계에서 자체 브랜드 제품을 개발하려고 할 때, 그리고 농업이 양적 성장의 단계에서 질적 성장의 단계로 전환된 시대에는 이러한 제도만으로는 한계가 있다. 왜냐하면 제품 개발을 위한 투자가 필요할 때 전통적인 농협의 제도, 즉 투자 규모와 상관없는 1인 1표의 의사 결정 제도와 이용고 배당 제도로는 조합원으로 하여금 더 많은 투자를 하도록 독려하기 어렵기 때문이다. 마찬가지로, 적은 투자를 한 조합원의 무임 승차 문제에 대한 해결책도 되지 못 한다.

또한, 소비자의 선호도와 기호가 빠르게 변화하는 시장에 대응하기 위해서는 농축산물의 '품질과 양에 대한 조합과 조합원의 협력 시스템'의 구축이 필요하다. 그리고 이에 어긋나는 무임 승차자의 행위를 최소화하는 제도를 다시 마련해야 한다. 품질 향상을 위한 조합원 인센티브 및 페널티 제도가 그 예다. 14) 이 제도는 주식회사가 거래 농민에게 적용하는 것

---

13) 농협이 농민들로부터 농산물을 구매할 때나 영농 자재를 농민들에게 판매할 때 시장 가격 수준에서 구매하거나 판매하는 원칙을 일컫는다.

과 별반 다르지 않으나 농협의 품질 측정에 대한 농민 조합원의 신뢰도가 주식회사에 대한 경우보다 높으므로 더 효과적으로 작동할 수 있다.

다음으로 조합원의 조합에 대한 저투자under-investment 및 조합의 비효율적 투자inefficient investment 경향도 소사업자협동조합을 괴롭히는 약점이다. 전통적인 농협에서는 조합원에 대한 잉여의 배분은 조합원의 투자액이 아닌 이용고에 따라 이루어진다. 이 원칙의 단점은 조합원들이 투자는 최소한으로 하고 이용고만 늘리려 하는 무임 승차자적 행위가 발생하게 된다는 점이다. 이 문제를 해결하기 위하여 서구와 미국의 많은 농협은 조합원 이용액에 비례해 투자액을 높이도록 하는 제도를 도입하고 있다.

조합원 가입이 자유로운 전통적인 농협에서 신규 조합원은 기존 조합원이 오랜 기간 동안 투자해 이룩한 노력의 성과물을 가입한 순간부터 기존 조합원과 동일한 이용고 배당 수혜를 통해 공유하게 된다. 이 같은 공개 조합원 제도, 그리고 출자 증권의 가격이 조합 자산의 가치를 반영하지 않고 고정되는 체계 하에서 기존 조합원들은 투자를 기피하게 된다. 자본의 외부 조달이 매우 한정되어 있는 전통적인 농협 모형에서 이와 같이 조합원의 저투자 경향이 나타나면 조합 규모의 효율성scale efficiency을 달성하는 것은 요원해진다. 따라서 전통적인 농협 모형에서는 신제품에 대한 연구 개발 및 브랜드 개발 등 무형 자산intangible assets에 대해 적극적으로 투자하는 것이 어렵다.

마지막으로 조합의 의사 결정 비용은 조합원의 경제적 관심이 이질화될 경우에 심각하게 높아지는데 이는 소사업자협동조합의 존속을 위협할 수 있다. 동일한 품목을 취급하는 판매 농협이라고 하더라도 조합원

---

14) 예를 들면, 농민 조합원이 출하한 돼지를 중량뿐만 아니라 품질 등급에 따라 더 높은 가격을 지불하거나 품질이 일관되지 않은 돼지를 출하할 경우에는 가격을 삭감하는 제도를 일컫는다.

간에 사업 규모가 현저히 다를 경우 조합의 사업 전략이나 공급 가격의 설정, 이익 배분, 혹은 손실 부담을 둘러싸고 의견 대립과 갈등이 발생할 가능성이 높다. 이 때 어느 한쪽 방향으로 결정을 하면 반대한 조합원의 조합 참여율에 부정적인 영향을 미친다. 조합의 사업 및 경영 방침이 조합원의 사업에 부정적, 혹은 덜 긍정적인 방향으로 작용할 수 있어 조합 사업 이용을 기피하기 때문이다. 그러므로 소사업자협동조합은 조합원 수를 늘려 규모의 경제를 추구하되 조합원 간에 이질성이 지나치게 확대 되지 않도록 주의를 기울일 필요가 있다. 이러한 점에서 사업자협동조합 은 소비자협동조합에 비해 조합원의 동질성이 더욱 중요한 협동조합이 라고 할 수 있다. 따라서 조합을 결성할 때 조합원의 사업장 규모가 유 사한지, 조합원의 사업에 대한 관심 분야가 유사한지 등을 더 세심하게 고려해야 한다.

오늘날 대부분의 서구 국가에서 농협들은 전통적 판매 농협의 조직 운 영 모형으로는 이상에서 설명한 여러 문제점들을 해결하기 어렵다고 판단 하고 있다. 그래서 비례형 조직 운영 모형으로 혁신하는 중이다(〈표 6-4〉 참 조). 이 모형은 이용고와 출자액을 비례시키는 제도를 도입해 자본 조달의 부족 문제를 해결하려고 한다. 또한 농가 조합원 이외에 제한된 숫자로나 마 비농가 투자 조합원을 참여시키는 제도를 두는 것이다. 그리고 조합원 과의 관계에 있어서도 과거 평등주의적 가격 정책보다는 형평에 맞는, 혹 은 차등적인 가격 정책을 두는 쪽을 택하고 있다. 협동조합의 경영 효율성 을 높이기 위한 방법으로는 조합원이 의무적으로 정해진 양과 품질의 원료 를 공급하도록 하는 공식적 계약을 맺는 경우도 있다. 이러한 점을 살펴 볼 때, 전략적 제휴 모형 협동조합의 경우 결국 협동조합이 수직적 공급 체 인의 각 단계에서 어느 정도까지 진출하며, 조합원과의 협력이 효과적으로 달성되는가의 여부에 따라 협동조합의 성공이 결정된다고 볼 수 있다.

최근 우리나라에서 설립이 확산되고 있는 수제화업체 협동조합, 의류봉

	전통적 판매농협	비례형 판매농협
지배 구조관계 (관리)	· 관리 주체는 조합원에 한정 · 1조합원 1투표 · 이사회 구성원은 조합원에 한정 · 기본적으로 조합원에 의한 의사 결정	· 조합원, 제한된 수의 투자 조합원, 제3자 · 이사회에 외부 전문가 혹은 외부 투자자 참여 허용 · 의사 결정, 경영자 통제, 경영 집행의 분리
금융관계 (소유)	· 소유자는 조합원에 한정 · 자유로운 가입과 탈퇴 · 최소한 금액의 신규 가입 출자금액 · 조합 성장에 필요한 자본은 내부 유보 혹은 조합원 적립금을 통해 조달 · 출자금에 대한 최소한의 이자지급 · 출자 증권의 비가격 및 비거래 · 출자금의 상환제도	· 조합원과 제한된 수의 비조합원 · 조합 이용고에 비례한 출자 납입의무 · 신규 조합원에 대한 상당한 금액의 출자 의무 등의 조건부 조합원가입제도 · 조합 성장에 필요한 자본은 내부유보와 기본 자본 계획을 통해 조달 · 출자 증권의 비가격 및 거래제도 · 출자금의 상환제도
거래관계 (이익)	· 비조합원 거래에 대한 제한 · 이용고에 기초한 잉여의 배분	· 평균적 혹은 평등한 가격 정책 · 조합원 농축산물의 무조건 수탁 혹은 조합원의 조합에 대한 공급량의 무제한적 허용 · 조합과 조합원 간의 공식적 공급 계약의 부재 · 조합 사업의 이해관계에 따라 비조합원 거래 도입 · 이용고 즉 출자 금액에 비례한 잉여의 배분 · 형평에 맞는 혹은 차등적 가격정책 · 조합원 농축산물의 조합 공급량에 대한 사전 결정 · 조합원 공급 축산물의 양과 품질요건을 규정한 공식적 계약의 도입

자료: Kyriakopoulos and Bekkum (1999) and Chaddad and Cook(2004).

제업체 협동조합들도 단순한 공동 행정 사무형 혹은 단체 협상형 협동조합 단계에 머물지 않고 공동판매에 적극 나서는 전략적 제휴 모형을 채택하고자 할 경우에는 고려해야 할 점들이 있다. 조합원의 품질 향상 및 균일성 제고 방안, 조합원을 통한 투자 자금의 조달 방안, 조합원 사이에 갈등을 최소화하면서 동시에 규모의 경제를 실현할 수 있는 조합 규모의 확대 방안 등이다. 이 방안을 어떻게 마련할 것인가가 협동조합의 성패를 가르는 핵심적인 과제가 될 것이다.

3) 협동조합형 프랜차이즈 모델

협동조합형 프랜차이즈 모델cooperative type of franchise model은 최종 소비자를 상대로 재화나 서비스를 판매하는 소상인, 음식사업자, 제과점주, 숙박업자, 운송업자 등이 도매 및 비즈니스 지원 기능을 담당하는 소위 프랜차이즈 본사franchisor를 공동으로 출자해 설립하고 소유하는 모델이다. 앞에서 설명한 유럽 소매상 협동조합 연합회에 소속된 소매상 협동조합, 프랑스의 1천 개 이상의 안경 판매상들이 가입된 협동조합인 Optic 2000, 벨기에의 605개 약국이 가입된 약국협동조합인 Multiphrma 등이 대표적인 협동조합형 프랜차이즈모델이다. 특히 식료품 소매상들의 협동조합은 매우 잘 발달돼 있는데, 유럽에서 슈퍼체인으로서 4위와 5위를 차지하는 그룹이 바로 독일의 소상인협동조합인 Rewe와 Edeke이다(〈표 6-5〉 참조).

협동조합형 프랜차이즈 모델은 기존의 프랜차이즈 모델과 역할 분담 면에서는 유사하지만 소유 관계 측면에서는 큰 차이가 있다. 기존에 잘 알려진 프랜차이즈는 한 기업의 성공적인 비즈니스 모델을 사용할 권리를 판매하는 행위라고 종종 정의된다. 프랜차이즈 본사는 가맹점이 본사의 브랜드를 이용하고 본사가 제공하는 재화를 유통하는 것을 허용하는 공급자다. 그 대가로 가맹점들은 공급자들에게 일정한 수수료를 지급한다.

즉, 프랜차이즈 사업이란 제품의 기획, 구매, 마케팅, 홍보 등의 기능을 소매점으로부터 분리시켜 중앙 본부로 집중하고 소매점은 중앙 본부로

<표 6-5> 유럽 소상인협동조합 현황 및 매출액 순위

유럽 내 순위	기업 명칭	모법인 소재국가	유럽내 매출액 (억 유로)	기업 형태
1	Carrefour	프랑스	628	공개주식회사
2	Metro	독일	553	공개주식회사
3	Tesco	영국	457	공개주식회사
4	Rewe	독일	408	소상인협동조합
5	Edeke	독일	329	소상인협동조합
6	Lidl & Schwarz	독일	326	개인회사
7	Intermarché	프랑스	320	소상인협동조합
10	Leclerc	프랑스	241	소상인협동조합
18	El Corte	스위스	132	소상인협동조합
20	Syséteme U	프랑스	121	소상인협동조합

출처: ACNielson, The Retail Pocket Book, 2006 Edition(World Advertising Research Centre Ltd)

부터 전문적 서비스를 제공받아서 소비자에게 재화나 서비스를 공급하는 형태의 사업이다. 이렇게 중앙 본부와 소매점 간의 역할 분담이 이루어질 경우 개별 분산적으로 운영되는 소매 점포에 비해 효율성이 높아지게 된다. 이러한 역할 분담을 담당하는 중앙 본부와 소매점을 동일한 기업이 운영할 수도 있고, 독립적 소유이지만 독특한 거래 계약 방식으로 운영할 수도 있다. 프랜차이즈 모델은 후자인데, 미국과 한국을 비롯한 많은 나라에서 이러한 프랜차이즈 모델이 발전한 이유는 동일한 기업이 소매 점포를 직접 소유하여 매니저를 고용할 경우에 비해 가맹점들이 독립적으로 운영될 경우 매출액이 높기 때문이다. 점포 소유자가 자신의 점포 비즈니스로부터 발생하는 잉여의 수취권자인 관계로, 점포 매니저에 비해 현지 고객의 선호 등에 대한 암묵적 정보를 수집해 영업 및 제품 개발에 응용하려 하는 동기가 강해져 매출에 긍정적인 영향을 미치는 것이다.

이처럼 소매 점포, 음식업, 숙박업 등에서는 소 소유자적 경영의 장점이 있기 때문에 선진국의 많은 나라에서 이 분야에 자영업 및 소기업이 적지 않은 비중을 차지하고 있다. 그러나 제조업과의 생산성 격차의 문제를 해소하기 위해 규모의 경제를 실현하고 기술을 적극적으로 도입할 필요가 있는데, 이를 실현할 수 있는 소 소유자적 경영 점포들 사이의 관계가 바로 프랜차이즈 모델이다.

그런데 일반적인 프랜차이즈 사업에서는 가맹 본부가 프랜차이즈 모델을 주도하기 때문에 가맹점들은 계약상 불리한 위치에 놓이게 된다. 이에 따라 많은 나라에서 프랜차이즈업에 대한 규제를 실시하고 있다. 우리나라에서도 가맹 본부와 가맹점 간의 갈등이 적지 않으며, 가맹 본부가 로얄티 수입보다는 원재료에 대한 독점적 공급으로 수익을 올리려고 하는 기형적 구조로 인해 대부분의 프랜차이즈가 상생 관계로 발전하지 못하고 있다.

협동조합형 프랜차이즈 모델은 가맹 본부가 주도하는 것이 아니라 소매 점포들이 주도하는 것이다. 소매 점포들이 출자해 가맹 본부 역할을 할 협동조합을 설립하고, 이 협동조합이 조합원 사업장을 위해 제품 기획, 구매, 마케팅, 홍보, 인력 훈련 등의 기능을 집중해서 담당하도록 것이다. 그러므로 협동조합형 프랜차이즈 모델에서는 중앙 본부 기능을 담당하는 협동조합의 주인이 조합원 사업주들이기 때문에 가맹 본부의 횡포가 발생할 가능성이 희박하다. 반면 조합원 사업주들의 기회주의적 행동이 문제가 될 가능성이 높다. 왜냐하면 협동조합 즉, 가맹 본부의 주인이 조합원 사업주들이기 때문에 협동조합 가맹 본부의 통제를 잘 따르지 않아도 효과적인 제제를 하기 어렵기 때문이다. 협동조합 프랜차이즈 모델이 성공하기 위해서는 모든 조합원 사업장이 공유하는 공동 브랜드를 개발해서 사용하도록 하고, 제품 및 서비스의 품질을 관리해 전체 브랜드의 가치를 높이는 방향으로 사업을 전개할 필요가 있다. 조합원 사업장들은 이에 적극적으로 협력하고 실천해야 하는데, 만약 일부 조합원 사업장이 낮은 품질의 제품이나 서비스를 공급할 경우에 일시적인 이익은 가져갈 수 있겠지만 장기적으로는 공동 브랜드를 사용하는 모든 조합원 사업장에 손실이 초래된다. 그러므로 협동조합형 프랜차이즈 모델의 성공을 위해서는 조합원 사업장들의 기회주의적 행동을 막는 규칙 및 문화의 형성이 매우 중요하다.

마지막으로, 소매 점포들이 설립한 협동조합 중에서 공동 브랜드를 사용하지 않고 재료의 공동구매 사업이나 물류망만 공동으로 이용하는 협동조합이 있다. 이는 앞에서 설명한 단순 단체 협상 모델이나 공동 행정 사무 모델과 협동조합 프랜차이즈 모델의 중간 지대에 해당한다. 미국의 건축자재 소매상들의 공동구매 협동조합인 AMARK Cooperative나 제과점들의 원재료 공동구매 협동조합인 Valley Bakers Cooperative Association이 대표적이다.

4
소사업자협동조합의 발전 전략

앞에서 설명한 것처럼 소사업자협동조합은 소사업자들이 수직적 공급 체인 혹은 가치 체인 구조의 어느 단계에 놓여 있는가에 따라 전략적 제휴 모형과 프랜차이즈 모형으로 나뉜다. 소사업자들의 결속력이 낮으면 협동조합도 단순 행성 사무 혹은 구매 사업을 수행하는 정도에 머무르게 되므로, 결국 소사업자협동조합 사업의 수준은 조합원 숫자와 결의 수준에 달려 있다. 조합원의 결의 수준은 객관적으로 소경영의 장점이 잘 발휘되고 대규모화가 용이하지 않은 분야에서 높아질 수 있다. 또한 소사업자들이 협력을 통해 수직적 공급 체인의 전방 혹은 후방에 진출할 때 협동 이익의 창출 가능성이 커지는 분야에서는 조합원의 참여 가능성도 높아진다.

그렇다면 사업자협동조합의 발전 가능성이 높은 분야에서 협동조합을 어떻게 발전시킬 것인가? 소사업자협동조합의 사업은 조합원 사업체와 연결돼 있고, 소사업자협동조합이 창출할 수 있는 협동의 이익은 자본 조성 및 사업에 대한 조합원의 참여 수준에 크게 의존한다. 반면 조합원의 입장에서는 기존의 거래처보다 설립되는 협동조합이 재화 및 서비스를 보다 유리한 조건에 효과적이고 효율적으로 제공할 것이라고 기대하면 조합에 참여할 것이다.

협동조합이 잠재적 조합원의 기대를 충족시키기 위해서는 이중의 효율성을 달성해야 한다. 첫째, 사업은 동일한 업종의 비협동조합형 사업체와 동등하게 효율적이어야 하고 규모 및 범위의 경제를 달성해야 한다. 둘째, 조합원과의 관계에 있어서도 효율성을 달성해야 한다. 즉, 조합원이 조합의 의사 결정에 효율적으로 참여할 수 있어야 하고, 무임 승차자 문제가 적절히 통제된다고 느낄 수 있어야 한다. 소비자협동조합에 비해 소사업자협동조합에서의 조합원의 참여 수준은 무임 승차자 문제의 통제와 효율적인 의사 결정 방식, 그리고 조합 사업의 효율성 수준 등에 크게 의존한다.

그렇다면 누가 협동조합 설립 초기에 이러한 신뢰 관계를 구축하고 조합의 조직·사업·경영 시스템을 구축할 것인가가 소사업자협동조합 발전의 핵심 과제라고 할 수 있다. 주식회사의 경우에는 창업자들이 사업 아이디어를 개발하고 이를 실현하기까지 투하된 노력이 성공하게 되면 주식 공개라고 하는 주식시장 메카니즘을 통해 사후에 금전적으로 보상이 이뤄진다. 협동조합에는 이러한 메카니즘이 존재하지 않기 때문에 협동조합 창업가cooperative entrepreneur가 출현하기가 상대적으로 어렵다. 많은 소기업가들이 협동을 통해 보다 나은 이익을 창출할 수 있다는 점을 알고서도 이러한 협동조합 창업가의 부족 탓에 구상을 현실로 만들지 못하는 경우가 적지 않다. 대부분의 소 기업가들은 자신의 경영체를 운영하는데 몰두해 있고, 협동조합을 통한 공동의 이익 창출을 위해 별도의 시간과 노력을 투하하기를 꺼린다. 이러한 딜레마를 해결하기 위해서는 소 기업가들끼리 서로의 의지를 북돋고 소통할 수 있는 소모임 활동을 만들고 참여하는 것이 필수적이다.

이러한 소모임 활동을 통해 초기 참여자들은 공식적인 협동조합 비즈니스 계획을 수립하고 자본 조달 방법을 강구할 수 있다. 여기에 정부가 협동조합 비즈니스 플랜의 타당성을 분석해주는 서비스를 제공하고, 조합원이 필요한 출자금을 대출해주는 등 협동조합 생태계를 구축해주면 협동조합은 보다 원활하게 설립될 수 있다. 또한 협동조합의 설립을 통한 협동의 이익 창출 방안 및 발전 전략에 대한 소사업자들의 이해를 높이는 교육을 통해 협동조합의 리더를 양성하는 프로그램을 구축하면 소사업자협동조합의 설립 시도가 보다 많이 이루어질 수 있을 것이다.

그리고 설립된 협동조합이 경영적으로 성장하기 위해서는 전문가에 의한 경영이 필수적이다. 그런데 경영전문가에 대한 보수를 지급하기 위해서는 참여 조합원 수가 많아야 하는데 이러한 간극을 해결하기 위한 초기 지원이 이루어지게 되면 소사업자협동조합이 초기 신뢰 위기를 극복할 가능성이 높다.

<표 6-6> 소사업자협동조합 비즈니스의 성공에 영향을 미치는 요인

객관적 조건 (협동조합에 대한 수요)	소사업자의 종사 분야가 기술적으로 자동화하기 어렵고, 조직적으로 대규모화하기가 용이하지 않은 분야로서 소경영의 장점이 발휘되는 분야
	소사업자들의 협력을 통하여 수직적 공급 사슬의 전방 혹은 후방 진출에 의한 협동 이익 창출 가능성이 큰 분야
주체적 역량 (협동조합의 약점을 보완하는 제도 및 조직전략)	가치 창출적이고 효율적인 비즈니스 모델의 구축
	개별 협동조합의 제도 설계: 조합원의 동질성이 중요, 무임 승차자 문제 해결에 기여하는 인센티브 제도의 도입이 중요
	동종 및 이종 협동조합 간 네트워크 전략
	정부 및 지자체에 의한 협동조합 리더 양성 시스템, 협동조합 경영 교육 프로그램 제공, 협동조합 사업 타당성 분석 서비스 제공, 금융 지원 시스템 구축
	협동과 연대를 촉진하는 문화와 사회적 자본의 수준

덴마크의 데니쉬 크라운(양돈 농가들의 협동조합) : 전략적 제휴모델

데니쉬 크라운Danish Crown은 덴마크의 대표적인 양돈 협동조합이며, 유럽에서 가장 규모가 큰 육가공 회사다.[15] 덴마크에서는 19세기 후반 농업 협동조합이 크게 발전했는데, 특히 양돈과 낙농 부문에서 협동조합이 잘 발달됐다. 대부분의 도축장과 육가공 공장은 농민들이 출자한 협동조합에 의해 운영돼 왔다. 1887년 500명의 농가들로 처음으로 양돈협동조합이 설립된 후, 대부분의 지역에서 협동조합이 설립됐으나 규모의 경제를 추구하면서 합병이 이뤄져 현재는 단 두 개의 양돈협동조합만 남아 있다. 그 중 하나인 데니쉬 크라운에는 약 3천여 양돈 농가들이 가입돼 있으며, 이들이 생산한 돼지는 덴마크 전체 생산량의 약 76%를 차지한다. 또한 데니쉬 크라운은 소를 도축하고 가공하는 사업도 하고 있는데, 이는 농협이 범위의 경제를 실현하고자 비육우 농가와 양사육 농가를 조합원으로 받아들인 결과다. 2013년 기준으로 데니쉬 크라운에는 약 8,500명의 조합원이 가입돼 있고, 23개의 도축장 및 가공 공장을 운영하고 있으며, 육류 수출회사 등 7개의 자회사를 운영 중이다. 직원 수는 총 2만 2천명이며 연간 매출액은 약 78억 유로에 달한다.

데니쉬 크라운은 축산 농가들이 육류 제품의 수직적 공급체인의 전방

---

15) http://www.danishcrown.com, Annual Report of Danish Crown 2012/2013 참조하였음.

으로 진출하기 위해 설립한 전형적인 전략적 제휴 모형 협동조합이다. 설립 초기에 조합원들은 도축장 건립 자금 조달을 위해 조합원 모두가 은행으로부터 장기 대출을 받았으며, 이를 위해 자신들의 농장을 연대해 담보로 제공했다. 이 담보 제공 행위는 조합원의 기회주의적 행동을 방지하고 조합원이 강력하게 결속bond하는 중요한 요인이 됐다. 즉, 양돈농가 조합원들이 자신의 단기적 이익을 위해 조합의 도축장 이용을 기피하고 경쟁기업의 도축장을 이용할 경우에는 조합이 손실을 입고, 결과적으로 담보로 제공된 자신의 농장도 위험해지는 구조였던 것이다.

이렇게 강력한 결속을 바탕으로 덴마크의 양돈협동조합은 지속적으로 발전했다. 우리나라 연간 돼지 생산량의 약 두 배를 생산하는 덴마크는 높은 인건비, 매우 까다로운 환경 규제, 수입 사료 사용으로 인한 높은 사료 단가 등으로 인하여 투입 요소 가격 경쟁력이 매우 낮음에도 불구하고 전체 생산량의 80% 이상을 유럽과 일본 등 해외로 수출하고 있다. 많은 전문가들은 그 같은 수출 경쟁력의 비결을 높은 생산성 혹은 돼지고기 식품 공급 체인의 경쟁력에서 찾고 있다. 그 경쟁력의 비결은 세계의 다양한 돼지고기 소비자의 입맛 혹은 선호에 대한 정보를 적확하게 파악하는 정보망과 이러한 정보를 양돈 농가 조합원의 돼지 사육 방식에 신속히 반영시키는 구조, 그리고 이를 기술적으로 뒷받침할 수 있는 각종 연구소 및 기술 개발 센터의 운영 등에 있는 것으로 분석된다.

데니쉬 크라운은 조합원이 돼지를 도축장으로 출하할 때 사전에 정한 품질 기준에 따라 철저히 보상하거나 삭감하는 방식으로 돼지 가격을 지급하는 등 조합원의 돼지 품질 향상 노력을 유도하는 제도를 시행한다. 또한 당기 순이익의 90%를 조합원에게 이용고 배당으로 배분하는데, 출하 돼지 무게의 킬로그램(kg) 단위로 환산해 지급한다. 조합원들은 자신의 농장 수익이 데니쉬 크라운으로부터의 이용고 배당에 따라 달라지기 때문에 협동조합의 사업에 깊은 관심을 갖고 참여한다.

데니쉬 크라운은 협동조합 조직과 사업을 분리, 사업은 주식회사로 위임해 운영하고 있다. 협동조합 조직Danish Crown AmbA은 지역별 농민 대표 90명을 선출해 데니쉬 크라운이라고 하는 조직의 방향을 설정하고 성과를 평가한다. 또한 12명의 이사회를 구성해 사업을 담당하는 100% 출자 자회사Danish Crown A/S의 경영을 감독한다. 12명 중 10명은 농민 대표로 선출되고 2명은 직원 대표 혹은 외부 이사로 채워지고 있다. 자회사의 이사회는 협동조합 조직의 일부 이사와 자회사의 경영 전문가들로 구성된다. 그리고 이 자회사는 필요에 따라서 100% 출자 손자회사 혹은 다른 주식회사와 합작으로 투자한 회사를 운영하기도 한다.

사례
⟨ 2 ⟩

이탈리아 CONAD(슈퍼마켓 협동조합) : 프랜차이즈 모델

이탈리아의 코나드CONAD는 1962년 소상인들이 도매업자의 속박으로부터 벗어나고자 설립한 도매협동조합이다. 현재에는 3천여 슈퍼마켓 주인이 가입한 협동조합으로서 이탈리아 전체 식료품 시장의 12%를 차지하고 있다.[16] 8개 지역협동조합이 2,828명의 슈퍼마켓 주인들을 조합원으로 운영되고 있으며, 이 조합들이 전국 조직을 결성하고 있다. 조합과 전

---

16) Ravensburg, 2011.

국연합회는 조합원들이 운영하는 슈퍼마켓의 발전에 기여한다. 조합의 역할은 조합원 사업장의 행정적, 상업적, 물류적, 금융적 서비스를 지원하며, 전국연합회는 조합원 소유 슈퍼마켓에서 판매할 상품의 구매를 담당하고, 자체 상품의 개발 및 생산, 홍보 및 마케팅 역할을 수행한다. 전국연합회에는 약 175명의 직원이 종사하고 있다. 또한 슈퍼마켓 주인들은 슈퍼마켓 협동조합을 대외적으로 대표하여 정부 및 기타 조직에서 자신들의 이익을 대변하기 위하여 ANCD라고 하는 별도의 비사업조직을 만들어 운영하고 있다.

코나드 소속의 슈퍼마켓은 약 3천 개에 달하며 매출액 총액은 약 110억 유로에 이른다. 슈퍼마켓과 협동조합에 종사하는 직원은 4만 6천명이다. 2012년 기준 이탈리아의 식료품 시장에서 코나드가 차지하는 비중이 11.3%이고 소협인 코프 이탈리아는 15.3%를 차지한다. 이 두 협동조합이 전체 식료품 시장의 약 27%를 차지하는 셈이다. 그리고 나머지는 여러 슈퍼 체인들이 각각 10% 이하의 점유율을 차지하고 있어서 코나드와 코프 이탈리아가 사실상 식료품 유통 분야의 마켓 리더라고 할 수 있다. 이 두 협동조합은 모두 레가협동조합연맹 소속의 협동조합이다. 코나드는 특히 슈퍼마켓과 셀프서비스 매장에서 시장 점유율이 상대적으로 높은 편이고 소협인 코프 이탈리아는 하이퍼마켓과 슈퍼마켓에서 시장 점유율이 높다.

코나드는 1978년 자체 브랜드 상품을 개발해 온 이래 자체 브랜드 상품의 개발과 이러한 제품의 중앙 집중적인 물류 체계 구축에 노력해오고 있다. 1990년대부터 코나드라고 하는 동일한 로고를 전 조합원 매장이 사용했다. 동일한 매장 브랜드와 자체 브랜드 상품의 개발을 통해 품질을 관리하는 한편, 매장 관리 시스템도 향상시키고 있다. 또한 코나드 전국연합회는 모든 조합원 슈퍼마켓을 대신하여 광고 및 홍보 활동을 전개한다. 코나드는 세계화 및 유럽연합의 통합에 따른 시장의 확장에 대응하기 위해 독일의 소매상협동조합인 Rewe, 프랑스 소매상협동조합 E. Leclerc, 스위스 소비자협동조합 Coop Suisse, 벨기에 개인회사 Colruyt 등과 공동으로 회사Coopernic를 설립했다. 상품의 공동구매, 슈퍼체인의 경영 개선 등을 공동으로 도모하려는 것이다. 그리고 코나드의 조합원이 지역의 주민이기 때문에 지역 주민이 이용해 발생한 수익은 지역에 재투자되고 있으며, 지역 사회의 발전을 위한 다양한 활동을 전개하고 있다.

1. 단체협상 모형 혹은 공동행정사무 모형

· 일본 도쿄 센가와상점가협동조합(仙川商店街協同組合)
　조합원 수 211개 업체

· 미국 Restaurant Service Incorporated
　버거킹 본사와 가맹점이 조합원으로 가입된 원재료 구매대행협동조합.
　1991년에 설립되어 2013년에 약 30억 달러의 원재료를 구매 대행하고 있음.

· 콜롬비아 TUCURA LTDA(COOTRANSTUR)
　콜롬비아 트럭, 버스, 밴 등 소유 운수업자들의 코디네이터로서의 협동조합.
　설립연도 1976년, 조합원수 109명

· 일본화물운송협동조합연합회

2. 중간적 위상

· 호주와 뉴질랜드 Capricorn Society
　소규모 자동차 정비업체들의 협동조합(부품 공동구매 사업 등)
　설립연도 1975년, 조합원 1만 5천명

· 미국, 캐나다 Cooperative Coffees
　1997년 미국과 캐나다 지역 27개 커피 로스터들이 협동조합을 결성해 공정 무역 방식으로 원두
　커피를 공동구매

· 미국 Valley Bakers Cooperative Association
　위스콘신주와 미시간주 제과점 주인들이 원재료의 공동 구입 및 반 가공을 위하여 1949년에 설립
　한 협동조합

3. 전략적 제휴 모형

· 뉴질랜드 Fonterra
　세계적으로 가장 혁신적이고 경쟁력이 강한 뉴질랜드 낙농가들의 유가공협동조합. 1871년에 설립된
　여러 낙농 협동조합들이 모두 합병해 2001년에 설립. 조합원 수 1만 600명, 직원 수 1만 7천명

· Ghana, Kumasi, Kuapa Kokoo Cooperative

영국의 Oxfarm 등으로부터 도움을 받아 설립된 가나의 코코아 농민들의 협동조합. 영국의 Divine
Chocolate 등과 공정무역을 통해 코코아를 판매하는 코코아 생산자들의 협동조합. 가나 코코아
생산량의 10%를 취급하고 Divine Chocolate 회사 주식의 45%를 보유하고 있음. 설립연도 1993
년, 조합원 6만 5천명

· 도드람양돈협동조합

1993년 경기도 이천 지역 양돈 농가 13명이 시작해 최초 800명의 조합원과 500여명의 직원을
보유한 도축 및 돈육가공협동조합

· 캐나다 Nunavut and Northwest 지역 Arctic Cooperatives Limited

캐나다 원주민 지역에 공예품 생산자들의 제품 공동판매 및 생활재의 공동구매를 담당하는 협동조
합, 31개 지역협동조합들의 연합회가 결성되어 있음.
설립연도 1959년, 직원 수 900명

4. 협동조합적 프랜차이즈 모델

· 독일 ReWe Group(Zentral-AktiengesellschaFU)

1927년 독일에서 소매점포 주인들이 설립한 도매협동조합. 이 협동조합의 사업장과 조합원 매장에
서 일하는 직원 수는 약 33만여 명

· 프랑스 E. Leclerc(S.C. Galec)

1949년 프랑스에서 소매점포 주인들이 설립한 도매협동조합. 이 협동조합의 사업장과 조합원 매장
에서 일하는 직원 수는 약 9만 5천여 명

· 미국 Associated Wholesale Grocers

1924년 미국 캔사스시티에서 시작해 현재 24개 주 소규모 슈퍼마켓 주인들의 도매협동조합. 2,400
여 개의 조합원 스토아에 연간 약 72억 달러의 상품을 공급하고 있음

· 벨기에 약국협동조합 Multiphrma

벨기에 605개 약국의 주인들이 결성한 의약품도매협동조합. 1921년부터 설립된 15개의 약국협동조
합이 연합회(OPHACO)를 결성하고 있으며, 여기에 종사하는 직원은 약 3천명

· 프랑스, Optic 2000

안경 판매상들이 1962년에 설립한 안경재료공동구매협동조합, 현재 1천여 개의 안경 판매상들이
조합원으로 가입되어 있음

· 프랑스, ASTRE(Association de Transporteur Europeens)

1992년에 프랑스 18개 중소화물운송사업자들이 시작해 현재 23개국 150개 중소화물운송사업자 조합원, 연간 매출액 20억 유로의 종합물류회사로 발전한 화물운송사업자들의 협동조합

제7장

노동자협동조합의
개념, 조직화 전략, 사례

1
노동자협동조합의 본질과 목적

노협은 노동자가 소유하는 기업이다. 여기서의 노동의 의미는 개별화된 자영업자의 노동도 아니고 전통적인 임금 노동도 아닌, 노동과 경영이 결합적으로 수행되는 것이다.[1] 그런 점에서 노협은 다른 유형의 협동조합과도 구분되는 독특한 특성을 지니고 있다. 즉, 노동자가 그 기업의 소유자인 기업은 자본의 제공자가 주인인 주식회사나 이용자가 주인인 생산자협동조합 및 소비자협동조합과 큰 차이를 가진다. 자본이 노동을 고용하는 것이 아니라 노동이 자본을 고용하는 형태이기 때문이다. 노동자가 기업을 소유하게 되면 통제권과 수익권의 두 가지 측면에서 다른 기업 소유 형태와 차이가 발생한다.

우선 노동자가 기업의 주인인 노동자협동조합에서는 일하는 사람이 1인 1표의 의사 결정권을 행사해 기업 민주주의가 실현될 수 있다. 근대에 들어와서 국가 영역에서는 정치적 민주주의가 실현돼 왔지만 기업은 위계hierarchy적 의사 결정 구조를 유지해왔다. 즉, 의사 결정권자와 명령을 받아서 일하는 사람이 구분돼 있는 것이다. 이 점은 사업자협동조합이나 소비자협동조합도 별반 다르지 않다. 노협은 바로 이 구조에 도전해왔다. 기업의 중요한 의사 결정에 노동자들이 참여하는 구조를 견지해 온

---

1) CICOPA, 2004.

것이다. 노동자 조합원들은 총회에서 이사와 감사를 선임하고 조합원으로부터 위임된 이사들이 경영 책임자를 선임한다. 또한 노동자 조합원들은 노협 기업에서 직무의 배분, 급여 및 임원 보수, 잉여의 처분 등 중요한 의사 결정에 참여한다.

둘째, 노동자가 기업의 소유자가 된다는 것은 근로 계약을 체결해 노동을 제공하고 확정된 임금을 받음과 동시에 잉여가 발생할 경우에는 잉여금을 배분 받을 권리를 행사한다는 뜻이다. 마찬가지로 손실이 발생할 경우에는 출자 지분에 대해 책임을 지는 의무를 가진다.

이러한 소유권 측면에서 볼 때, 노동자 조합원은 노동자임과 동시에 자본가로서의 이중적 지위를 지니게 된다. 주식회사의 경우에는 노동자와 자본가가 인격적으로 분리돼 있으나 노협에서는 노동자와 자본가가 인격적으로 결합돼 있다. 노동과 자본의 대립이 사라졌다기보다는 노동자라는 한 몸에 양 측면이 체화됐다고 할 수 있다.[2] 그러므로 노동자 한 사람 한 사람의 노협에 대한 생각과 판단, 노동자 조합원의 구성, 노동자 조합원의 세대 간 변화 등이 노협 기업의 목적과 지속 가능성에 크게 영향을 미친다.

그렇다면 이러한 독특한 특징을 지닌 노협은 어떠한 목적을 달성하기 위해 설립된 것일까? 국제노동자협동조합연맹CICOPA은 다음과 같이 노협의 목적을 명시하고 있다.

"노동자협동조합은 첫째, 지속 가능한 일자리를 만들고 유지하는 것, 둘째, 조합원의 삶의 질을 향상시키기 위해 부를 생산하는 것, 셋째, 인간 노동을 품위 있게 하고 노동자들의 민주적인 자주 경영self-management을 가능하게 하는 것, 마

---

2) 이러한 노협은 종업원소유회사(employee-owned company)와 매우 유사하다. 그러나 대부분의 종업원소유회사에서는 종업원들이 수익권은 보유하고 있으나 의사 결정권은 행사하지 않는 경우가 많고 1주 1표가 관철된다는 점에서 차이가 있다. 미국에서는 1976년에 ESOP(employee stock ownership plan) 종업원 소유회사가 도입됨에 따라 법률, 회계, 투자은행, 컨설팅, 광고, 건축, 의료, 엔지니어링 등 전문적 서비스 산업에서 많이 도입됐다.

지막으로 지역 사회의 발전을 도모하는 것 등을 목적으로 한다."(CICOPA, 2004)

실제로 노협은 경제 위기 시에 일자리를 공유하는 방식으로 고통을 분담해 실업 문제에 효과적으로 기여하는 것으로 알려지고 있다. 비정규직 비율을 최대한 억제하고, 직무 및 직책에 따른 임금 격차를 지나치게 크게 벌리지 않음으로써 소득 격차 완화에 기여하고 있는 것으로도 평가된다.[3] 또한 노협은 의사 결정 과정 참여를 통해 일하는 사람들의 자기 결정 능력, 동료와 협력해서 일하는 능력, 동료애 및 타인에 대한 신뢰를 제고할 수 있는 등 구조적 장점을 지닌다.

그리고 노협은 노동자들에 의해 관리되고 그 성과가 일하는 사람들에게 분배되기 때문에 자본주의적 기업과 비교했을 때 노동자들이 더 열심히 일하고, 더 절약하며, 더 적은 관리 감독을 받을 가능성이 크다. 또한 조합이 어려운 시기에 노협은 조합원들이 일시적인 임금 감축이나 노동 시간의 단축을 상대적으로 쉽게 받아들이기 때문에 동종의 자본주의적 기업에 비해 어려운 시기를 잘 넘길 수 있으며, 더 나아가 자본과 노동의 대립 관계가 대폭 완화될 수 있는 장점이 있다.[4]

"협동적 노동자 소유에 대한 선언(World Declaration on Worker Cooperatives)", (CICOPA: International Organization of Industrial, Artisanal and Service Producers' Cooperatives,[5] 집행위원회, 2004년 2월 17일)

이 선언은 인류가 세 가지 기본적인 형태를 가지고 노동 활동을 수행하고 있다고 규정한다. 1) 자신의 능력과 자기 조절에 기반하는 독립적인 자가 고용, 2) 고용주에게 지속적으

....

3) Roelants 외, 2012.
4) Bonin 외, 1993.
5) 국제협동조합연맹의 중요한 부문별 조직인 국제 산업·장인·서비스 생산자의 협동조합연맹(CI-COPA)에는 1947년 설립 이후 최근에 여러 나라의 연합회 가입이 증가해 31개국 46개 연합회가 가입돼 있다.

로 종속되는 임금 노동, 3) 노동자 소유라고 불리는 것으로 개별화된 노동도 아니고 전통적인 임금 노동도 아니면서, 노동과 경영이 결합적으로 수행되는 것을 말한다.

(1) 노동자협동조합의 기본적 성격

첫째, 노협은 지속 가능한 일자리를 만들고 유지하는 것, 조합원의 삶의 질을 향상시키기 위해 부를 생산하는 것, 인간노동을 품위 있게 하는 것, 노동자들의 민주적인 자가 경영(self-management)을 가능하게 하고 지역 사회의 발전을 도모하는 것 등을 목적으로 한다.

둘째, 개인의 노동과 경제적 자원을 가지고 참여하는데 있어서 조합원들의 자유롭고 자발적인 가입과 탈퇴의 원칙은 작업장이 존재해야 실현될 수 있다.

셋째, 일반적인 규칙으로, 노동은 조합원들에 의해 수행돼야 한다. 이는 해당 노협 기업에서 노동자들의 대다수가 조합원이어야 함을 의미한다.

넷째, 노동자 조합원과 그들의 협동조합과의 관계는 전통적인 임금 노동이나 자영업 노동과 달라야 한다.

다섯째, 노협의 내부 규정은 노동자 조합원들에 의해서 민주적으로 동의되고 받아들여지는 체제에 의해 공식적으로 결정된 것이어야 한다.

여섯째, 노동자협동조합은 노동 관계와 경영, 그리고 생산 수단의 사용 및 관리에 있어서 국가 및 제3자로부터 자율적이고 독립적이어야 한다.

(2) 노동자협동조합의 내적 운영 원칙

첫째, 노협은 조합원들의 노동을 보상함에 있어서 조합원들의 직무 수행에 요구되는 기능·책임·복잡성·특정성, 조합원들의 생산성, 그리고 기업의 경제적 능력 등을 고려함과 동시에 최고 보상액과 최저 보상액의 차이를 줄이기 위해 노력하는 등 형평성의 원칙을 견지해야 한다.

둘째, 노협은 자본의 증가와 불분할 내부 유보금 및 기금의 적절한 증가를 위해 노력해야 한다.

셋째, 노협은 적절한 기능적 조직적 환경을 달성하기 위한 물리적 기술적 시설을 갖춘 작업장을 제공하도록 노력해야 한다.

넷째, 노동자 조합원에게 적절한 복지, 사회적 안전망, 산재 시스템을 제공하고, 모성 보호, 육아, 미성년 노동 영역에서의 보호 기준을 준수해야 한다.

다섯째, 조직의 결정 과정과 경영 과정의 모든 단계에서 민주주의를 실천해야 한다.

여섯째, 해당 직업에 관한 전문적 지식을 향상시키고 노협 모델의 발전을 담보하며, 혁신과 좋은 경영을 촉진하기 위해 조합원들에게 교육, 훈련, 정보제공이 이뤄져야 한다.

일곱째, 가족의 삶의 조건 향상과 지역 사회의 지속 가능한 발전을 위해 기여해야 한다.

여덟째, 노협이 임금노동자들의 노동 조건을 보다 유연하거나 일시적으로 만들려고 하는 수단으로 악용되는 시도에 대해 투쟁해야 한다.

(이하 생략)

2
노동자협동조합의 세계적 현황

이상에서 설명한 바와 같이 노협이 여러 가지 장점을 가진다면 많은 나라에서 널리 발전했어야 한다. 그러나 노협은 농협, 신협, 소협과는 달리 운수업 분야를 제외하면 2차 세계대전까지는 프랑스와 이탈리아의 일부 지역에서 소규모로 존재했을 뿐이다.[6] 1950년대 후반 이후에는 스페인 몬드라곤 지역에서 제조 및 건설, 유통 등 다양한 분야의 대규모 노협이 발전하기 시작했는데, 이는 매우 예외적인 사례다.[7] 그리고 이탈리아에서 1970년대 이후 서비스 분야에서 노협이 비약적으로 발전하고, 기존의 제조 분야에서의 노협도 규모가 대폭적으로 확대됐다. 프랑스에서는 1990년대 이후 과학 및 기술 분야를 중심으로 노협이 크게 증가하기 시작했다. 이를 좀 더 자세히 살펴보면 다음과 같다.

이탈리아에서는 2010년 말 기준으로 제조업과 서비스업 분야에서 총 1만 1,225개의 노협이 운영되고 있으며, 여기에 44만 8,593명의 노동자가 고용돼 있다.[8] 예를 들어, SACMI라고 하는 노협은 1919년 설립된 조합으로서, 세라믹 타일 등을 위한 기계를 제조하는 이탈리아의 대표적 기업이다. 2013년 총 4천여 명을 고용한 것으로 기록돼 있으며, 연간 12억 유로의 매출을 올리고 있다. Camst라는 노협은 이탈리아 외식 산업의 선도 기업으로 1945년 설립됐는데, 2013년 기준 1만 1천명을 고용해 9억 4천만 유로의 매출을 올리고 있다.

스페인에서는 2009년 기준 1만 7,414개의 노협에 25만 1,300명의 종

---

6) Hansmann, 1996; 장종익, 2013.
7) 장종익, 2013.
8) Zanotti, 2011.

업원이 종사하고 있다.[9] 프랑스에서 노협은 2009년 기준 1,927개가 활동하고 있으며, 여기에서 4만 595명의 종업원이 일하고 있다.[10]

그러나 그 밖의 나라에서는 주로 버스, 택시, 트럭 등 운수 부문 이외에는 노협을 발견하기 어려운 실정이다. 예를 들어, 스웨덴에서는 모든 택시 서비스와 트럭 서비스의 50%가 노협에 의해서 제공되고 있고, 이스라엘에서도 운전자 협동조합이 거의 모든 버스 운송 서비스를 제공하며, 트럭 서비스의 50%도 담당한다.

우리나라에서도 1990년대에 건설, 봉제 등의 영역에서 노협이 건설됐으나 대부분 실패했고 청주 우진교통, 마산 광동택시 등 버스나 택시 업종에서 종업원 지주제 방식이 일부 시도돼 지속되고 있다. 2012년 말 협동조합기본법 시행 이후에 설립된 3,045개의 협동조합 중에서 노협은 225개로 전체의 7.5%를 차지했다. 노협이 설립된 업종은 도소매업, 교육서비

〈표 7-1〉 신설 노동자협동조합의 종사 분야 분포(2013년 11월 말 기준)

분야	조합수
도소매업	36
교육서비스업	33
기타개인서비스업	20
제조업	18
사업시설관리 및 사업지원서비스업	14
폐기물 처리 자원 재활용업	14
보건 및 사회복지서비스업	12
음식/숙박	12
전문과학기술서비스업	12
건설업	9
운수입	6
기타	39
합계	225

스업, 기타 개인서비스업, 제조업 등의 순으로 많았다(〈표 7-1〉참조). 이러한 설립 분포를 볼 때, 우리나라에서는 다양한 업종에서 노협이 설립되고 있는 것으로 보이지만 실제로 사업 개시를 한 조합이 얼마나 되는지, 향후 얼마나 성공할지는 미지수다.

3
노동자협동조합의 조직 전략

1) 노동자협동조합의 약점

노협이 제한된 지역과 업종에서만 발전하고 있는 이유는 무엇일까? 노협이 장점을 지닌 만큼 약점도 가지고 있기 때문이다.[11] 그 약점은 크게 세 가지로 나뉜다. 첫째 이중의 위험 부담 비용의 문제다. 노협이 파산하게 될 때 조합원은 일자리도 잃고 투자금도 날리는 이중의 위험에 직면하게 된다. 때문에 협동조합에 대한 조합원의 자본 투자 기피 경향이 다른 유형의 협동조합보다 노협에서 더 강하게 나타난다. 노협을 유지하기 위해서는 상대적으로 조합원 1인당 출자액이 커야 함에도 불구하고 이러한 경향으로 인해 자본 부족 현상에 직면할 가능성이 높다.

둘째, 집단적 의사 결정 비용의 문제다. 노협은 조합원들이 경영에 민주적으로 참여하는 구조이기 때문에 전통적 기업의 직무상 위계 구조와 기업 소유자로서의 노동자들의 수평적 관계 사이의 상충과 혼동 가능성이 상존한다. 특히 이질성이 강한 다양한 직무들이 결합된 비즈니스의 경우

....

9) Zelaia, 2011.
10) Soulage, 2011.
11) 장종익, 2013.

에는 투자 및 이윤의 배분 등을 둘러싸고 이해 관계의 대립과 분쟁이 일어날 가능성이 높다.

마지막으로 무임 승차자 문제다. 무임 승차자의 문제는 창업 시점과 기업 규모가 커지는 시점에 크게 나타난다. 노협은 출자 증권의 거래가 불가능하기 때문에 창업주들의 아이디어와 노력에 대해 사후에 금전적 보상을 할 수 없다. 때문에 창업 아이디어를 가진 사람들이 노협 방식으로의 창업을 기피할 수 있다. 또한 노협의 규모가 커지면 동료 간의 밀착 관계가 줄어들고 노동자 1인당 기업 성과에 대한 기여분이 적어지게 되므로 노동자들이 업무에 상대적으로 노력을 덜 기울일 가능성이 높아진다. 그러므로 이러한 약점들을 보완하지 않고서는 노협의 발전과 지속 가능성을 기대하기 어렵다.

2) 노동자협동조합의 단계적 조직화 전략

그러므로 이러한 노협의 약점을 보완하는 방향으로 조직 전략을 수립할 필요가 있다. 우선 운수업처럼 노협의 약점이 덜 노출될 수 있는 분야, 그리고 디자인 분야처럼 자본의 역할이 크지 않고 노동자의 보이지 않는 노력이 기업의 성과에 크게 영향을 미쳐 노협의 장점이 크게 발휘될 수 있는 분야를 전략적으로 선택해 설립을 추진할 필요가 있다. 운수업 분야의 노협은 조합원의 대부분이 운전기사 직을 담당하기 때문에 직무가 다양하지 않아서 조합원의 관심 및 이해 관계가 매우 동질적이다. 그러므로 투자 결정 및 이익 배분을 둘러싼 집단적 의사 결정 비용이 높지 않다. 운수업 분야에서 노협이 크게 발전한 이유는 바로 이렇게 집단적 의사 결정 비용이 낮다는 장점 때문이다.

다른 분야는 위에서 설명한 노협의 약점을 보완하는 방향으로 조직을 설계하고 제도 및 정책을 정비하면서 설립을 준비할 필요가 있다. 개별 노

객관적 조건 (협동조합에 대한 수요)	노동자 사이에 직무의 이질성이 높지 않아서 이윤 배분의 갈등이 적은 분야
	자본의 역할(위험 부담 기능)이 크지 않고 노동자의 보이지 않는 노력이 기업 성과에 크게 영향을 미치는 분야
주체적 역량 (협동조합의 약점을 보완하는 제도 및 조직 전략)	가치 창출적이고 효율적인 비즈니스 모델의 구축
	개별 협동조합의 제도 설계: 이중의 위험 감축 전략, 무임 승차자 문제 해결에 기여하는 인센티브 제도의 도입, 성과 배분에 있어 평등과 형평성의 균형
	동종 및 이종 협동조합 간 네트워크 전략: 파산 확률을 낮추는 연대 전략
	정부 및 지자체의 제도 및 정책 환경: 협동조합 리더 양성교육, 사업 타당성 분석 서비스 제공, 금융 지원 시스템 구축
	협동과 연대를 촉진하는 문화와 사회적 자본의 수준

협 차원에서는 이중의 위험을 감축하는 전략과 무임 승차자 문제를 방지하는 인센티브 제도, 평등과 형평성의 균형을 유지하는 성과 배분 원칙을 가지고 제도를 설계할 필요가 있다. 개별 노협의 파산 위험을 낮추기 위해 동종 협동조합 간 네트워크 또는 노협연합회 설립 등 연대 전략을 추진하는 것도 중요하다. 마지막으로 노협에 대한 금융 지원 시스템을 구축할 필요가 있다. 이상의 내용을 요약한 것이 〈표 7-2〉이다.

3) 노동자협동조합 설립 경로의 다양성

노협 설립 경로가 다양해질 필요도 있다. 그동안 노협은 개별 창업, 또는 부실 기업을 노동자가 인수하는 방법 등으로 설립 방식이 한정돼 있었으나, 다른 경로도 가능하다. 우선 기존 협동조합의 비즈니스 일부를 노협 방식으로 분사spin-offs하는 방식이 고려될 수 있다. 이탈리아의 경우 신규 설립된 노협의 25~28%가 이 경우에 해당한다. [12] 우리나라에서는 최근 아이쿱생협연합의 사무 기능의 일부를 노협으로 전환한 사례나 한살림사업연합이 물류센터의 소분 기능을 노협으로 전환한 것이 대표적이다. 다음으로 중소기업 창업주 혹은 동업자들이 종업원에게 주식을 양도 혹은 매각하면서 협동조합으로 전환하는 경우도 생각해볼 수 있다. 마지막으로 기존 협동조합이 공동으로 전문 기능을 담당하는 협동조합을 공동 투자해 설립할 때 노협 방식으로 설립하는 경우다. 스페인 몬드라곤대학이나 연구개발기관인 사이올란, 그리고 이탈리아에서는 콘소시움이 대표적이다.

프랑스의 경우 1989~2010년에 3,451개 노협이 설립됐는데, 이중 77%가 순수 창업, 12%가 건실한 주식회사의 협동조합으로의 전환, 9%가 부실기업의 협동조합으로의 전환, 2%가 결사체의 전환이었다. 이들의 생존율은 두 번째가 62%, 첫 번째가 42%, 세 번째가 49%로 나타났다. 업종으로 보면 과학 및 기술 분야가 전체 창업의 21%를 차지했고, 생존율은 59%로 가장 높았다. [13] 국제노동자협동조합연맹에서도 노협 설립 경로를 다양화 할 것을 권고하고 있다. "협동적 노동자 소유는 기업의 재구조화, 창업, 민영화, 위기 기업의 전환, 상속자 없는 기업의 전환, 그리고 공공서비스의 위탁 및 공공조달 등에 있어서 하나의 선택으로서 설정되고 국가는 노협을 통해 지역의 발전을 도모한다는 단서 조항을 설정해 기업적 모델로 활성화할 필요가 있다(CICOPA, 2004)."

....

12) Zanotti, 2011.
13) Soulage, 2011.

4) 자본 조달 방안 확대를 위한 제도 개선 및 협력 활동

몬드라곤협동조합 복합체는 [노동자 조합원의 위험 회피→출자금 납입 기피→자본 부족→기업의 파산 위험성 상승→출자금 납입 기피]라고 하는 노협의 고질적인 악순환 고리를 조합원에 대한 사회보장제도(실업 급여 및 퇴직 급여)와 급여의 연대성, 그리고 노협 간 연대기금 등을 통한 파산율의 감축과 노동자 조합원 연대성 제고 등을 통해 해결했다. 이를 촉진하는 수단으로 불분할 적립금unallocated reserve의 적정 수준 유지, 현금 배당의 최소화 및 적립 등의 방법을 채택했다. 협동조합 투자은행인 카하 라보랄Caja Laboral을 통한 자금 조달 및 컨설팅 제공 등으로 신규 노협이 보다 쉽게 설립될 수 있는 인큐베이팅 시스템을 구축하기도 했다. 〈그림 7-1〉에서 보는 바와 같이 노협의 자본 조달 방법은 다양하다.

우리나라도 노협의 자본 부족 문제를 해소할 수 있는 방안을 마련할 필요가 있다. 불분할 적립금 규정, 투자 조합원 제도, 협동조합 및 연합회가 채권을 발행할 수 있는 법적인 근거 조항, 협동조합 및 연합회가 자회사 및 금융 관련 자회사를 설립할 수 있는 근거 조항을 협동조합기본법에 도입하는 것이다. 2014년 출범한 노동자협동조합연합회가 해야 할 일들도 있다. 단기적으로는 신협, 한국사회투자, 신용보증기금 등과의 협력을 통해 회원 노협들에 대한 암묵적 정보를 확보, 대출 기관에게 제공하는 역할을 담당한다면, 금융 기관의 역선택을 막고 노협들의 도덕적 해이를 줄이는데 기여할 수 있다. 노협들에 대한 컨설팅 서비스도 담당할 수 있다. 중장기적으로는 사회적협동조합을 포함해 노협에 대한 금융 지원 기관을 만들 필요도 있다. 또한 협동조합 간 협동을 촉진하고 새로운 협동조합의 설립을 촉진하는 협동조합 연대기금을 설치하고 이를 세제 혜택과 연계하는 것도 고려할 만하다.

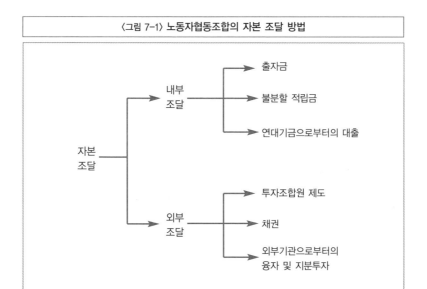

〈그림 7-1〉 노동자협동조합의 자본 조달 방법

자본 조달

내부 조달
- 출자금
- 불분할 적립금
- 연대기금으로부터의 대출

외부 조달
- 투자조합원 제도
- 채권
- 외부기관으로부터의 융자 및 지분투자

　노협의 확산 및 발전과 네트워크의 발전은 정^{正}의 상관 관계가 있는 것으로 알려져 있다. 협동조합 섹터에서의 네트워크란 부문별 연합회, 총연맹, 컨소시엄 등으로 나뉜다. 노동자협동조합연합회는 동일한 업종의 노협 또는 다른 유형의 협동조합(주로 사업자협동조합)과의 협력을 통해 공공조달이나 공동판매를 촉진하는 역할을 할 수 있다.

　마지막으로 생각해 볼 것은 노협의 사회적 역할을 증진하는 방안이다. 노협의 일차적 목적은 협동을 통한 노동자들의 이익 증진에 있다. 그런데 협동을 통해 획득된 공동 이익의 일부를 새로운 노협이나 사회적협동조합의 설립 지원 등에 사용한다면 노협의 연대성을 높이고 사회성을 높일 수 있다. 따라서 이를 위한 규정을 명시할 필요가 있다.

5) 노동자협동조합 주체의 형성

노협이 장기적으로 지속 가능하기 위해서는 노협의 주체들이 협동적 노동자 소유cooperative worker ownership, 자주 경영self-management, 자기책임self-responsibility, 연대solidarity 등이 무엇을 의미하는지 천착할 필요가 있다. 또한 이런 개념들이 구체적으로 어떻게 실현될 수 있으며, 실천 과정에서 나타날 수 있는 문제점은 무엇이고, 그리고 선진 사례들은 이러한 문제점을 어떻게 극복했는지를 체계적으로 이해할 수 있어야 한다. 자본이 노동을 고용하는 것이 아니라 노동이 자본을 고용하는 기업을 만드는 상상을 더 많은 사람들이 할 수 있어야 노협의 저변이 넓어질 것이기 때문이다.

이 점은 몬드라곤협동조합 복합체의 설립자인 호세 마리아José María Arizmendiarrieta 신부가 노협을 바라본 중심 관점이기도 했다.[14] 호세 마리아 신부는 자본주의는 개인주의적이고 이기적인 측면을 너무 강조하고, 집단주의는 영혼이 없어 비인간적이기 때문에, 창조와 협동에 기초한 노동 주도 사회로의 구조적 개혁이 필요하다고 봤다. 그는 "자본주의자는 자신에 봉사하는 사람을 키워내기 위해 자본을 이용하는 반면 협동조합주의자는 근로 환경을 좀 더 쾌적하게 향상시키기 위해 자본을 이용한다"고 말했다. 그러나 그는 사적 소유에 대해서 과도하게 부정하지도 않았다. 자본에 대해 기능적 가치만 부여하듯이 소유에 대해서도 기능적 가치만 부여했다. 즉, "소유는 그것이 공동생활에서 책임감과 능률성을 높이는 효과적 원천으로서 작용하는 한에 있어서만 가치가 있다"는 것이다.

그는 협동조합주의의 중심을 사회적 맥락에 있는 인간 개개인이라고 보았다. 협동조합은 '효율성과 자발적 참여'의 특징을 지닌 조직 형태로써 개개인이 선택할 수 있는 여러 가지 조직 중의 한 형태이기 때문에, 협동조

---

14) Whyte, W., *Making Mondragon: The Growth and Dynamics of the Worker Cooperative Complex*, Cornell University Press, 1991(김성오 역, 『몬드라곤에서 배우자』, 나라사랑, 1992).

합주의는 자본주의를 능가하기 위해서 자본주의적 방식과 자본주의적 동력을 잘 활용해야 한다고 생각했다. 따라서 진정한 협동조합주의자가 되기 위해서는 개인주의적이고 이기적인 본능을 억제하고 협동이라는 원칙에 적응하는 것을 배워야만 하며, 교육과 선행의 실천을 통해 협동조합주의자가 될 수 있다는 것이었다. 실제로 이러한 일은 개별 노협 차원보다는 연합회나 네트워크 차원에서 수행하는 것이 보다 효과적일 것으로 보인다.

사례
〈1〉

메디슨 택시노동자협동조합
유니온 캡UNION CAB

미국 위스콘신 주 매디슨Madison시에 위치한 택시 노협인 유니온 캡UNION CAB은 거센 노동운동의 파고가 지난 후인 1979년 15명의 조합원과 11대의 택시로 시작됐다. 유니온 캡은 2013년 현재 230명의 조합원과 65대의 택시를 보유하고 연간 7천만 달러의 매출을 올릴 정도로 성장했다. 조합원의 85%는 택시 운전 기사이고 나머지 15%는 지원 부문 인력이다. 당시 택시 노동운동가들은 협동조합에 우호적인 위스콘신 주에서, 주 지방 은행과 매디슨 개발 회사 등으로부터 14만 5천 달러의 대출을 받고, 1만 5천 달러의 우선 출자 증권을 발행해 자본을 조달해 택시 노협을 설립했다.

유니온 캡은 설립 후 우호적인 시장 환경 및 정책 환경에 힘입어 1984년까지 조합원 수가 100여 명 이상으로 순조롭게 늘어났다. 1985년에는 경영을 전담하는 조합원을 선임할 수 있었고 이사회에 재무, 교육, 인사, 교육위원회 등을 설치했다. 유니온 캡은 1년에 1회 이상 개최되는 조합원 총회에서 이사를 선임하고 이사의 보수를 정하며, 이사회의 정책을 결정한다. 조합원들에 의해 선임된 12명의 이사들이 경영 책임자인 회장과 부회장, 회계 책임자 및 사무국장을 선임한다. 이사들은 조합원들이 포함된 각종 위원회를 구성해 조합의 업무를 처리한다. 최근에는 이사회에 인력개발위원회, 교육위원회, 전략수립위원회, 감사 및 재무위원회, 사회위원회, 노동자위원회, 청지기위원회 등이 설치돼 운영되고 있다.

조합원을 신규로 받아들일 때는 이사회의 결정에 따라 공고를 내며, 선발된 조합원은 8~9주의 조합원 대기 기간을 거치고, 이 기간 후 자기 임금의 25달러를 공제해 조합원 출자 증권membership stock을 구입함과 동시에 정식 조합원으로 등록된다. 유니온 캡 협동조합은 우선 출자 증권capital stock을 발행해 조합원 및 일반인들로부터 자본을 조달하고 있다. 노동자에 대한 보수 체계는 운임의 일정 비율을 가져가는 방식인데 신입 기사의 경우 운임의 36%를, 고참 기사의 경우 운임의 60%를 보수로 받는다. 나머지 행정 인력 등은 연봉 계약을 하거나, 시급을 적용받는다. 임금 등 회사에 필요한 모든 경비를 제외하고 나서 순이익이 발생하면, 15% 이상은 불분할 적립금에, 5%는 교육 기금에 배분하고 나머지는 배당을 하고 있다.

매디슨 시에는 4개의 택시회사가 있는데, 유니온 캡의 시장점유율이 2011년 기준 41.3%로 가장 높다. 2001년 34%였던 것에 비하면 10년 만에 약 7%가 증가했다. 매디슨의 4개 택시 회사 중에서 유니온 캡의 택시 운임이 가장 높음에도 불구하고, 이 같은 성장을 할 수 있었던 것은 회사의 평판이 좋고, 신뢰할 수 있는 택시 회사라는 이미지가 형성돼 있기 때문인 것으로 보인다. 유니온 캡이 좋은 평판과 신뢰를 획득한 데에는 기사들의 고용이 안정적으로 보장돼 있다는 점과, 노력한 대가가 급여나 배당을 통해 돌아오는 구조가 큰 역할을 했다. 예를 들면, 주식회사 소속 택시 운전사에 비해 노협 택시 운전사가 택시의 관리에 보이지 않는 노력을 더 기울이면 택시의 내구연한이 길어져 감가상각비용이 감소하게 되고, 이는 결국 회사의 비용 절감과 이익 증대로 귀결된다.

조합원의 평균 근속 기간을 살펴보면, 신참 기사(1년 미만)의 근속 비율은 지난 10년 간 계속 증가해 왔다. 2002년 157명의 운전기사가 있었는데, 1년 후에는 77%인 121명이 계속 운전을 하고 있었고, 3년 후에는 68%인 106명이 운전하고 있었다. 1년 계속 근속율은 2008년 91%, 2011년 94%로 지속적으로 증가하고 있다. 이렇게 운전기사의 근속 기간이 증가하는 것은 일반 택시회사에서는 보기 힘든 경우이다.

사례
〈 2 〉

몬드라곤 노동자협동조합 복합체

❖ **몬드라곤 노동자협동조합 복합체의 현황과 특징**

스페인 북부에 위치한 바스크 지방의 몬드라곤 지역에서 발전해온 노동자협동조합 복합체는 질 좋은 고용의 창출 및 안정적 유지를 목표로 민간이 목적의식적·계획적으로 추진해 성공한 대표적인 노협의 사례다. 특히 몬드라곤 지역에서는 지구상에서 최초로 노협이 제조업, 건설업, 소매업, 서비스업 등 다양한 산업 분야에서 고루 발전하고 있다는 점에서 특징적이다. 몬드라곤 협동조합 복합체는 2010년 현재 총 265개 협동조합 및 자회사로 이루어져 있으며, 공업 그룹, 소매 그룹, 금융 그룹, 교육 및 연구 그룹 등으로 나누어져 있다 (〈그림 7-2〉). 각 협동조합에서 대표를 선임해 복합체 총회를 구성하고 이 총회에서 상임이사회를 선출해 몬드라곤 협동조합 복합체의 전략적 방침을 결정하도록 하고 있다.

공업 그룹에는 총 196개의 협동조합 및 자회사가 소속돼 있는데, 이 중 75개가 해외에 소재지를 둔 기업들로서 주로 주식회사 형태를 띠고 있다. 이러한 주식회사들은 스페인이 유로존으로 편입된 2002년에 몬드라곤 그룹이 세계화를 위한 전략적 방침을 결정한 이후에 크게 증가했다. 공업 그룹에 소속된 협동조합들은 자동기기, 기계부품, 건설, 산업설비기

〈그림 7-2〉 몬드라곤 협동조합 복합체의 조직 구조

출처: MCC 웹사이트

기, 가전제품, 공작기계, 엔지니어링 및 자본재 등 7개 부문divisions으로 편재돼 있다.

소매 및 식품 그룹은 20개의 협동조합 및 자회사로 구성돼 있다. 소매, 물류, 농식품 분야 중에서 에로스키Eroski라고 하는 노협에 종사하는 직원 수는 약 4만 3천 명에 달한다. 금융 및 공제 분야에는 노동인민금고 Caja Laboural Populaire와 라군아로Lagun Aro를 포함해 6개의 협동조합 및 자회사가 소속돼 있다. 교육 및 연구 분야에는 32개의 협동조합 및 자회사가 있다. 협동조합으로 운영되고 있는 몬드라곤대학과 이켈란Ikerlan이라고 하는 기술 연구 개발 기관이 여기에 포함된다.

몬드라곤 그룹의 총 자산은 2010년 말 현재 331억 유로, 자기 자본은 약 43억 유로에 이른다(〈표 7-3〉 참조). 몬드라곤 그룹의 총 매출액은 2010년에 약 140억 유로를 기록했고, 그 중 공업 및 건설 분야가 약 60억 유로, 소매 및 유통 분야가 80억 유로의 매출을 냈다. 노동인민금고에 고객들이 예탁한 금액은 186억 유로에 이르며, 라군아로의 공제료 등 수입에 의해 조성된 자산은 약 45억 유로다.

몬드라곤 그룹 소속 협동조합들이 고용한 인원은 2010년 말 현재 총 8만 5,859명이다. 이 중에서 바스크 지방에서 일하는 노동자 수는 전체의 39.4%인 3만 3,828명이고, 기타 스페인 지역에서 일하는 노동자 수가 41.6%로 3만 5,889명이다. 나머지 19%인 1만 6,313명이 해외에서 일하고 있는데, 이들은 주로 몬드라곤 그룹이 해외 현지 법인을 설립해 운영함에 따라 해외에서 채용한 현지 노동자들이다. 그룹별로는 공업 및 건설 부문의 협동조합에 종사하는 인원이 전체의 45.3%를 점하고 있고, 소매 및 식품 그룹에 종사하는 인원이 50.5%를 차지하고 있다.[15]

몬드라곤 개별 협동조합의 지배 구조는 조합원 총회에서 이사회와 조

----

15) 몬드라곤 대학 내부 자료.

	2008년	2009년	2010년
총 자산	33,499	33,334	33,099
자기 자본	4,261	4,284	4,287
연결제무제표 이윤	71	61	178
CLP 고객 예탁고	17,576	18,614	18,629
LA공제 자산 총액	3,815	4,210	4,478
총 매출(공업, 유통)	15,584	13,819(유통 8,478)	13,989
투자액	1,324	378	101
고용	92,773명	85,066명 (유통 43,143명)	83,859명 (유통 42,260명)
공업 부문 조합원 비율	83.0%	88.1%	85.9%
여성 노동력 비율	43.5%	43.7%	43.7%
조합원 출자금	2,178	2,161	2,204
노동자 경영진 수	891명	904명	892명
공동체 지원금	35	22	16.7
공업연구개발비/수익	7.1%	8.1%	8.1%
기술개발센타 수	12	12	14

〈표 7-3〉 몬드라곤협동조합 그룹의 경제 활동 규모

(단위: 백만 유로)

출처: 2012 Annual Report of MCC

합원 평의회, 감독위원회를 선출하고 이사회를 대표하는 이사장이 조합을 대표하며, 이사회에서 경영 책임자를 선임하는 구조이다. 다른 협동조합과 달리 몬드라곤협동조합에서 찾아볼 수 있는 특이한 기구인 조합원 평의회는 노동조합과 같은 역할을 수행하는 기관으로서 노동자의 입장에서 이사회와 경영책임자와 협의를 하고, 조언을 하는 위상을 지닌다. 반면에 이사회는 주로 경영적 건전성 측면에서 역할을 수행한다. 즉, 몬드라곤 개별 협동조합은 자본(경영)의 측면과 노동의 측면이 적절한 균형과 견제를 이루는 방향으로 지배 구조가 형성돼 있다.

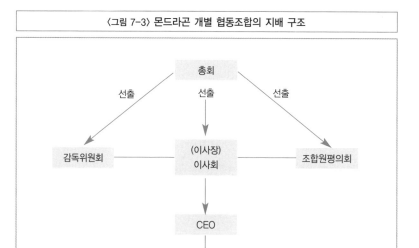

〈그림 7-3〉 몬드라곤 개별 협동조합의 지배 구조

※ 몬드라곤 협동조합의 역사적 발전 과정

몬드라곤 협동조합은 스페인 북부에 위치한 바스크 지방 인구 9,000명의 몬드라곤 지역[16)]에서 태동했다(〈표 7-4〉 참조). 바스크 지방은 조선, 철광산, 철강 산업 등이 발전한 지역인데 스페인 내전 기간 동안 폐허로 변했다. 돈 호세마리아 아리스멘디아리에타 신부가 21명의 학생들을 위한 기술전문학교를 설립했고, 이 졸업생 중에서 5명이 1956년에 '울고'라는 이름의 노동자생산협동조합을 설립했다. 울고는 난로나 요리용 스토브를 주로 생산했고, 그 당시 스페인 국민들이 필요로 하는 전자제품, 각종

....
16) 필자가 2013년에 방문했을 때의 인상은 강원도 인제군과 같은 오지였다.

공업용 부품 등을 생산하는 노협들이 잇따라 설립되면서 1965년에는 공업 및 건설 부문에서 14개의 노협이 운영됐다. 1959년에는 노동인민금고 CLP를 설립해 새로운 협동조합의 설립을 금융적으로 지원하고 컨설팅을 제공하도록 했으며, 라군아로LA 공제조합을 설립해 의료보험, 산재보험, 실업보험 등 사회보장 기능을 수행하도록 했다.

당시 프랑코 군사독재정권은 정치적인 독재뿐만 아니라 경제적으로 1958년까지 폐쇄경제(아우타르키)적인 정책을 실시했으므로 스페인은 매우 높은 보호무역의 장벽 속에 있었고 이후에도 1986년 EC에 가입하기 전까지는 보호무역 정책의 성격이 강했다. 때문에 몬드라곤협동조합의 시장 경쟁력과 매출액, 성장률은 매우 높은 편이었다. 기존 협동조합의 매출액 확대를 기반으로 해 노동인민금고는 새로운 협동조합 설립을 촉진했고, 1966년 공업, 건설, 교통, 주택, 연구 및 교육, 훈련 분야에서 36개의 협동조합이 운영됐으며, 이들이 몬드라곤협동조합 그룹을 결성했다. 1966년 이미 36개의 협동조합에 고용된 인원은 4,866명에 이르렀고, 이는 몬드라곤 및 인근 지역의 상당수 경제 활동 인구를 포괄하는 규모였다. 1974년까지 스페인은 매우 높은 경제성장률을 기록했는데, 몬드라곤협동조합 그룹도 총 82개의 협동조합으로 확대됐으며, 종사 인원도 1만 2천여 명에 달했다.

몬드라곤협동조합은 1975~1985년 경제 침체기에 바스크 지방으로 과감하게 진출했고, 기술력이 매우 높은 이켈란Ikerlan이라고 하는 기술개발 연구소를 협동조합 방식으로 설립했다. 1979~1980년 동안 CAD/CAM Computer-aided design and manufacturing 기술을 개발해 몬드라곤 그룹 내 협동조합에 보급했다. 또한 경제침체기에 노동인민금고는 지역을 기반으로 하는 개별 협동조합 연합회를 결성해 이윤의 재 배분과 공동 활동을 통해 해고를 최소화하는 전략을 성공적으로 수행했다.

스페인이 1986년에 EC에 가입해 시장 개방이 본격적으로 이루어지면서 시장 경쟁에 더욱 노출되자, 몬드라곤협동조합은 1987년 제1회 몬드라곤협동조합 그룹 전체 회의를 개최하고 몬드라곤 기본 원칙을 제정했으며, 협동조합 간 연대기금을 설립했다. 1990년대 세계화가 더 진전되자, 몬드라곤 그룹은 지역별 연합회 체제에서 부문별 연합회 체제로 재편하고 시장 및 기술 환경의 변화에 보다 적극적으로 대응할 수 있도록 했으며, 해외 진출을 본격적으로 시도했다. 이러한 노력의 결과, 몬드라곤협동조합 그룹에 소속된 협동조합 수가 증가했고, 협동조합 자회사 수도 크게 늘어났으며, 종사하는 인원은 1991년 2만 2,802명에서 1998년 4만 2,129명으로 비약적으로 증가했다. 스페인이 2002년 유로존으로 편입되고 세계화의 진전이 크게 이뤄지자, 몬드라곤은 국제화를 위한 2001~2004년 전략적 계획을 결정하고 해외 진출을 더욱 확대함과 동시에 1998년 몬드라곤대학을 설립해 미래 세대의 양성과 몬드라곤 모델의 확산에 기여하도록 했다.

<표 7-4> 몬드라곤 협동조합 복합체의 주요 발전 과정

연도	고용인원 수	정치 경제적 환경과 몬드라곤의 주요 발전 과정
1943	-	프랑코 군사독재 정권의 집권(1939-1975) 1958년까지 아우타르키적인 경제 정책 실시 몬드라곤 지역에 기술전문학교 설립(학생 수 21명)
1949	-	바스크지방에서 조선, 철광산, 철강 등이 발전하기 시작 문화교육연맹(현재 몬드라곤대학)을 설립
1956	5	울고(난로나 요리용 스토브를 주로 생산)가 5명의 기술학교 졸업생들에 의해 설립, 이듬해 아라사테 설립
1959	na	노동인민금고(CLP, 협동조합 지원 은행) 설립, 라군아로공제조합(LA) 설립
1964	na	1963년 공업용 부품을 주로 생산하는 에델란, 코프레시 설립해 울고에 판매 '몬드라곤협동조합 그룹'으로 명명. 기술전문학교 학생 수가 1,000명으로 증가

1966	4,866	알레코업(학생협동조합) 설립. 노동인민금고(CLP)에 36개의 협동조합이 연합, 파고르전기회사 설립
1969	8,081	지역의 5개 생협이 합병해 에로스키생협 설립
1970	8,743	1970년대까지 바스크 지방은 스페인의 17개 지역 중 세 번째로 부유한 지역이었음. 몬드라곤 그룹의 노협은 40개로 증가
1973	11,597	기술개발연구소 이켈란 설립, 1979~80년 동안 CAD/CAM 기술을 개발해 협동조합으로 보급. 이듬해 파고르산업 설립
1980	17,733	1976년 민주주의 정권 수립, 1982~86년 사민당 집권, 1975~1985년 경제 침체기 동안 노동인민금고는 지역을 기반으로 해 개별협동조합의 연합회를 결성해 이윤의 재배분과 공동 활동을 전개하도록 해 경제 침체기에 대응 바스크 자치주 성립
1985	19,161	몬드라곤협동조합 복합체로 발전. 총 10개 지역그룹
1986	19,699	스페인, EC 가입, 1986~1989년 동안 높은 경제 성장률 달성
1987	20,409	1회 몬드라곤 그룹 전체 회의를 개최하고 몬드라곤 기본 원칙을 제정. 협동조합 간 연대기금 설립.
1991	22,802	제3회 몬드라곤 그룹 전체 회의에서 지역그룹 체제를 부문별 그룹 체제로 재편하고 몬드라곤협동조합그룹(MCC)으로 재편, 경영기업부(LKS)가 노동인민금고에서 분리
1995	27,950	파고르, 다노바트 중국에 진출
1998	42,129	스페인, 2002년에 유로존으로 편입 몬드라곤 그룹, 국제화를 위한 2001~2004년 전략적 계획 결정 몬드라곤 그룹이 바스크 고용의 3.1%, 총 생산의 4.5%, 수출의 9.3% 차지 몬드라곤대학 설립(학생 수 2,400명)
2008	103,731 (2007)	몬드라곤 그룹 전체 직원 93,000명(바스크 지방 40%, 스페인 44%, 해외 16%). 모두 256개 기업
2010	83,859	2011년 해외 26개국에 102개의 사무소 및 공장을 운영

◈ **몬드라곤 협동조합의 발전 전략**

몬드라곤협동조합 그룹은 협동조합적 소유 구조에 내재돼 있는 이중의 위험 부담 비용의 문제와 무임 승차자 문제, 그리고 집단적 의사 결정 비용의 문제 등을 해결하기 위한 전략적 실천을 수행해왔기 때문에 큰 성과를 냈다고 볼 수 있다.

(1) 자본 부족 문제의 해결 전략

몬드라곤협동조합 복합체에서 구축해온 노협의 자본 조달 문제를 해결하기 위한 방안은 크게 세 가지로 나뉜다. 첫째, 순 소득의 재 투자 원칙을 통해 협동조합 자본의 비고정성non-fixity[17]을 해결하려고 했다. 몬드라곤협동조합은 초기부터 매년 순 소득의 30~50%를 불분할 적립금으로 배분했다.[18] 그리고 순 소득의 10%는 교육, 건강 및 지역 사회에 기부해왔는데, 이 10% 기부 원칙은 스페인 협동조합법에 의해 의무화된 것이다.[19] 나머지는 노동 시간과 급여 등급에 따라 정산해 개별 조합원의 자본 계정에 적립되는데 이 적립금은 은퇴 시까지 상환되지 않는다는 원칙이 정해져 있다. 즉, 이윤의 90%까지는 노협의 성장과 추가적인 고용을 위해 재 투자될 수 있었다.

둘째, 보험과 사회보장서비스를 담당하는 라군아로를 통해 유동 자본을 조달했다. 몬드라곤에서 노협이 처음 시작됐을 때, 스페인 정부는 노협의 노동자들을 자가 고용된 지위를 지니는 것으로 분류해 실업보험, 사회보장 혹은 건강보험제도로부터 배제했다. 몬드라곤협동조합 진영은 이에 대응해 자신들을 위한 보험 및 사회보장서비스를 만들었다. 노동자들이 지불한 보험료의 일부는 협동조합의 자금을 지원하는데 사용됐다.[20]

셋째, 호세 마리아 신부는 기존의 상업은행들로부터 협동조합이 필요

---

17) 주식회사와 달리 협동조합의 출자금은 조합원의 탈퇴에 따라 상환돼야 하기 때문에 유동적인 특징을 지니고 있어서 자본이 불안정하다.
18) Whyte and Whyte, 1991.
19) Ellerman, 1984.
20) Freundlich, 1999.

한 만큼의 충분한 자본을 조달하기 어렵다고 판단해 1959년에 협동조합 은행인 노동인민금고Caja Laboral Popular를 설립했다.[21] 노동인민금고는 조합원들에게 상호 금융의 역할을 수행했을 뿐만 아니라 기존 조합의 확장이나 새로운 조합의 설립에 필요한 자금을 공급하기 위해 노동인민금고에서 발생한 순 소득을 사용했다.[22] 노동인민금고는 금융협동조합이기는 하지만 처음 설립했을 때에는 개인 예탁자들을 조합원으로 설정한 것이 아니라 노협과 기타 협동조합들을 조합원으로 삼았다. 이 점이 기존 금융협동조합과 가장 큰 차이점이다. 노동인민금고는 설립 초기에 기업 개발국business development division을 설치해 협동조합에 관한 컨설팅, 인큐베이팅 역할뿐만 아니라 전체 몬드라곤협동조합들의 기획 및 조정, 자원의 재 배분 기능을 담당했다. 이 노동인민금고의 존재는 몬드라곤협동조합 복합체의 최대 특징이라고 할 수 있다.[23]

노동인민금고는 모든 협동조합들의 주거래 은행이었기 때문에 협동조합들의 재무 상태와 사업 전망에 대한 깊이 있는 정보를 확보하고 있었으며, 협동조합 그룹 차원에서 어떠한 지원이 필요한지를 파악할 수 있었다. 노동인민금고는 이러한 정보를 바탕으로 시장 원리에 근거한 금융 거래가 아니라 그룹 내부 거래 원리에 입각한 컨설팅 및 연대 금융 거래를 시행했다.[24] 이러한 점에서 노동인민금고는 이탈리아의 레가코프보다 훨씬더 강력한 총연합회 기능을 수행했다고 평가할 수 있는데, 노동인민금고

---

21) 호세 마리아 신부는 노동자협동조합을 위한 투자금융협동조합을 역사상 처음으로 구상한 것으로 보인다. 그는 "금융자원이 결핍될 경우 협동조합은 쇠약해지고 필연적으로 중추를 앓게 될 것이며, 수공업 영역에 국한돼 내부 중심의 개량적인 순환 구조를 따르는 조그만 세상에 안주할 수밖에 없을 것"이라고 생각했다.

22) Whyte and Whyte, 1991.

23) 현재는 몬드라곤의 중앙협동조합 간 기금(Central Inter-cooperative Fund)이 노동인민금고의 투자 및 기술지원서비스를 인수 받아 수행하고 있으며, 노동인민금고는 소비자 및 기업 금융에 집중하고 있다(Freundlich, 1998).

의 이러한 강력한 기능으로 인해 몬드라곤에서 노협이 큰 규모로 다양하게 발전할 수 있었다. 반면 몬드라곤 이외의 스페인 지역에서는 이러한 지원 체계가 존재하지 않았고, 노협은 대부분 소규모에 머물렀다. [25]

마지막으로 보통 노협 조합원들의 현금 배당 욕구가 크고 위험 회피 성향이 높은 가운데 몬드라곤협동조합들이 조합원 배당금의 현금 지불 금지와 탈퇴 시까지의 적립 원칙을 지킬 수 있었던 것은 매우 중요한 연구 대상이다. 이를 통해 몬드라곤협동조합 복합체는 강력한 연대 체제를 구축해 위험에 대한 공동 대처 능력을 높임으로써 파산위험률을 낮추고 해고를 최소화해 노동자 조합원들의 장기 투자 유인을 높일 수 있었다.

몬드라곤은 1975~1985년 오일쇼크로 촉발된 경제위기 상황에서 더 빛을 발했다. 개별 협동조합이 받는 충격을 최소화하기 위해 몇 가지 중요한 위기대응 수단을 개발했는데, 이는 크게 두 가지로 나뉜다. 하나는 부문 차원에서 협동조합의 잉여를 공유화하는 것이고, 다른 하나는 전체 그룹 차원에서 기금을 운영하는 것이다. 특정한 협동조합이 경제위기 상황에서 적자를 기록하고, 임금 삭감 등 자체의 개선 노력만으로는 극복하는 데 한계가 있을 때, 라군아로는 평소에 축적해온 고용지원기금을 가동해 해고 상황에 놓인 노동자 조합원을 지원하는 역할을 수행한다. 고용지원기금은 구조적 실업 혹은 일시적 실업 상황에 놓인 노동자 조합원이 다른 협동조합으로 일시 혹은 영구적으로 이동할 수 있도록 재 훈련 비용을 지원한다. 또한 라군아로는 이 과정에서 노동 시간 부족으로 발생한 임금 하락분을 보충해주며, 노동 시간 은행제를 운영하도록 지원한다.

....

24) 여기에서 연대금융거래는 개별 조합이 경기 악화로 인해 재무 상황이 어려웠을 때 금융 비용 부담을 완화시켜주는 방식을 의미한다. 일종의 교차보조(cross-subsidy)방식이다. 이는 우리나라 재벌들이 수행해왔던 계열 기업에 대한 자금 지원 방식과 유사하다고 할 수 있다.

25) Whyte, 1995.

스페인은 2008년 이후 발생한 금융 위기로 인해 7.9%였던 실업률이 2012년 27%까지 치솟았는데, 몬드라곤협동조합 복합체도 이러한 경제 위기의 영향을 크게 받았다. 2011년 120개의 협동조합 중에서 70개는 흑자를 기록했지만 50개는 적자를 기록했다. 2013년 파산한 가전제품 생산협동조합인 파고르도 파산 전까지 매출이 50%나 감소했고, 큰 적자를 기록했다. 파고르는 종업원의 임금을 8% 삭감했고, 300명의 임시 노동자를 해고했으며, 전체의 10%에 해당하는 250명의 노동자 조합원을 다른 협동조합으로 재 배치시켰다. 또한 노동 시간을 감축하고 이에 따른 임금의 감소분에 대해서는 라군아로의 실업 보험 기금을 통해 80%까지 지원했다.[26] 앞서 파고르가 2012년에도 적자 상태가 심하자 몬드라곤 그룹은 2013년 6월 그룹 내 전 협동조합의 임직원들의 급여를 1% 삭감해 파고르를 지원하는 결의를 채택했다. 안타깝게도 이러한 그룹 전체 차원에서의 연대와 지원에도 불구하고 파고르는 파산을 면치 못했다.

(2) 집단적 의사 결정 비용의 문제에 대한 대응 전략

몬드라곤협동조합 복합체가 개별 노협 내에서 발생할 수 있는 집단적 의사 결정 비용 문제를 해소하기 위해 추진한 전략은 네 가지다. 첫째, 기업의 대규모화 및 수직 통합 전략보다는 전문화에 의한 조직 분화 전략, 둘째, 개별 조합의 의사 결정의 합리적 선택을 제고하기 위한 그룹 차원에서의 자문 및 조정 전략, 셋째, 갈등의 소지가 높은 잉여의 배분 및 임금 결정에서 연대 원칙의 수립 및 불평등 억제 전략, 넷째, 교육과 훈련을 통한 협동조합 지도자의 양성 등이다.

---

26) 몬드라곤 그룹 내에서는 경기 악화로 인해 일시적으로 노동시간이 줄어든 노동자의 경우 라군아로의 실업보험기금으로부터 임금 삭감분을 보상받고 경기 회복 시에 노동시간을 늘려 실업보험기금에 상환하는 방법을 사용하고 있다.

협동조합의 활동 범위가 넓어지고 규모가 비대해지게 되면, 시너지 효과의 발휘 등 장점이 적지 않지만 업무의 종류가 다양해지고, 업적 평가 및 보상 체계가 복잡해지며, 이해 관계 측면에서 조합원 간의 차이가 커질 가능성이 높기 때문에 집단적 의사 결정이 어려워진다. 이러한 문제점으로 몬드라곤협동조합은 출발 초기부터 기존 협동조합의 활동 범위를 수직적으로 확대하기보다는 되도록 분할해 신규 협동조합을 설립하는 전략을 채택했다. 대신 협동조합 간의 연대 전략을 채택해 범위의 확대 및 규모의 확대에 따른 집단적 의사 결정 비용의 문제를 억제하려고 노력했다.

둘째, 개별 조합 의사 결정의 합리적 선택을 제고하기 위해 그룹 차원에서 자문 및 조정 기능을 수행했다. 초기에 노동인민금고는 기업개발국을 설치해 이 부서에서 협동조합, 바스크 지방과 스페인 및 세계 시장 등에 대한 조사 및 연구를 수행했다. 이에 따라 개별 조합의 의사 결정을 지원했고, 기존 및 신규 협동조합을 위한 신제품 및 활동 등을 조사하는 기능도 수행했다. 사업 계획의 수립 및 경영 수행 상의 어려움을 겪고 있는 조합에게는 조언을 해주고, 수출, 마케팅, 생산, 인력 관리, 재무 및 법률 분야에서 컨설팅 서비스를 제공해왔다. 또한 개별 협동조합과 지역 단위 그룹의 활동을 모니터링하고, 협동조합들이 노동인민금고에 제안한 투자 계획을 심사하는 기능도 담당했다.

셋째, 갈등의 소지가 높은 임금 결정 및 잉여의 배분 분야에서 몬드라곤 전체의 연대 원칙을 수립하고 조합원 간 급여 불평등을 억제하며 미래를 위한 투자에 집중하는 전략을 채택했다. 몬드라곤 협동조합 그룹은 급여의 연대성을 협동조합 운영 10대 원칙의 하나로 설정해 조합원 간 임금 격차를 되도록 적게 하고, 또 외부 사회 임금과 균형을 이루려고 노력했다. 임금 체계에서 최저 기준인 1부터 가장 높은 임금과의 차이는 4.5배이며, 파고르 등 3개의 예외적인 협동조합에서는 6배까지 허용됐다. 노동인민금고의 급여 차는 8배이며, 그룹 전체의 최 상위와의 차이는 9배다. 스페인에서 실제 임금 격차는 최대 20배 정도이기 때문에 이 정도면 상당한 수준의 연대적 보수라고 할 수 있다. 몬드라곤 그룹 차원에서 급여 결정 체계를 개발해 단위 협동조합의 의사 결정에 도움을 주고 있고, 급여를 결정할 때는 이사회가 사회평의회의 의견을 반영하며, 이러한 이사회와 사회평의회는 노동자 조합원들이 선출하는, 민주적 의사 결정 체계를 유지하고 있다. 또한 몬드라곤 협동조합은 그룹 조합원 총회 차원에서 잉여금의 배분 원칙을 결정해 개별 조합에서의 분쟁의 소지를 줄이고 있다.

1980년까지는 전체의 자본을 축적하기 위해 공동 적립금으로 많은 부분을 분배해 왔으나 어느 정도 자본 축적이 이루어졌다고 판단된 1990년대부터 산업 부문별로 조직을 재편하는 과정에서 직원인 조합원의 사기를 제고하기 위해 각 단위 협동조합 및 분야별 그룹의 재량권을 높이거나, 협동조합 전체 기금을 창설하는 등의 개선이 이뤄졌다. 그 결과 잉여금의 15~40%는 분야별 그룹에 배당되고, 또 일부는 협동조합 전체기금(투자기금 10%, 교육기금 2%, 연대기금 2%)에 배당되며, 나머지는 단위협동조합 내부에서 사용되고 있다.

몬드라곤 그룹은 1980년대까지 투자 확대와 기술 개발을 위한 자본금을 마련하기 위해 그룹 내 모든 조합에서 잉여의 절대적 부분을 내부유보하도록 하는 전략을 채택했다. 특히 1974년에 설립된 이켈란Ikerlan은 몬드라곤 그룹의 주요 R&D 개발센터로서 1976~1978년에 로봇, 산업로봇에 의한 건설과 디자인, 마이크로프로세서의 응용에 성공했고, 1979~1980년에는 컴퓨터를 이용한 디자인과 생산 기술을 몬드라곤 그룹 내 협동조합에 보급하는데 노력을 기울였다. 이켈란은 미국 나사NASA의 콜럼비아 우주선 프로젝트와 같은 연구 개발 벤처와 협력할 정도로 세계적인 기술력을 보유하고 있다. 최근에는 전기 자동차 및 의약품 개발에도 박차를 가하고 있는 것으로 알려져 있다. 이켈란을 비롯한 몬드라곤의 뛰어난 연구 개발 능력은 몬드라곤 그룹의 기술 및 시장에 대한 강조, 지속적인 혁신에 대한 강조, 미래 투자를 위한 자본 축적 원칙의 수립 등을 기반으로 해 형성됐으며, 이것이 몬드라곤 협동조합의 기술 및 품질 경쟁력을 뒷받침하고 있다.

마지막으로 몬드라곤 협동조합 그룹은 몬드라곤 대학이나 오타롤라 Otalora와 같은 교육 및 훈련 기관을 운영해 협동의 문화를 확산시키고, 리더를 양성하는 일을 초기부터 강조해왔다. 현재 개별 협동조합의 잉여금 중에서 2%는 교육기금으로 할당되고 있으며, 2008년에 교육협동조합진흥기금FEPI은 총 1200만 유로로 달한다. 특히 오타롤라는 신입 조합원의 협동조합 운영 원리 이해, 간부 능력 개발, 팀 빌딩, 사회평의회 회원 역량 강화 등을 위한 다양한 교육 프로그램을 운영하고 있어 협동조합의 의사결정 효율성을 높이는데 기여하고 있다. 이처럼 몬드라곤 협동조합그룹의 강력한 연대 체제는 개별 노협 차원에서 나타날 수 있는 집단적 의사결정 비용을 현저히 낮추는데 기여한 것으로 평가된다. [27]

이러한 몬드라곤 그룹의 강력한 연대 체제는 몬드라곤 협동조합의 10대 원칙에 잘 나타나 있다. 제3원칙인 노동을 사회와 인간의 기본적 요소로 본 노동의 우월성sovereignty, 제6원칙인 급여의 연대성, 제7원칙인 협동조합 간 협동, 제8원칙인 사회적 변혁social transformation 등은 몬드라곤협동조합그룹이 연대를 기본 원리로 해 운영된다는 것을 보여준다.

....

27) Surroca 외, 2006.

■ Ikerlan
세계적인 몬드라곤 기술연구개발기업(1974년, 기술자와 기술수요자가 출자해 만든 기업, 약 200명 고용, 2,200만 유로 매출)

■ 스페인 몬드라곤 Irizar Group
유럽에서 두 번째로 큰 luxury coaches 생산자로 몬드라곤 협동조합 그룹의 일원, 설립연도 1998년, 종업원 2,900명.

■ SACMI
1919년 설립, 세라믹타일 등을 위한 기계를 제조하는 이탈리아의 대표적 기업, 4000여 명 고용, 12억 유로 매출

■ Suma Wholefoods
영국, 1975년에 설립된 공정무역, 유기농식품 도매회사, 직원 150명, 2,600만 파운드 매출

■ Camst
이탈리아 외식 산업의 선도 기업, 1945년 설립, 1만 1천명 고용, 9억 4천만 유로 매출

■ 미국 San Francisco, Rainbow Grocery
종업원 250명이 조합원으로 가입돼 있는 식료품 소매기업

■ 미국 Boston, Equal Exchange
보스톤 외곽에 소재한 커피, 차, 바나나 등의 공정무역 수입업체로서 80명의 종업원들이 소유한 협동조합

■ 캐나다 토론토 The Big Carrot Natural Food Market
1983년 설립, 조합원 65명, 직원 185명

■ 미국 New York City, Cooperative Home Care Associates
뉴욕 South Bronx borough에서 1,500명의 재가 건강 관리 노동자들의 협동조합

■ 포르투칼 Training and Cultural Activities Cooperative(COFAC)
포르투칼에서 가장 큰 협동조합대학. 1986년 설립돼 학생 수 1만 5천명, 교수 1천명, 직원 300명

■ 한국 행복나눔마트협동조합
■ 한국 한국유지보수협동조합
■ 한국 엑투스협동조합(소프트웨어 자문, 개발 및 공급)
■ 한국 해피브릿지(외식 산업)

금융협동조합의
비즈니스 모델

1
금융협동조합의 세 가지 유형

금융협동조합은 예금자와 대출자를 중개하는 기능을 담당하는 기업을 예금자와 대출자들이 소유하는 형태의 협동조합이다. 이러한 금융협동조합은 협동조합상업은행 혹은 신용협동조합, 협동조합투자은행, 사회적금융협동조합 등으로 나뉜다. 이 중에서 가장 오래된 금융협동조합은 19세기 중반 독일에서 시작된 신용협동조합credit union 혹은 협동조합은행cooperative bank이다. 신협은 담보 부족으로 상업은행commercial bank 주식회사의 대출 서비스로부터 배제된 농민, 노동자, 소상공인 등이 출자금과 정기예금으로 조성한 자금을 바탕으로 설립한 자조 금융 기관이다. 담보를 제공하지 않고도 필요한 생산 및 생활자금의 수요를 충족시키기 위한 목적으로 만든 것이다.

독일의 신협 모델은 19세기 후반 오스트리아, 이탈리아, 스위스, 벨기에, 프랑스 등 유럽 전역으로 확산됐을 뿐만 아니라 이집트, 일본, 중국, 미국, 캐나다 등 다른 대륙으로도 전파됐다. 20세기 초반에는 스칸디나비아반도로, 20세기 중반에는 호주, 일부 아시아, 아프리카, 남미 국가 등으로까지 번져나갔다. 예금자와 대출자가 소유하는 협동조합형 금융 기관은 이제 전 세계에서 찾아볼 수 있는 보편적 형태가 됐다. 특히 오스트리아, 프랑스, 네덜란드, 독일, 핀란드 등의 나라에서는 가계 대상의 소매 금융 시장에서 협동조합은행이 적지 않은 비중을 차지하고 있다. 우리나라도 산업화 시기였던 1960년대 중반을 계기로 신협과 새마을금고가 설립되기 시작했고, 현재는 2천만 명에 달하는 국민이 조합원으로 가입돼 있다. 이러한 신협과 협동조합은행은 보험 업무를 겸하는 경우가 많으며, 보험협동조합이 별도로 조직돼 운영되는 나라도 있다.

두 번째 유형인 협동조합투자은행은 개인 이용자가 아니라 노동자협동조합, 사업자협동조합, 소비자협동조합 등의 자금 수요를 충족시키는 역할을 주로 담당한다. 협동조합 출자금에 대한 권리(출자증권)를 시장에서 거래할 수 없다는 측면 때문에, 협동조합투자은행들은 협동조합들에 지분 투자를 하기 보다는 주로 대출을 제공하는 방식으로 자금을 제공하고 있다. 이러한 협동조합투자은행은 스페인 몬드라곤 지역과 미국 등 매우 제한된 지역에서만 1950년대와 1980년대에 각각 설립돼 운영되고 있다.

마지막으로 사회적금융협동조합은 주로 1990년대 이후에 나타난 마이크로파이낸스협동조합, 지역개발신용협동조합, 사회적투자금융협동조합 등으로 세분화된다. 마이크로파이낸스협동조합은 경제적 자립을 추구하는 저개발국의 극빈층들에게 사업 자금을 지원하기 위한 마이크로파이낸스 기관들 중 협동조합 방식으로 운영되는 조직을 지칭한다. 방글라데시의 그라민은행으로 잘 알려진 마이크로파이낸스 조직은 주로 비영리 기업의 형태를 띠고 운영됐으나 일부는 이용자들이 소유하는 협동조합 형태를 띠고 있다. 다음으로 지역개발신용협동조합Community Ddevelopment Credit Union은 1994년과 2002년 각각 미국과 영국에서 도입된 지역개발금융 기관Community Development Finance Institutions 제도의 일환으로 등장한 신용협동조합으로써, 기존의 신용협동조합들 중에서 낙후된 지역의 취약 계층을 위해 마이크로파이낸스 서비스를 제공하거나 해당 지역의 사회적기업들에 필요 자금을 제공하고 그 대가로 정부의 각종 지원을 받는 신용협동조합을 지칭한다.

이때 마이크로파이낸스협동조합 및 지역개발신용협동조합과 기존의 협동조합은행의 가장 큰 차이점은 외부로부터의 지원 여부라고 할 수 있다. 기존의 신협은 조합원 간의 자조와 협동을 통해 조합원의 자금 수요를 충족시키고, 외부로부터의 자금 지원 없이 자립을 원칙으로 운영된다. 반면 마이크로파이낸스협동조합이나 지역개발신용협동조합은 정부, 민간기업, 혹은 국제기구 등으로부터 자금을 지원받는다. 그 주된 이유는 이 협동조합들의 금융 서비스 이용자, 즉 조합원들이 경제적으로 매우 취약한 주민들이어서 자조의 원리만으로 금융 서비스를 지속적으로 충족시키기 어렵기 때문이다.

마지막으로 사회적투자금융협동조합은 일부 선진국에서 사회적 정의를 실현하거나 환경 보호 및 기후 변화 대처를 위한 프로젝트에 투자하거나 대출하기 위해 개인 및 단체 등으로부터 자금을 조달하는 사회적 은행을 협동조합 방식으로 운영하는 조직이다. 이러한 사회적투자금융협동조합은 최근에 독일 등에서 등장하고 있다.

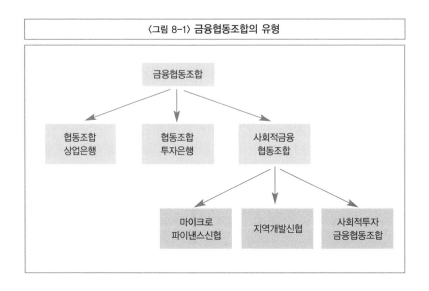

〈그림 8-1〉 금융협동조합의 유형

2
협동조합상업은행

1) 협동조합상업은행의 목적과 운영 원리

신용협동조합(신협)은 조합원들로부터 예금을 받고 이를 조합원들에게 대출해줌으로써 외부의 지원 없이 조합원 스스로 금융적 수요를 충족시키는 대표적인 자조 금융 기관이다.[1] 조합원들은 이용자인 동시에 신협의 주인으로, 금리 수준, 대출액 상한, 정관 개정 등과 같은 주요 사안을 1인 1표 원칙에 의해 민주적으로 결정한다. 저축할 자금은 없고 돈을 빌릴 때는 대금업자로부터 고리에 빌릴 수밖에 없었던 농촌과 도시의 경제적 약자들이 이러한 악순환으로부터 벗어나기 위해 상호 신뢰를 바탕으로 연대하고, 여기에 박애정신을 지니고 있던 일부 부자들의 노력이 더해져 금융 기관을 설립할 수 있었던 대표적인 모델이 19세기 중엽 설립된 독일의 라이파이젠Reiffeisen 신협이다. 설립의 주역들은 동일한 지역에 살면서 다양한 모임을 함께 하고 경제활동을 같이 벌이며 경험과 삶을 공유했던 사람들이었다. 이러한 전통을 계승했기에 신협 내부에는 빌려간 채무의 이행을 강제하는 강력한 사회적 제재가 작동한다. 조합원들 사이에 존재하는 공동의 유대가 그것이다. 즉, 채무를 이행하지 않는 조합원들은 신협 내의 지분을 상실할 뿐 아니라 공동의 유대를 잃는 추가적 비용을 지불해야 하는 것이다.

----

1) 신협은 자조 금융이라는 점에서 저축신용순번제(Rotating Saving and Credit Associations: ROSCA)와 핵심적 특징을 공유한다. 저축신용순번제는 서로 친분이 있는 지역민들이 정기적으로 모임을 가지면서 일정 금액을 적립하고 이 적립된 금액을 가입자들에게 순서대로 배분하는 제도로, 우리의 계에 해당한다. 신협은 저축신용순번제에 비해 한층 근대화되고 발전된 자조 금융 형태라고 할 수 있다. 신협의 구성원인 조합원들은 차입을 위해 자기 차례를 기다릴 필요가 없고 더 빠른 순번을 얻기 위해 별도의 노력을 기울일 필요도 없다(Armendáriz & Morduch, 2010).

우리나라의 신협도 지역, 단체, 직장이라고 하는 공동 유대의 단위를 기초로 설립됐다. 이러한 조합원 소유, 공동 유대, 사회적 제재 능력은 예금 확보, 정보 획득, 차입자 모니터링 등의 측면에서 신협이 전통적 금융 중개 기관들에 비해 우월한 성과를 거둘 수 있도록 하는 핵심적인 요인이다.[2] 신협 조합원 간의 밀착성 및 신뢰의 형성은 투자자소유은행이 가난한 자에 대해 대출을 기피하던 근본적인 원인, 즉 '상환 능력을 신뢰할 수 없다는 점'을 해소하는데 기여했다. 또한 신협에 대한 소유권을 예금자가 가지는 구조는 예금보험 기능이 부재했던 시기에도 예금의 안정성에 대한 예금자들의 잠재적 불신을 크게 완화시킬 수 있었다.

신협은 사업 목적, 소유 구조, 자본 구조, 지배 구조 등에서 투자자소유은행과는 적지 않은 차이가 있다. 신협은 조합원의 금융적 편익의 증대를 목적으로 하며 조합원은 조합과 장기적 거래 관계를 유지한다. 외부 투자자의 이익보다는 조합원의 편익이 사업 전략의 중심에 놓여 있다. 또한 단기적 이윤의 극대화를 목표로 하지 않고 장기적 성장을 위한 건전한 이윤성을 추구한다. 신협을 통해 부가된 가치는 외부의 투자자에게 배당을 통해 배분되기보다는 조합원과 고객을 위한 금융 상품 및 서비스의 가격 인하, 품질 향상을 통해 나타나게 된다. 투자자소유은행은 단일한 소유 지배 체제 아래 수많은 지점을 관할하는 수직적 위계 구조를 지니는데 비해, 신협은 조합 간 수평적 수직적 협동에 의존하는 네트워크 형태의 조직 체계를 가진다.

신협은 이용자인 조합원이 소유하기 때문에 소유자와 이용자가 분리될 수 없는 구조다. 신협의 조합원은 총회의 구성원이고, 이사회 구성원의 선거에 참여하는데, 이 지배 구조는 기본적으로 1인 1표에 기초해 있다. 협

---

2) 자세한 내용은 박종현과 장종익(2014)을 참조할 것.

동조합의 출자 증권은 거래되지 않는다. 그러므로 신협의 자본금은 거의 내부 유보금에 의존한다. 아주 예외적인 경우를 제외하고 대체로 신협은 투자자소유은행에 비해 사업 및 재무적 위험도가 낮은 편이다. 그 이유는 세 가지로 요약될 수 있다.[3)]

첫째, 신협은 투자자소유은행과 달리 배당의 극대화를 위한 이윤 극대화의 압력에 놓여 있지 않기 때문에 고수익 고위험의 투자 포트폴리오를 피할 수 있다. 둘째, 신협은 사업 결정과 대출 정책에 있어서 단기 성과에 대한 압력을 덜 받고 그 대신 장기적 관점을 보다 강조하는 경향이 있다. 셋째, 신협은 주로 지역에 강한 기반을 두고 있기 때문에 고객의 위험 정도에 대한 정보의 비대칭성 문제에 덜 노출될 수 있다. 실제로 투자자소유은행과 협동조합은행에 대한 실증 분석을 한 결과, 협동조합은행의 부실채권 상각처리율이 더 낮다는 점이 밝혀졌다(〈그림 8-2〉 참조).

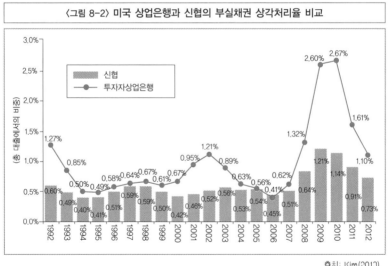

〈그림 8-2〉 미국 상업은행과 신협의 부실채권 상각처리율 비교

출치; Kim(2013).

2) 협동조합상업은행의 발전 과정과 현황

19세기 중반 독일에서 시작된 신협운동은 유럽에서 크게 성공했다. 독일의 신협 모델은 19세기 후반에 유럽 전역으로 확산됐을 뿐만 아니라 세계적인 현상이 됐다. 세계 각국 대부분의 신협은 크게 세계신협협의회 World Council of Credit Council와 유럽협동조합은행연합회Association of European Cooperative Bank에 가입돼 있다. 그러나 중진국 및 개발도상국의 신협들 중에는 이 두 조직에 가입하지 않은 곳도 적지 않다[4]. 1969년에 설립된 세계신협협의회에는 전 세계 96개국의 4만 9천여 개 신협, 1억 7천 7백만 명의 조합원이 가입해 있다[5]. 이 중에서 미국, 캐나다, 멕시코 등 북미의 조합원 수가 1억 4백만 명으로 다수를 차지한다. 반면 아프리카, 아시아, 남미에서 신협이 발달한 나라는 많지 않다. 아프리카 대륙에서는 부르키나파소, 코트디부아르, 케냐, 말리, 토고 등을 꼽을 수 있다. 아시아에서는 일본, 한국이 신협이 가장 발전한 나라다. 남미에서는 아르헨티나, 에콰도르, 코스타리카, 파라과이, 우루과이 등에서 신협이 활성화돼 있다.

2008년 현재 유럽협동조합은행연합회에는 26개 전국연합회가 가입했고 이 연합회에 가입한 일차 협동조합은행은 총 4,461개에 달한다. 협동조합은행은 약 5천 2백만 명의 조합원과 약 1억 6백만 명의 고객을 보유하고 있다. 유럽의 협동조합은행은 유럽 예금시장의 21%, 대출시장의 19%를 차지한다(ECBA, 2008). 특히 오스트리아, 핀란드, 독일, 프랑스, 네덜란드, 이탈리아 등에서 협동조합은행이 상당히 발달했다. 지점 수 기

3) Ciak and Hesse(2007), Ayadi 외(2010) 등을 참조할 것.
4) 예를 들면, 우리나라의 경우 신협중앙회가 세계신협협의회에 가입돼 있지만 새마을금고중앙회나 농협중앙회는 가입돼 있지 않다. 특히 중진국 및 개발도상국의 농업신용협동조합이 가입되지 않은 경우가 흔하다.
5) 이 통계는 세계신협협의회에 가입돼 있거나 가입돼 있지 않은 신협을 모두 포함하고 있다.

준으로 시장점유율을 살펴보면, 2003년 오스트리아는 52.6%, 프랑스는 60%, 네덜란드, 독일, 핀란드는 각각 40%의 수치를 나타내고 있다.

선진국에서 주로 발전해 왔던 신협과 협동조합은행은 1980년대 이후 세계화와 정보통신기술 혁명이라는 시장 및 기술 환경의 급격한 변화와 금융시장에서의 경쟁 격화에 직면하게 됐다. 선진국 대부분의 신협과 협동조합은행은 이러한 환경에 대응하기 위해 사업 구조 측면에서 사업의 다각화 및 유니버설 뱅크universal bank화를 추구했고, 조직구조 측면에서 일차 협동조합의 합병 또는 연합 조직 간 합병을 통한 규모화와 네트워크 중앙 조직 기능의 대폭적인 강화를 꾀했다. 그리고 자본 조달 구조 측면에서 새로운 자본 조달 방식의 도입과 일부 협동조합중앙은행의 주식회사화를 도모했다. 그 결과 선진국의 신협과 협동조합은행은 사업 영역, 사업 대상, 자본 조달 구조, 조직 구조면에서 투자자소유은행과 유사성이 높아지고 있다.[6]

오늘날 금융 환경에서 보통 사람들의 신용에 대한 접근성 문제는 상당히 해소됐다. 즉 선진국 신협과 협동조합은행의 설립 초기 목적이었던 금융 배제층을 대상으로 한 신용 제공이라는 과제는 더 이상 큰 의미를 가지기 어려운 것이다. 이렇게 대출보다는 예금이 많아지고 투자자소유은행과 경쟁이 격화되면서 신협과 협동조합은행은 금융 배제층에 대한 신용 제공이라는 목적보다는 조합원과 고객들에게 더 나은 금융 서비스를 제공한다는 목적을 보다 명시적으로 강조하고 있다. 이러한 변화는 시장 및 기술 환경의 변화에 대한 신협의 생존을 위한 필요조건으로 판단된다. 그러나 지속 가능성을 위해서는 조합원에 의한 통제 구조 구축, 지역을 기반으로 하는 사업과 투자를 통한 협동조합 지역 사회 구축에 기여하는

---

6) 보다 자세한 내용은 장종익(2011)을 참조할 것.

노력이 더욱 요구되고 있다.

3) 한국 협동조합상업은행의 현황

한국에서 협동조합 형태의 상업은행은 농협, 수협, 산림조합, 신협, 새마을금고 등 다섯 가지로 나뉜다. 농협은 농촌 지역에서의 1차 조합과 농협중앙회로 구성돼 있는데, 여기에서 협동조합 방식의 금융업을 하는 것은 1차 조합이다. 농협중앙회의 금융 점포는 주식회사상업은행과 다를 바 없이 운영된다. 즉, 조합원 제도 없이 일반인을 대상으로 하는 예금, 대출, 보험, 증권 등의 서비스를 거래하고 있기 때문에 협동조합금융이라고 할 수 없다.[7] 1차 조합에서의 금융 사업은 1960년대 말 시작됐고, 2011년 말 현재 총 226조원의 수신고를 올리고 있다. 수협의 경우도 마찬가지다. 수협중앙회의 금융 사업은 협동조합금융이 아니며 90개 1차 조합에서의 상호금융이 협동조합금융 역할을 하고 있다. 그 총 자산은 2011년 말 현재 약 18조원에 이르고 있다. 산림조합은 1994년부터 금융 사업을 시작해 약 4조원의 자산을 보유하고 있다.

<표 8-1> 한국 협동조합상업은행의 현황(2011년)

	농협	수협	신협	새마을금고	산림조합	합계
조합수	1,165	90	955	1,488	135	3,793
조합원 수(천명)	2,093	158	5,863	15,989	489	24,592
총 자산(조원)	257.6	17.7	49.5	91.4	4.5	420.7
총 수신(연말 잔액, 조원)	226.5	15.0	43.3	79.1	4.0	367.9
예대율(%)	74.3	79.2	68.7	60.5	56.6	-

출처: 이재연 외(2012)

7) 농협중앙회처럼 사업연합회가 직접 불특정 다수를 대상으로 하여 예금과 대출업무를 수행하는 경우는 세계에서 매우 드물다.

우리나라에서의 농협, 수협, 산림조합은 농림수산업에서의 농림수산업자들이 공동구매와 공동판매 혹은 공동 가공 사업을 수행함과 동시에 금융사업도 함께 수행하는 겸영 협동조합이라고 할 수 있다. 서구와 북미의 경우에는 이러한 경우가 거의 발견되지 않는 반면 일본, 대만, 한국에서는 이러한 겸영 협동조합 형태가 나타난다.

금융사업만 취급하는 협동조합으로는 신용협동조합과 새마을금고가 있다. 관제 성격이 강한 농협 및 수협이 정부 주도로 정비되던 1960년대에 가톨릭이 중심이 된 자발적 신협 운동이 전개됐다. 1972년 신협법이 제정돼 이를 근거로 1973년 277개 신협을 회원으로 하는 신용협동조합연합회가 공식 발족했다. 한편, 1963년에는 재건국민운동본부를 중심으로 새마을금고 설립운동이 전개됐는데, 1982년 내무부(현재 행정안전부)를 주무관청으로 하는 새마을금고법 제정에 근거해 새마을금고와 새마을금고연합회가 별도로 운영되고 있다.

우리나라 신협과 새마을금고, 그리고 농협의 주 사업이었던 상호금융사업은 선진국의 신협은행처럼 자본주의발전 초기에 금융 배제층에 대한 신용의 제공이라는 기능을 수행해온 협동조합이라고 할 수 있다. 이 협동조합상업은행들에 가입된 조합원 수는 2천 4백만 명이 넘고, 전국에 9,800개의 금융 점포가 운영 될 정도로 크게 발전했다.

그러나 1990년대 이후에 세계화와 정보통신기술혁명으로 시장 및 기술 환경이 급격히 변화하고, 자금 부족 시대에서 잉여의 시대로 전환되면서 우리나라 협동조합상업은행도 금융시장에서의 경쟁 격화에 직면하게 됐다. 일례로, 신협이나 새마을금고의 예대비율(예금 잔액에 대한 대출 잔액 비율)은 각각 69%와 60%에 불과한 실정이다(〈표 8-4〉 참조). 이 같은 현상만 보면 우리나라의 협동조합상업은행에서도 금융 배제층에 대한 신용의 제공이라는 초기 미션의 중요성은 낮아지는 것처럼 보일 수 있다. 그러나 연리 최고 39%로 신용 대출을 제공하는 대부업 거래자 수가 2011년 말 252만 명에 달하고 대출금액이 8조 7천억 원에 이르는 현상을 보면 자금 공급에 대한 경제적 취약 계층의 수요는 여전하다는 것을 알 수 있다. 그럼에도 우리나라 협동조합상업은행들은 이에 적절히 대응하지 못하고 있는 실정이다. 또한 신협이나 새마을금고 모두 까다로운 법적 요건과 감독관청의 규제로 인해 신규 설립이 어렵게 돼 있다. 2011년 말 제정된 협동조합기본법도 금융과 공제분야 협동조합의 설립을 금지하고 있어 금융 배제층을 대상으로 하는 금융협동조합의 설립이 봉쇄돼 있는 실정이다.

3
협동조합투자은행

다음으로 금융협동조합에서 나타난 새로운 유형의 협동조합은 협동조합 사업체에 대한 투·융자를 담당하는 협동조합투자은행이다. 이러한 협동조합투자은행은 스페인의 몬드라곤 지역에서 가장 먼저 등장했다. 1959년 설립된 협동조합은행인 카하 라보랄Caja Laboral Populaire, 노동인민금고은 금융협동조합이기는 하지만 처음 설립했을 때 개인 예탁자들을 조합원으로 설정한 것이 아니라 노협과 기타 협동조합들을 조합원으로 구성했다. 이 점이 기존 금융협동조합과 가장 큰 차이점이다. 카하 라보랄은 조합원들에게 상호금융의 역할을 수행하는 동시에 기존 노협의 확장이나 새로운 노협의 설립에 필요한 자금을 대출하는 것이 주요 목적으로 하고 있다.

1992년까지 카하 라보랄은 몬드라곤 내에서 생산적 활동을 펼치던 여러 협동조합들의 허브 역할을 담당했다. 여러 협동조합들은 카하 라보랄로부터 금융적 지원financing assistance은 물론 경영상의 조언technical assistance을 받음으로써 창업 단계의 어려움을 극복하고 지속적인 성장을 할 수 있었다. 몬드라곤협동조합 복합체는 전통적인 제조업을 영위하는 협동조합들과 금융, 연구, 기술교육 및 훈련, 기술적 지원, 사회 서비스 등 다양한 협동조합들로 구성된 2차 협동조합들의 네트워크 조직이다. 금융 분야와 관련해서는 카하 라보랄의 설립을 통해 금융적 자원과 경영·기술 관련 지식을 연계시켰다. 카하 라보랄에는 설립 초기부터 '은행국'Banking Division과 '기업국'Entrepreneurial Division이 별도로 존재했다. 그 이유는 호세 마리아 신부가 [개인의 저축→협동조합에 대한 투자→새로운 일자리 창출→저축의 증가] 등의 선순환 구조를 만드는데 있어서 카하 라보랄이 중요한 역할을 해야 한다고 여겼기 때문이다.

기업국은 카하 라보랄 내의 특별한 부서였는데, 이들의 주요 기능은 바스크 지역에 협동조합 기업들이 새로 세워지는 과정을 돕고 기존의 협동조합 기업들에도 경영상의 지원과 조언을 제공하는 것이었다. 기업국은 특히 기존 협동조합 기업들이 새로운 분야로 진출하거나 새로운 제품을 출시하는 과정에 적극적인 역할을 담당했다. 몬드라곤 협동조합체가 새로운 협동조합을 합류시키고 어려움에 직면한 협동조합들을 다시 궤도 위에 올려놓음으로써 전체 조합체의 규모를 안정적으로 확대할 수 있었던 데는 카하 라보랄 내 기업국의 역할이 결정적이었다. 당시 기업국은 연평균 4개의 협동조합의 탄생 및 성장에 함께 했다. 스페인 전체에서는 창업 기업들의 90%가 5년 이내에 파산했던 것에 비해, 바스크 지방에서 카하 라보랄 기업국의 지원을 받아 설립된 협동조합 기업들 중 5년 이내에 파산한 곳은 20%에 불과했다[8].

당시 카하 라보랄은 금융적 전문성과 경영 기술적 전문성 사이의 긴밀하고도 지속적인 협력 관계를 확보한 가운데 활동을 펼쳤는데, 이 점은 카

---

8) 보다 자세한 내용은 Clamp 외(2010)를 참조할 것.

하 라보랄의 고유한 특징이었음과 동시에 몬드라곤협동조합 복합체 전체의 성공을 가능케 했던 중요한 요인이었다. 이러한 지원 체계가 부재했던 여타 스페인 지역에서는 노협들 대부분이 성장하지 못하고 소규모에 머물렀다.

카하 라보랄에서 기업국은 1992년 없어졌다. 그 이후에도 몬드라곤협동조합 복합체는 창의적이고 혁신적인 모습을 유지했다. 이때부터는 몬드라곤협동조합 복합체 본부 조직이 신규 사업 진출 등과 같은 전략적 의사 결정에 관여했고, 오타롤라^{Otarola}연수원과 몬드라곤 대학에서 기술 관련 훈련 및 교육을 담당했다. 그리고 기업가적 문화를 양성하고 젊은이들의 임노동자 정서를 극복할 목적으로 기업가 양성 기관인 사이올란^{Saiolan}을 설립했다. 몬드라곤은 기업가 정신의 핵심 중 하나가 여러 사람들의 긴밀한 협력이라고 믿고 있으며, 기업가 정신은 여러 사람들 사이의 협동 속에서 제대로 현실화될 수 있다는 철학을 가지고 있다.

현재 바스크 지방 은행 예금 시장에서 2위를 차지하고 있는 카하 라보랄은 협동조합들의 출자금 50%, 종업원 출자금 28%, 은퇴자 출자금 8%, 고객 출자금 14% 등으로 구성된 자기 자본 구조를 지니고 있으며 100개의 협동조합 및 120만 명의 고객과 거래하고 있는 협동조합종합은행이다. 카하 라보랄의 이사회는 출자한 협동조합과 직원 각각 4명으로 구성돼 있다. 1992년 스페인 중앙은행의 요구로 기업국의 기능이 몬드라곤협동조합 복합체의 본부와 여러 지원 조직으로 이관된 이후 현재 카하 라보랄의 업무는 95%가 일반 금융이고 나머지 5%는 기업 투자 활동으로 이뤄져 있다. 현재 바스크 지방의 노협들은 카하 라보랄로부터만 자금을 차입하는 것이 아니라 여러 곳으로부터 조달한다. 예를 들면, 울마^{Ulma} 협동조합은 차입금 총액의 4분의 1은 카하 라보랄로부터 조달하고 4분의 1은 조합원으로부터 조달하며, 4분의 1은 몬드라곤 그룹 내 협동조합 간 연대기금^{Intercooperative Fund}으로부터, 그리고 나머지 4분의 1은 다른 은행에서 조달하고 있다. 카하 라보랄은 이윤의 50%를 적립하고, 25%는 조합원에게 이용고 배당을 하고 있으며(12.5%는 회원 조합에 배당하고, 12.5%는 종업원에게 배당함), 나머지 25%는 협동조합 간 연대기금이나 지역사회에 투자하고 있다.

협동조합투자은행의 또 다른 유형은 정부 차원에서 협동조합에 대한 자금을 지원하기 위해 금융 기관을 설립하고, 이것이 점차 협동조합들의 소유로 전환되는 방식이다. 예를 들어 미국에서는 주택협동조합, 소매상들의 도매협동조합, 농촌전기협동조합 등 다양한 유형의 협동조합들에 의한 금융 수요가 높아지자 미국 연방의회의 법률 제정으로 연방정부가 1980년 1억 8천 4백만 달러의 자본금을 투입해 협동조합은행National Cooperative Bank을 설립했다. 그리고 이 은행은 1981년 여기서 자금을 차입하는 협동조합들이 소유하는 협동조합은행으로 전환됐다. 9) 이 협동조합은행은 미국 노협, 주택협동조합, 농촌전기협동조합 등에 대한 주요한 대출 기관으로 기능하고 있다.

캐나다 퀘벡 주의 데잘뎅Desjardin신협은 협동조합상업은행으로 출발했지만 이후 설립한 각종 기금을 통해 협동조합에 대한 대출 및 투자 기능을 훌륭하게 수행한 대표적인 사례다. 신협은 예·적금, 보험, 대출서비스를 주로 개인 조합원에게 제공하는 것이 일반적이다. 그런데 데잘뎅신협은 경제적 약자들이 협동조합이나 연대협동조합solidarity cooperatives을 설립하거나 확산시킬 수 있도록 자금 지원 기능을 수행해왔다. 데잘뎅신협이 주도해 1971년 설립한 데잘뎅 연대경제기금Caisse d'economie solidaire Desjardins이 대표적이다. 이 기금은 지역의 진흥과 사회적 주택 설립을 추진

---

9) www.ncb.coop를 참조할 것.

하는 협동조합 및 비영리조직을 대상으로 자금을 제공했다.

데잘뎅신협그룹은 개발자본development capital도 운영하고 있다. 개발자본은 주식이나 후순위채권unsecured equity or quasi-equity을 통해 자금을 조달해 재무적 수익률과 사회적·경제적·환경적 목적을 동시에 달성하기 위한 사업 방식이다. 개발자본은 지역공동체 발전, 일자리 창출, 직업훈련, 환경보호 등 사회적 투자 기준을 설정하고 있다. 개발자본은 전통적 방식의 대출뿐만 아니라 집단적인 대출이나 기업에 대한 지분 투자 등의 방식으로 사용한다. 퀘벡 지역에서 운영되는 개발자본으로는 1980년 노동자들이 만든 기금인 Fonds de Solidarite, 1995년에 설립된 FONDAC-TION, 그리고 데잘뎅신협이 주도해 만든 Capital regional et cooper-atif Desjardins(CRCD) 등이 대표적이다. CRCD는 2001년에 설립됐는데, 일반 시민들이 연간 2500 달러 한도 내에서 CRCD에 투자할 수 있으며, 이 투자액의 50%까지 소득세가 면제된다. 다만, 소득세 면제 조건으로 투자 지분은 최소 7년간 보유해야 한다. CRCD는 이러한 투자 활동을 통해 다양한 사회적경제 조직체들에게 자본, 전문가, 그리고 퀘벡 내 기업체 및 협동조합의 네트워크에 대한 접근 경로를 제공하고 있다.[10]

연대협동조합과 비영리조직은 사회적 금융 체제의 발전 없이는 지속적인 성장을 하기 어려운데, 데잘뎅신협그룹은 이러한 사회적 금융 체제의 형성을 주도하고 있다. 역사적으로 퀘벡의 사회적 경제 부문의 비영리조직들은 기부, 기탁금, 정부 보조, 프로그램 펀딩, 채무 보증, 자체 자금 조달 등을 통해 활동을 전개해왔다. 그러나 이러한 자금 조달 방식으로는 시장 활동을 통해 사회 경제 환경적 목적을 달성하고자 하는 기업들의 필요 자금을 조달하는데 한계가 있다. 퀘벡에서는 지난 십여 년 동안 사회

---

10) 보다 자세한 내용은 장종익(2012)을 참조할 것.

적 금융이라고 하는 새로운 금융 기관이 형성됐고, 이러한 금융 기관을 매개로 새로운 주체와 네트워크가 형성됐으며, 혁신적인 투자 상품과 기술적 지원이 고안되고 이행됐는데, 데잘뎅신협이 그 과정에서 중심적 역할을 수행했다.

데잘뎅신협그룹은 캐나다 불어권 지역의 대표적인 협동조합상업은행이다. 2009년 말 현재 481개 신협, 조합원 수 5백 8십만 명, 1천 2백억 달러의 자산을 보유하고 있으며, 4만 2천 2백 명의 직원을 고용하고 있다. 퀘벡 지역에서는 신협의 점포 수가 일반 은행의 점포보다 많으며, 신협은 지역 예수금의 3분의 1이상을 맡고 있다.

반면 우리나라에서 협동조합투자은행의 설립은 법적으로 허용되지 않고 있으며, 신협이나 새마을금고의 경우 협동조합이나 사회적기업 등 외부 법인에 대해 투자할 수 있는 법적인 근거를 가지고 있지 못하다. 신협과 새마을금고는 경제적 약자들 사이의 자금의 상호 융통에 초점을 맞췄을 뿐 경제적 약자들의 협동사업체에 대한 자금 지원 기능을 발전시키지 못했던 것이다. 이는 그동안 우리나라에 2차 및 3차 산업 분야에서 다양한 협동조합을 설립할 수 있는 법적 자유가 주어져 있지 않았기 때문이기도 하다. 다만, 농협에 대해서는 공동판매 및 공동 가공 사업을 추진하는 데 필요한 자금을 신용 사업으로 조달된 예수금을 내부 이전하는 방식으로 차입, 조달하는 것이 허용돼 왔다.

4
사회적금융협동조합

사회적금융협동조합은 조합원 간 호혜성의 원리만으로 금융 서비스를 생산하고 공급하는 것이 아니라 연대와 지원 등을 통해 공익적 목적의 금융 서비스를 공급하는 협동조합을 일컫는다. 현재 지구상에서 발견되는 사회적금융협동조합들로는 마이크로파이낸스협동조합, 지역개발신용협동조합, 사회적투자금융협동조합 등이 있다.

　마이크로파이낸스는 저개발국에서 극빈층의 빈곤 탈출을 위해 전통적 금융 기관과 상이한 방식으로 다양한 금융 서비스를 제공하는 금융 기관이다. 1977년 방글라데시에서 그라민뱅크가 설립된 이후 전 세계로 급속히 확대돼 1997년에는 이용자가 1,350만 명, 2007년에는 1억 5,480만 명으로 급증했고, 3,352개의 마이크로파이낸스 조직이 운영되고 있다. 그라민뱅크의 모델이 정착하자 이러한 형태의 마이크로파이낸스는 전 세계 100여 개 국가로 확대됐다. 그리하여 저개발국에서의 마이크로파이낸스의 이용 고객 수는 이 지역에서 운영되고 있는 신협이나 협동조합은행의 조합원 수를 훨씬 초과하게 되었다. 우리나라의 경우에도 사회연대은행과 신나는 조합 등이 이러한 기능을 담당하고 있다.

　마이크로파이낸스는 일정 수의 극빈층으로 구성된 그룹에 대해 대출 및 공동 책임, 100달러 내외의 소액 대출 및 분할 상환, 교육 훈련, 창업 및 경영 컨설팅과 같은 사후 관리 서비스를 제공하는 것이 특징이다. 공동 책임이란 대출은 개인 명의로 받되 계처럼 서로 잘 알고 있는 사람끼리 그룹을 만들어 상환이 완료될 때까지 서로 정기적으로 만나고 상환에 대해 집단적으로 책임을 지는 방식이다. 이는 독일 라이파이젠신협이 서로 잘 알고 있는 마을 단위에서 조합을 결성했던 원칙과 매우 비슷하다. 이 밖에도 무한책임제 원칙, 그리고 대출 이용자들이 생산한 공예품 등의 공동판매사업이나 원자재 등의 공동구매사업 등을 통해 조합원의 소득 사업을 지원하는 사업 전개 방식에도 유사점이 있다. 그러나 마이크로파이낸스는 다음과 같은 두 가지 점에서 기존 신협과 다르다.

　첫째, 신협은 대출 자원을 조합원의 예금 즉, 지역 내 자원의 동원에 의존한 반면에 대부분의 마이크로파이낸스는 출발 초기부터 지역 외부, 더 나아가 선진국의 자금 지원에 크게 의존했다. 지역의 자치단체나 중앙정부, 그리고 미국과 유럽의 많은 자선재단, 세계은행, 투자은행, 뮤추얼펀드 등이 마이크로파이낸스에 많은 자금을 지원해왔다. 이러한 자금은 초기 대출 자원의 종자돈 역할을 하기도 하고 극빈층에 대한 이자 지원 역할을 하기도 했다. 실제로 방글라데시의 그라민뱅크는 1985~1996년 동안 외부로부터 총 1억 7,500만 달러의 보조금[11]을 받았다. 이를 통해 보조금이 포함된 대부 프로그램을 운영하고 있다. [12] 마이크로파이낸스에 대한 외부로부터의 자금 지원과 보조는 자조 및 협동을 기본 원리로 하는 신협 방식과는 차이가 난다. 우리나라의 신용협동조합도 설립 초기에 미국신협으로부터 일부 지원을 받은 경험이 있기는 하지만 대출 자금의 대부분은 조합원으로부터 조성됐다. 이는 극빈층을 대상으로 하는 금융 서비스의 출발은 자조 및 협동 원리만으로는 충분하지 않을 수 있음을 시사한다.

둘째, 대부분의 마이크로파이낸스조직은 민간 비영리조직이나 정부 주도 조직으로 출발했다. 이는 신협이 조합원들의 자발적인 참여로 조직화된 경우와는 다르다고 할 수 있다. 신협이 유지되기 위해서는 총회, 이사회, 전문적인 직원의 채용 및 관리, 전문적 회계 처리 및 리스크 관리 등에 있어서 조합원들의 참여와 헌신이 요구되는데, 마이크로파이낸스 조직에서는 차입자가 이러한 조직 유지 비용을 담당하지 않고 외부 전문가들이 담당한다.

이러한 특징을 지닌 마이크로파이낸스 기관들은 현실에서는 단일한 형

---

11) 이 보조금은 직접적 기부금, 소프트 론, 자본 소유를 통한 암묵적 보조, 상환 연기 지원금 등의 형태로 이루어졌다.
12) Aghion and Morduch, 2010.

태로 존재하는 것이 아니다. 각국이나 각 지역의 고유한 환경적 특성에 따라 금융 서비스를 필요로 하는 빈곤층, 곧 '고객'의 제약 조건이나 잠재력에도 차이가 있으므로, 이러한 차이를 반영해 마이크로파이낸스 기관들도 시민단체형, 주식회사형, 신협형 등 다양한 형태를 띠고 있다. 이 중에서 시민단체형과 주식회사형이 가장 많고 신협형은 상대적으로 적은 편인 것으로 조사되고 있다.[13] 신협형의 경우 대출에 필요한 자금은 조합원들이 출자를 해서 마련한 기금으로 조달하고, 대출은 조합원들에게만 제공하며, 최소주의 접근을 채택해 금융 서비스의 제공에만 집중한다. 협동조합은 조합원들에 의해 자체적으로 운영된다. 조합원들은 주요한 결정에 참여하고 조합장을 민주적으로 선출해 조합의 운영 방향을 결정토록 하고 조합장의 운영을 감시한다. 한편, 이윤은 지분 자본의 형태로 조합 내에 쌓아놓거나 조합원에게 분배한다. 대부분의 협동조합은 지리적 제한 속에서 존재하지만, 지역별 또는 전국적 차원의 연합회를 만들어 자금조달, 운영, 감독과 관련해 도움을 받기도 한다. 이러한 측면에서 볼 때, 외부의 지원을 본질적 특징의 하나로 보유하고 있는 마이크로파이낸스 조직이 신협 형으로 발전할 경우에 점차 극빈층을 위한 마이크로파이낸스 서비스 제공 기능이 감소하고 대신 개인 대출 등 상호 금융적 특징이 강화되는 경향이 나타날 수 있다.

다음으로 미국과 영국에서 낙후된 지역의 신협이 마이크로파이낸스 역할과 사회적기업 등에 대한 금융 지원 기능을 수행할 수 있도록 정부가 제도적으로 뒷받침해 운영되고 있는 지역개발신용협동조합도 사회적금융협동조합의 하나로 볼 수 있다.

---

13) 박종현과 장종익, 2014.

미국의 저소득층 지역에서는 오래 전부터 민간 차원의 자생적 금융 기관이 생겨났는데, 이러한 금융 기관은 주로 비영리 조직들이었다. 이 비영리 조직들의 지역 개발 노력을 미국 연방정부는 1960년대부터 지원해왔는데, 1994년도에 클린턴 행정부가 지역개발금융 기관법Community Development Banking and Financial Institutions Act of 1994을 제정하고 기금을 조성해 지역개발금융 기관을 본격적으로 지원하기 시작했다. 지역개발금융 기관은 낙후 지역의 저소득층에 대한 금융 서비스 제공에 특화된 지역개발은행Community Development Banks과 지역개발신협Community Development Credit Unions, 낙후 지역의 사업체들이나 비영리조직들에게 자금을 대출해주는 지역개발융자기금Community Delopment Loan Fund, 낙후 지역의 중소기업에 지분 투자를 하는 등 인내하는 자본patient capital을 제공하는 지역개발벤처캐피탈기금Community Development Venture Capital Funds 등으로 구성된다. 14)

2012년 말 기준으로 미국 46개 주에 250개 지역개발신협이 활동하고 있으며, 이 중 연방정부로부터 보증 받은 지역개발신협은 206개인 것으로 조사되고 있다. 미국 신협의 수가 7,710개이므로 지역개발신협의 비중은 약 3.3%이다(Kim, 2013). 이러한 지역개발신협은 저소득층 고객들에게 저렴한 비용으로 저축 및 당좌 계좌 개설 등 기본적인 금융 서비스를 제공하고 주택, 자동차, 기타 용도의 대출 자금을 제공하는 대표적인 가계 대출 특화 기관이다. 지역개발신협과 일반 신협과의 가장 큰 차이점은 금융 서비스 제공비용이 발생하더라도 저소득층의 자활을 위한 서비스를 제공하기 위한 자원은 외부로부터 지원을 받는다는 점이다. 예를 들면 〈표 8-5〉에서 보는 바와 같이 지역개발신협은 고객들에게 금융 상담 서비스, 금융 교육, 무료 세무 서비스 등을 제공하는 경우가 많고, 조합원 개인별 개

---

14) 보다 자세한 내용은 장종익과 박종현(2013)을 참조할 것.

〈표 8-2〉 미국연방정부가 보증하는 신협과 지역개발신협이 수행하는 금융 및 개발서비스의 비중

	신협 수(7,710)	지역개발신협수(206)	지역개발신협수/신협수
조합원 개인별 개발 계정	161(1%)	35(17%)	1,699%
금융상담서비스	1,871(11.6%)	104(50.5%)	435%
금융교육	1,871(11.6%)	93(45.2%)	389%
무료 세무서비스	199(1.2%)	32(15.5%)	1,263%
소액창업대출	679(4.2%)	29(14.1%)	334%
긴급신용대출	516(3.2%)	33(16.0%)	501%

출처: Kim(2013)

발 계정Individual Development Account을 취급한다. 조합원 개인별 개발 계정이란 일정한 자격을 갖춘 저소득층의 예금에 기부자의 기부금이 연동되는 예금 통장으로서 주택구입, 창업 및 사업 확장, 학교 진학 등의 용도에 사용될 수 있다. 그리고 지역개발신협은 소액 창업 대출이나 긴급 신용 대출을 제공하는 경우가 많다.

지역개발신협은 저 소득, 고 위험 시장을 대상으로 금융 서비스를 제공하기 때문에 전통적인 제도적 금융 기관에 비해 재무성과가 취약할 수밖에 없다. 또한, 많은 자원과 시간이 수반되는 상담 서비스도 제공하기 때문에 경상비용도 상대적으로 높다. 이러한 문제를 해결하기 위해 지역개발신협은 다른 지역개발금융 기관과 마찬가지로 연방정부가 제공하는 교부금, 대출금, 지분투자, 기술적 지원 등의 지원 프로그램을 이용하며, 개인·기업·금융 기관·재단 등으로부터 기부금을 받기도 한다. 사회적 투자자나 낙후 지역의 발전이라는 명분에 공감해 높은 이자를 기꺼이 포기하는 사람들의 예금도 주요 재원이다. 미국 연방정부는 저소득층에 대한 지원 차원에서 이러한 지역개발금융 기관에 일반 은행들이 의무적으로 지원을 하도록 하는 방향으로 지역재투자법Community Reinvestment Act을 개정하기도 했다. 또한 미국 연방정부는 낙후 지역의 지역개발 금융 기관에

투자하거나 대출하는 은행들에게 세제 혜택을 주거나 보조금을 지원하는 제도도 도입했다. 미국연방정부는 이를 총괄하기 위해 연방정부가 조성한 지역개발 금융 기관 펀드를 운영해왔다.

이러한 미국의 지역개발 금융 기관 제도는 영국에서도 2002년 도입돼 시행되고 있으며, 2012년 말 기준 영국의 신협 중 일부를 포함해 60개의 지역개발 금융 기관이 4만 2천여 명의 저소득층, 350개의 소셜 벤처 등에게 금융 서비스를 제공하고 있다.[15]

우리나라에는 아직 이러한 제도가 도입되지 않고 있다. 신협이나 새마을금고가 이러한 지역개발 금융 기관의 역할을 수행해주기를 기대하고 있지만 IMF 외환위기 당시 거대한 부실 채권 문제로 구조 조정을 겪은 이후에 신협이나 새마을금고 모두 담보 대출 중심으로 대출을 확대하고 있는 추세다. 신용 대출의 비중은 2011년 기준 신협의 경우 8.6%, 새마을금고는 2.6%에 불과하다.[16] 그러는 사이 대부업 이용자 수는 크게 증가하고 있다. 결과적으로 과거 금융 시장의 실패 문제에 대응해 출발했던 협동조합상업은행의 경우에도 오늘날 새로운 금융 배제층의 필요를 충족시켜주지 못하고 있는 실정이다.

그렇기 때문에 미국이나 영국의 지역개발 금융 기관 지정 제도와 같은 제도를 도입할 필요가 있다. 취약 계층에 대한 금융 서비스를 주로 담당하는 신협을 '사회적' 신협으로 지정해 취약 계층에 대한 소액 금융 제공 기능, 사회적협동조합이나 커뮤니티협동조합에 대한 투융자 기능을 담당하도록 하는 것이다. 지역 주민들이 소유하고 있는 지역개발 금융 기관들이 누구보다도 지역에 대한 소프트 정보를 풍부하게 보유할 수 있으므로, 이들이 지역의 다양한 자원을 연계하는 데 역량을 집중할 수 있도록 유도

---

15) Copisarow, 2013.
16) 이재연 외, 2012.

하는 제도 설계도 필요하다.

마지막으로 사회적투자금융협동조합social investment cooperatives을 살펴보자. 사회적투자금융협동조합은 조합원의 신용 결핍 문제를 해결하는 데 주요 목적이 있는 것이 아니고, 사회적 혹은 환경적으로 가치가 있는 프로젝트를 발굴해 자금을 제공하는데 주요 목적이 있다.[17] 1974년 독일 보쿰Bochum시에서 출범한 유럽 최대 사회적 금융 기관 중 하나인 GLS은행[18]이 대표적이다. GLS은행은 자본금 5억 마르크의 협동조합은행이고 조합원 출자금과 고객 예금으로 대출 자원을 조달한다는 면에서 기존 협동조합은행과 다름이 없지만 다음 두 가지 측면에서 차이를 가진다. 첫째, GLS은행의 설립 목적은 문화적·사회적·생태적 가치를 실현하는 프로젝트에 금융을 제공하는 것이다. 예를 들면, 환경 및 재생 에너지 사업에 관심이 많은 GLS은행은 1987년 독일 최초의 풍력발전소 사업에 자금을 제공했고, 1991년에는 세계 최초로 풍력발전 펀드를 출시하기도 했다. 재생 에너지 분야는 GLS은행 투융자 대상 중 가장 큰 부분을 차지하고 있다. 또한 대안 학교와 대안 유치원 설립, 장애인을 위한 시설과 주택건설 등에도 자금을 지원한다. 두 번째 차이점은, GLS은행의 조합원이나 고객들은 자신이 예금한 돈의 사용을 GLS은행이 준비한 여러 대출처 중에서 선택할 수 있으며, 정기예금 금리를 낮게 받고 시장금리와의 차액만큼 기부할 수 있다는 것이다. 이를 통해 GLS은행은 매우 낮은 관리 비용만 제하고, 예금자에게 적은 이자를 제공한 뒤 남은 자금으로 사회적·환경적·문화적 가치는 높지만 수익률이 매우 낮은 프로젝트에 투자한다.

....

17) 사회적금융협동조합은 협동조합 형태의 사회적 금융 기관이고, 사회적 금융 기관은 윤리은행 혹은 대안은행으로 불리어지며 법인격은 다양하다. 자세한 내용은 이종수·유병선 외(2013)와 유럽 윤리 및 대안은행연합회(European Federation of Ethical and Alternative Banks, FEBEA)를 참조할 것.
18) http://de.wikipedia.org/wiki/GLS_Gemeinschaftsbank을 참조할 것.

이런 특징들이 금융 시장의 경쟁 논리와는 다소 동떨어져 보임에도 불구하고 GLS은행의 연평균 성장률은 두 자리 수에 달해 2005년에 5억 5천만 유로에 불과하던 자산이 2013년 말 32억 유로로 증가했고, 조합원 수는 같은 기간에 1만 4천명에서 3만 2천명으로, 고객 수는 4만 7천명에서 16만 5천명으로, 종업원 수는 152명에서 450명으로 증가했다.[14] GLS은행은 뮌헨, 함부르크, 프랑크푸르트, 베를린 등 독일의 주요 도시로 확대됐다. 사회적투자금융협동조합은 선진국에서도 비교적 최근에 나타난 금융협동조합이지만 사회적경제 조직의 금융에 대한 수요가 증가하는 데 따라 함께 증가할 것으로 예상된다. 그러나 우리나라에서 이러한 사회적투자금융협동조합을 설립할 수 있는 법적 근거는 아직 마련돼 있지 않다.

사회적협동조합의
개념, 조직화 전략, 사례

1
사회적협동조합의 개념과 등장 배경

유럽, 특히 이탈리아에서 1970년대 말 이후 처음으로 모습을 드러낸 사회적협동조합은 1990년대 이후 유럽의 여러 나라, 캐나다, 미국, 남미 등의 지역뿐만 아니라 최근 한국에서도 등장하고 있다. '위캔두댓'이라는 영화로 유명해진 이탈리아의 코프 넌첼로Coop Noncello는 1981년 설립된 정신 장애인들의 노동통합, 즉 일자리 마련과 자립을 위한 사회적협동조합이다. 이 협동조합은 정신 장애인들이 조합원으로 가입해 노동을 통해 자신의 존엄성을 회복해나갈 수 있도록 정원 관리, 청소, 묘지 관리 등의 일을 동료들과의 협동적 방식으로 조직화 하도록 도와주는 것을 목적으로 한다.[1] 영화에서 코프넌 첼로의 CEO인 넬로는 노동 운동가 출신의 사회적 기업가로 정신 장애인이 스스로 자기 운명을 개척해나가도록 격려하고 지원하는 역할을 수행한다. 한국에서는 2013년 1월 설립된 연리지장애가족사회적협동조합이 유사한 사례다. 이 협동조합은 성인 발달 장애인들의 노동 통합을 돕기 위해 친환경 세차 서비스를 사업 아이템으로 삼아 설립됐다. 이처럼 신체적, 정신적 장애인, 약물 중독자, 노숙인, 알코올 중독자, 전과자, 장기 실업자 등 정규 노동 시장에서 배제된 취약 계층의 노동

---

[1] 자세한 내용은 http://www.coopnoncello.it를 참조할 것.

통합을 목적으로 하는 협동조합이 최근에 크게 증가하고 있다.

사회적협동조합은 빈곤 노인, 편부모 아동, 장애인, 알코올 중독자 등에 대한 돌봄 서비스를 제공하는 형태로도 운영된다. 예를 들면, 이탈리아 볼로냐에서 1974년 설립된 '카디아이CADIAI'는 노인을 위한 사회보조 서비스, 아이들을 위한 교육 서비스, 사회 부적응 아동을 위한 교육 서비스, 사회적 재활 서비스, 예방 및 보호 서비스 등을 제공하는 사회적협동조합으로 1,246명의 종업원이 일하고 있다. 우리나라에서는 1990년대 중반부터 노인, 장애인, 아동에 대한 돌봄 서비스를 제공하는 활동을 해오다 2013년 1월 협동조합기본법에 따라 사회적협동조합으로 설립된 '도우누리'가 이와 유사하다.

그렇다면 취약 계층의 노동통합 기능을 수행하거나 취약 계층에 대한 사회 서비스를 제공하는 협동조합은 왜 전통적 협동조합이 아닌, '사회적협동조합'이라는 다른 형태를 취하는 것일까? 노동통합형 노협이나 취약 계층을 위한 소협 식으로 설립될 수는 없을까? 이러한 의문에 대해 본질적으로 접근해 보면 사회적협동조합이 가진 전통적 협동조합과의 차이가 분명해질 뿐만 아니라 전통적 협동조합의 본질도 보다 명확해지게 된다.

사회적협동조합의 필요성이 대두될 당시 이탈리아에서 가장 그에 걸맞는 기업 형태는 협동조합이었다. 기업의 지위를 가지면서도 배분되지 않는 이윤에 대해 면세 혜택을 받을 수 있는 조직일 뿐만 아니라, 조합원의 참여를 통해 조직이 민주적으로 운영되고, 소규모 자본으로도 설립이 가능하다는 등 장점이 많았기 때문이다.

그러나 전통적 협동조합의 지위로는 생산 활동을 통해 얻은 이윤을 조합원이 아닌 자에게 제공하는 것이 불가능했다. 그 이유는 협동조합의 성질 자체가 협동조합에 참여하는 조합원들에게만 서비스를 제공할 수 있는 기업이며, 광범위한 대중의 이익을 위한 활동은 할 수 없도록 돼 있었기 때문이다. 이러한 측면에서 볼 때, 전통적 협동조합은 기본적으로 조합원의 상호성(협동)에 기초한 자익自益 추구 기업이지, 공익을 추구하는 기업은 아니라는 점을 알 수 있다. 이러한 문제를 해결하기 위해 이탈리아에서는 1991년 사회적협동조합법의 제정으로 사회적협동조합social co-operative이라는 조직 형태를 만들어냈다. 사회적협동조합에서는 조합원이 아닌 자들에게도 편익을 제공하는 것이 가능하고, 회원의 범위를 폭넓게 인정함으로써 유급 근로자, 자원 봉사자, 서비스 수혜자(장애인, 노인 등), 후원자, 공공 부문 등 다양한 이해 관계자들이 조합에 참여할 수 있게 됐다. 2)

다시 말하면, 사회적협동조합은 공익公益적 목적을 위한 협동조합이라고 할 수 있다. 협동을 통한 자신의 이익 증진보다 '더불어 살아가는 따뜻한 사회'를 만드는 데 다양한 형태로 기여하는 시민들이 참여하는 협동조합인 것이다. 이러한 사회적협동조합은 포르투칼에서는 사회적연대협동조합social solidarity cooperative, 캐나다 퀘벡에서는 연대협동조합solidarity cooperative, 프랑스에서는 공익협동조합collective interest cooperative 등과 같은 이름으로 발전해 왔다. 3)

특히 프랑스의 공익협동조합이나 캐나다 퀘벡의 연대협동조합은 자연 생태계의 유지와 조성, 쓰레기의 재활용 및 관리, 지역 예술의 복원과 창조, 공연 방송 공정여행 등 문화와 여가 활동, 지역의 각종 장인 활동 및 도시농업 등의 분야에서 설립이 증가하고 있다. 4) 영국에서는 코뮤니티카페, 코뮤니티펍, 코뮤니티학교 등 마을의 재생과 활력을 목적으로 하는 코뮤니티협동조합이 2009년 기준 428개가 운영되고 있는데, 여기에 29만 3천명의 조합원이 가입돼 있다. 5) 이러한 코뮤니티협동조합은 사회적 목적

2) Thomas, 2004.
3) Travaglini 외, 2009.
4) Margado, 2004; Girard, 2009.
5) Cooperative UK, 2011.

을 지향하고 있다는 점에서 공익협동조합이나 연대협동조합과 유사하다. 또한 2011년 결성된 유럽재생에너지협동조합연합회European Federation of Renewable Energy Cooperatives에 가입된 유럽 7개 국가의 12개 재생에너지 협동조합 등도 공익적 목적이 크다고 할 수 있다.

또한 사회적협동조합들은 지역의 재생, 문화예술 보전 등 마을공동체의 증진에 기여하고, 대안에너지의 개발과 환경 보전에 기여하는 등 공익적 기능을 수행한다. 이러한 협동조합을 마을공동체 증진 형 사회적협동조합이라고 유형화해 볼 수 있다. 우리나라에서도 협동조합기본법이 시행된 이후 마을공동체 증진 형 사회적협동조합이 늘어나고 있다. 문화예술을 통한 공동체성 증진을 목표로 문화예술인과 후원자, 자원 봉사자들을 조합원으로 하는 '자바르테', 유기농법의 확대와 로컬푸드 생산 및 소비 확대를 위해 농장을 직영하고 판매하는 '아산제터먹이사회적협동조합', 핵 없는 안전한 사회를 위해 대안에너지 생산 시설을 시민들의 투자로 전국 각지에 설립하고 있는 수십 개의 햇빛발전협동조합[6], 중고등학교 매점을 건강하고 안전한 먹거리의 공급처로 전환할 뿐만 아니라 학생들의 운영 참여를 통해 협동 교육의 효과를 거두는 성남시 복정고 '교육경제공동체사회적협동조합' 등이 대표적 사례들이다.

또한 소비자생활협동조합법에 기초해 설립된 의료소비자생활협동조합들이 소비자 조합원에 대한 의료 서비스를 제공할 뿐만 아니라 지역의 보건 예방활동을 증진한다든지, 취약한 계층에 대한 돌봄 및 의료 서비스를 지원하는 것을 목표로 하는 경우, 의료복지사회적협동조합으로 전환하기도 했다.

....

6) 적지 않은 햇빛발전협동조합이 사업자협동조합으로 신고되었는데, 이는 협동조합의 유형에 대한 인식 미흡에서 비롯된 것으로 보인다.

사회적협동조합의 마지막 유형은 사회적금융협동조합이다. 사회적금융협동조합은 8장에서 서술한 바와 같이 마이크로파이낸스협동조합, 지역개발신용협동조합, 사회적투자금융협동조합 등으로 나뉜다.

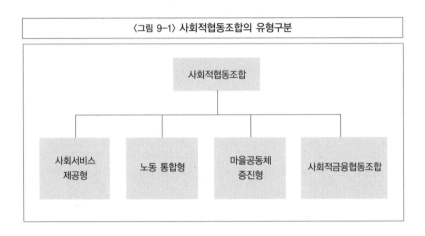

〈그림 9-1〉 사회적협동조합의 유형구분

이상에서 살펴본 사회적협동조합은 전통적 협동조합과는 일정 부분 다르고, 비영리기업과 전통적 협동조합의 혼합적인 형태라고 할 수 있다. 사회적협동조합은 사회적기업의 한 형태이기도 하다. 사회적기업은 '사회적 목적의 실현을 명시'하고 있고, '재화와 서비스 생산을 위한 투입 요소들의 소유자들이 각기 다양한 기준으로 투입 요소들을 제공'하며, '형성된 자본이 기본적으로 비분할적'이며, '투자 자본에 기초한 이윤의 배분을 제한'하고, '자산 동결 조치로 인해 조직(기업)의 판매가 불가능'하며, '지역발전이라는 공통의 목표를 지닌 다양한 경제 주체들의 참여에 기초한 다중 이해 관계자의 지배 구조'라는 네 가지 조직적 특성을 가진 기업이다(장종익, 2010).

이러한 사회적기업은 주식회사나 전통적인 협동조합과는 다른, 일종의 혁신 기업이다. 이러한 혁신적인 기업 형태가 20세기 말에 대두된 배경에는 여러 가지가 있지만, 세계화의 진전과 정보통신기술 혁명에 따른 부의 창출과 고용 창출의 공간적 불일치 경향, 복지 서비스 제공 측면에서의 정부 부문의 비효율성 등을 거론할 수 있다.

선진국에도 장기 실업자와 만성적 낙후 지역이 증가하고, 사회의 거의 모든 측면에서 시장의 과잉이 나타남에 따라 사회적 자본social capital의 빈곤화 현상과 공동체의 파괴가 곳곳에서 가중됐으며, 인구의 고령화와 여성의 경제적 진출에 따른 사회복지서비스의 수요도 크게 증가했다. 이러한 문제를 해결하기 위해서는 조합원의 자조를 기본으로 하는 전통적 협동조합 방식만으로는 한계가 있다. 전통적 협동조합은 조합원의 편익 증대를 목표로 하지만 조합원이 출자해야 하고 조직을 운영하는 '자조, 자립의 원리'를 조건으로 한다. 그러나 만성적 실업자, 장애인, 노인 등 취약 계층의 일자리 창출을 위한 협동조합은 이러한 조건을 충족시키기 쉽지 않고 외부로부터의 자금 지원이나 운영 지원을 필요로 한다. 또한 지역 주민들의 공동 참여를 통한 지역 개발이나 돌봄 서비스 등 사회 서비스를 제공하려 할 때도 다양한 이해관계자의 참여가 필요하다는 점에서 전통적 협동조합보다 개방적인 지배 구조가 더 적합하다. 이런 이유로 주식회사 방식의 사회적기업도 만들어지고 있다.

협동조합 방식의 사회적기업(사회적협동조합)과 주식회사 방식의 사회적기업과의 차이점은 조합원 개념이다. 다만, 사회적협동조합에서의 조합원 자격은 서비스 이용자뿐만 아니라 노동자와 후원자에게도 열려 있다. 공공재적 성격을 지닌 지역 사회의 개발, 노동 시장에서 배제된 사람들의 일자리 창출, 취약 계층에 대한 돌봄 서비스 등은 21세기에 더욱 중요해지고 있는 과제로, 전통적인 주식회사 또는 전통적인 협동조합 방식으로는 대처하기가 어렵다. 따라서 기업 조직 형태의 혁신이 요구되었는데, 그에 부합하는 것이 바로 사회적협동조합 등 사회적기업이다.

2
사회적협동조합의 운영 특징

사회적협동조합의 운영 상 특징은 CICOPA가 2009년 11월 제네바에서 열린 총회에서 채택한 '사회적협동조합에 관한 세계 기준The World Standards of Social Cooperatives'에 잘 정리돼 있다.

[사회적협동조합에 관한 세계 기준]

사회적협동조합은 사람들의 새로운 필요를 충족시키고자 협동조합운동 진영이 대응한 하나의 형태이고, 이 사회적협동조합의 명칭은 나라마다 다르다. 그러나 사회적협동조합은 국제협동조합연맹 및 국제노동기구가 발표한 협동조합의 정의와 가치 및 원칙을 공유하고 있다. 동시에 사회적협동조합은 다음과 같은 점에서 독특한 특징을 지니고 있다.

① **공공이익 목적**(general interest mission)
사회적협동조합의 가장 독특한 특징은 공공의 이익을 사회적협동조합의 주요한 목적으로 명시적으로 설정하고 있고, 공공의 이익을 위한 재화 및 서비스를 생산 및 공급하고 있다는 점이다. 많은 사회적협동조합의 주요 목적인 노동통합은 그들이 생산하는 재화 및 서비스의 종류와 무관하게 공공의 이익을 위한 서비스로 간주돼야 한다.

② **비정부적 성격**
사회적협동조합은 협동조합의 네 번째 원칙인 자율과 독립을 준수하는 비정부 조직이다. 사회적협동조합은 공공 부문이나 다른 조직으로부터의 지원의 형태와 양과는 관계없이 운영되며, 정부 기관이 조합원으로 참여하는 방식의 협력적 형태를 띤다고 하더라도 그 조직들로부터 독립적이어야 한다. 독립성을 유지하기 위해 사회적협동조합은 정부의 정책수단으로 남용돼서는 안 되고, 정부의 지원에 과다하게 의존해서는 안 되며, 공공 부문의 투표권은 과반수 미만으로 제한돼야 한다.

③ 다중이해관계자 조합원 구조

사회적협동조합의 공공 이익 목적은 노동자, 이용자, 지방자치단체, 여러 유형의 법인 및 기타 등 다양한 이해 관계자들이 사회적협동조합의 조합원 및 지배 구조에 참여하도록 보장한다. 이러한 다중이해관계자 조합원 구조가 사회적협동조합을 다른 유형의 협동조합과 구별시키는 중요한 특징이라고 할 수 있다.

④ 노동자 조합원의 상당한 대표성

사회적협동조합의 모든 지배 구조 영역에서 노동자조합원들이 반영돼야 한다. 노동자 조합원들은 모든 지배 구조 영역에서 투표권의 3분의 1 이상을 가지고 있어야 한다. 노동 통합형 사회적협동조합의 경우에는 노동자 조합원(취약 계층 노동자 및 기타 노동자 조합원)은 최소한 전체 조합원의 51% 이상을 차지해야 한다. 모든 형태의 사회적협동조합에서 최소한 노동자의 51% 이상은 조합원이어야 한다.

노협에 대한 세계 기준은 노동자 조합원에게 적용돼야 한다. 노동자 조합원의 상당한 대표성은 노동자들로 하여금 공공 이익의 재화 및 서비스의 디자인 및 생산을 위해 보다 적극적으로 참여하도록 하고 조직적 기술적 혁신을 촉진하며 노동자의 동기를 격려하도록 하는 역할을 하기 때문이다. 또한 지배 구조 내에서 노동자 조합원의 상당한 대표성은 이용자 이익과의 균형을 유지하도록 하는 역할을 하기 때문이다. 그리고 노동 통합형 사회적협동조합에서 취약 계층 노동자의 지배 구조에의 참여 보장은 효과적인 노동 통합 과정을 보장할 수 있다. 기존의 경험을 분석해 볼 때, 사회적협동조합의 기회주의적 남용을 방지하고 기업의 경제적 측면을 고려함과 동시에 실질적인 노동통합을 보장하기 위해서는 취약 노동 계층의 비율을 전체 노동자 수의 30~50%로 유지하는 것이 바람직하다.

⑤ 잉여의 무배분 혹은 제한된 배분

협동조합의 제3원칙에 따르면, 협동조합은 협동조합과의 거래 이용 실적에 따라 조합원에게 잉여를 배분할 수 있으나, 사회적협동조합은 잉여를 배분하지 않거나 제한적으로 배분한다. 다양한 종류의 조합원을 보유하고 있는 사회적협동조합은 잉여의 배분에 있어서 다양한 유형의 거래를 고려할 필요가 있다. 사회적협동조합이 제공하는 서비스는 공공적 이익 특성을 지니고 있기 때문에 거래에 대한 지불 방식(이용자의 직접 지불, 공공정책에 의한 부분적 혹은 전체적 지불)과 관계없이 사회적협동조합에서의 이용자 조합원은 잉여의 배분보다는 보다 나은 서비스를 얻고자 하거나 서비스의 제공 비용의 절감에 보다 관심이 높을 수 있다. 잉여의 무배분 또는 제한된 배분 원칙은 사회적협동조합의 공공 이익 목적이 주요한 목표라는 점을 확인시켜준다.

	전통적 협동조합	사회적협동조합
	〈표 9-1〉 전통적 협동조합과 사회적협동조합의 차이점	
기업적 특징	1. 경제 조직이고 자선단체가 아님 2. 시장경제를 기초로 운영 3. 자조를 기초로 조직 4. 개인 또는 다른 법인들로 구성된 조직체	1. 경제 조직이지만 일부 자선 단체적 특징 보유 2. 시장경제를 기초로 하면서 비시장경제(자원 봉사, 기부 등) 특징 보유 3. 자조와 사회적 지원을 기초로 조직 4. 좌와 동일
목적	1. 조합원 혜택 제공 우선 2. 유사한 집단과의 협력을 통한 혜택 추구 3. 협동조합 활동은 조합원에 대한 편익과 잉여의 배분을 위한 것이며, 이윤 추구를 주 목적으로 하지 않음	1. 좌와 동일, 공익성 추구 2. 좌와 동일 3. 이윤 추구도 하지 않고 잉여의 배분을 제한하거나 금지함
이익 배분	1. 잉여가 발생할 경우에 조합원 출자에 대해서는 확정이자 이외에는 분배하지 않음 2. 잉여가 발생할 경우 조합원의 이용고에 따라 배분	1. 잉여의 배분을 제한하거나 금지 2. 제한된 잉여를 배분하는 사회적협동조합의 경우 좌와 동일
조합의 조직 운영 및 지배 구조	1. 협동조합이 수행하는 활동으로부터 혜택을 받는 사람들에 의해 소유되고 통제됨 2. 조합원의 운영 참여는 투자액에 비례하지 않고 1인 1표에 기초. 3. 조직의 결속을 유지하고 발전시키는데 의사 소통, 교육 및 훈련이 매우 중요.	1. 혜택을 받는 사람, 서비스를 공급하는데 참여하는 모든 사람들에 의해서 소유되고 통제됨 2. 좌와 동일 3. 좌와 동일

이러한 사회적협동조합의 특징을 전통적 협동조합과 비교한 것이 〈표 9-1〉이다. 사회적협동조합은 목적 측면에서 조합원에 대한 혜택 제공이라는 목적뿐만 아니라 공익적 목적을 지니고 있으며, 이러한 공익성 추구 목적을 위해 잉여를 조합원에게 배분하지 않거나 제한하게 된다. 기업적

특징 측면에서 보면 사회적협동조합은 비영리자선단체의 특징을 가지고 있기 때문에 시장경제를 기초로 운영되면서 동시에 자원 봉사나 기부 등 비시장경제적 특징도 가진다. 마지막으로 지배 구조와 운영 측면에서 사회적협동조합은 조합이 공급하는 제품이나 서비스의 이용자나 수혜자뿐만 아니라 생산 혹은 공급에 참여하는 다양한 이해 관계자들도 조합원으로 참여하는 다중이해관계자 지배 구조를 특징으로 한다.

3
협동조합기본법에서의 사회적협동조합에 관한 규정

우리나라의 사회적협동조합에 대한 규정은 이탈리아의 사회적협동조합, 프랑스의 공익협동조합, 영국의 코뮤니티비즈니스, 캐나다 퀘벡의 연대협동조합 등의 규정을 골고루 수용해 반영하고 있다. 협동조합기본법 상 사회적협동조합은 비영리법인으로서의 성격을 지닌다. 그리고 지역 사회 재생, 지역 경제 활성화, 지역 주민들의 권익과 복리 증진 및 지역 사회가 당면한 문제 해결에 기여하는 사업, 취약 계층에게 복지 의료 환경 등의 분야에서 사회 서비스 또는 일자리를 제공하는 사업, 국가나 지방자치단체로부터 위탁받은 사업, 그 밖의 공익 증진에 이바지 하는 사업 중 하나 이상을 주 사업으로 해야 한다. 여기서 '주 사업'이란 목적 사업이 협동조합 전체 사업량의 100분의 40 이상인 경우를 의미한다(법 93조). 주 사업의 판단 기준 및 방법에 대해서는 법 시행 규칙 제9조에 상세히 규정돼 있다.

이러한 사회적협동조합의 목적에 대한 규정은 사회적기업육성법 상의 사회적 목적 범위보다 포괄적이다. 반면 사회적 목적 실현의 판단 기준은 사회적기업육성법이 더 강한 편이다. 예를 들어 사회적기업육성법은 사회적기업 조직의 주된 목적이 취약 계층에게 사회 서비스를 제공하는 것일 경우 해당 조직으로부터 사회 서비스를 제공받는 사람 중 취약 계층의 비율이 100분의 50 이상이어야 한다고 규정한다. 협동조합 기본법 시행 규칙에서는 그 비율을 100분의 40으로 두고 있다.

사회적협동조합은 원칙적으로 조합원에 한해 협동조합의 사업을 이용하도록 규정했다(법 제46조). 그러나 직원 중심의 사회적협동조합의 경우 직원의 3분의 1을 초과하지 않는 범위에서 비조합원을 고용 가능하도록 했으며, 보건 의료사업을 행하는 사회적협동조합의 경우에는 총 공급고의 100분의 50의 범위에서 비조합원의 이용이 가능하도록 했다. 또한 학교를 사업 구역으로 하는 협동조합 등 및 사회적협동조합 등이 그 사업 구역에 속하는 학생과 교직원 및 학교 방문자를 상대로 물품을 공급하거나 용역을 제공하는 경우, 그리고 사회적협동조합 등이 법령에 따라 국가나 공공단체로부터 위탁받은 사회 서비스를 제공하거나 취약 계층의 일자리 창출을 위한 사업을 하는 경우 등은 비조합원의 사업 이용이 가능하도록 하고 있다(시행령 제9조).

사회적협동조합은 1구좌 이상을 출자하는 조합원 5인 이상으로 설립되며, 배당은 금지된다. 조합원은 자연인뿐만 아니라 법인도 가능하며, 다만 지방자치단체는 지방재정법 제18조의 출자제한규정에 따라 제외된다. 또한 사회적협동조합의 해산 시에는 잔여 재산이 비영리법인이나 국고 등에 귀속되도록 규정돼 있다. 사회적기업육성법 상 사회적기업은 이윤의 3분의 1 이내에서만 배당이 금지되고 잔여 재산에 대한 규정이 없다는 점에서 사회적협동조합의 비영리 성격이 보다 강한 편이라고 할 수 있다.

협동조합기본법에서 사회적협동조합은 조합원에 의한 총회, 이사회, 감사의 기관을 설치하도록 해 조합원에 의한 지배권이 행사될 수 있도록 규정하고 있다. 그리고 임원과 직원의 겸직을 금지했지만(법 제44조) 예외적으로 조합원의 3분의 2 이상이 직원이고 비조합원인 직원이 전체 직원의 3분의 1 이내인 협동조합의 경우와 조합원의 수가 10인 이하인 협동조합의 경

<표 9-2> 사회적기업육성법 상의 규정과 사회적협동조합에 관한 규정 비교

구분	사회적기업 육성법 규정	사회적협동조합 규정
법의 성격	인증	법인격 부여
관련 법인의 성격	영리 및 비영리	비영리
사회적 목적 판단 기준	취약 계층 비율	주요 목적 사업이 40% 이상
사회적 목적 유형	−일자리 제공형 −사회 서비스 제공형 −혼합형 −기타형 −지역 사회 공헌형	−지역 사회 재생, 지역 경제 활성화, 지역 주민들의 권익·복리 증진 및 기타 지역 사회가 당면한 문제 해결에 기여하는 사업 −취약 계층에게 복지·의료·환경 등의 분야에서 사회 서비스 또는 일자리 제공 사업 −기타 공익 증진에 이바지 하는 사업 −국가나 지방자치단체로부터 위탁받은 사업
이윤 분배 및 잔여 재산 처리	영리 기업의 경우 1/3 범위 내	금지
정부의 지원	구체적 명시	자금 지원 근거 조항 명시(법 10조) 사회적 목적 수행에 대한 지원 근거는 없음

우에는 임원이 해당 협동조합의 직원을 겸직하는 것이 가능하다(시행령 제8조). 사회적기업육성법은 서비스 수혜자, 근로자 등 이해 관계자가 참여하는 의사 결정 구조를 갖출 것을 인증 요건에 포함시키고 있긴 하지만, 사회적협동조합은 다중 이해 관계자들이 조합원으로 참여할 수 있고 1인 1표를 행사하는 조합원에 의한 지배 구조를 가져야 하기 때문에 보다 명시적이고 민주적인 의사 결정 구조를 지니고 있다고 평가된다.

또한 사회적협동조합은 결산 결과의 공고 등 운영 사항을 적극 공개하고, 결산일 3개월 이내에 기획재정부 또는 협동조합연합회 홈페이지에 경영을 공시해야 한다. 협동조합기본법 상의 사회적협동조합은 기획재정부의 인가를 받아 법인격이 부여되지만, 고용노동부의 사회적기업 인증은 법인격에 대한 것이 아니라 정부 지원 제도 상 혜택을 받을 수 있는 자격을 주는 제도다. 따라서 사회적협동조합이 사회적기업에 대한 정부의 지원 제도 상 혜택을 받고자 한다면 사회적기업육성법 상 인증 요건을 충족시켜 고용노동부로부터 사회적기업 인증을 받아야 한다.

4
사회적협동조합의 조직화 전략

사회적협동조합의 조직화를 위해서는 취약 계층에 대한 사회 서비스 제공 또는 노동통합형 비즈니스 수행 주체로서 사회적협동조합이 영리 기업, 공공 기관, 비영리조직 등에 비해 가진 상대적 장단점을 잘 이해할 필요가 있다. 예를 들면, 사회적협동조합은 서비스를 제공하는 임직원들이 사회적 미션을 적극적으로 추구하기 때문에 지역 내 여러 기관 및 조직과 긴밀한 협력 관계를 유지하는 경우가 많고, 서비스 수혜자와의 소통도 원활할 가능성이 높다. 이를 통해 맞춤형 서비스를 제공함으로써 서비스의 품질을 제고할 수 있는 것이다. 이 경우 공공 기관에 의해 제공된 사회 서비스에 비해 수혜자의 만족도가 높아진다. 공공 기관의 사회 서비스 제공 방식은 서비스 공급의 표준화 경향으로 인해 경직적인 단점이 있기 때문이다.[7]

맞춤형 서비스는 공급 비용을 증가시킬 수 있지만 사회적협동조합의 경

---

7) Borzaga, C., 2012.

우 지역 공동체에 기반한 기부 및 자원 봉사 자원을 보유하고 있기 때문에 비용 면에서 효율적인 공급 방식을 만들어낼 수 있다. 이는 영리 기업이 보유하지 못한 사회적협동조합의 큰 장점이다. 사회복지법인 등 비영리조직도 기부나 자원 봉사 등 이타적 자원을 보유하고 있지만 비영리조직은 폐쇄적으로 운영되는 경향이 있고 설립자나 기득권자의 이해 관계를 중심으로 운영되는 경향도 나타난다.[8] 반면에 사회적협동조합은 지역 공동체에 개방적이고, 직원, 수혜자, 자원 봉사자, 기부자 등이 조합원으로 참여해 민주적으로 의사 결정에 참여한다. 때문에 서비스 공급에 참여하는 사람들의 자발성이 높아지고 상호간의 소통이 활발해진다.

또한, 직원이 조합원으로 가입하기 때문에 업무 방식을 스스로 결정할 수 있어 직원의 업무 만족도도 높아질 수 있다. 지역 공동체로부터의 지원을 보다 효과적으로 조직화할 수 있는 장점도 가진다. 즉, 비영리조직에 비해 운영의 투명성과 대외 공신력이 높다는 것이 사회적협동조합의 강점이라고 할 수 있다. 또한 사회적협동조합 조직은 인적 자원의 관리 측면에서도 유리하다. 임금 수준 등 금전적 보상 이외에 내재적 동기와 자긍심 등으로 동기 부여를 할 수 있기 때문이다.[9]

사회적협동조합이 다른 조직 형태에 비해 상대적으로 장점을 가지고 있긴 하지만, 이를 잘 발휘할 수 있는 기반이 마련돼야 한다. 사회적협동조합이 발전하기 위해서는 사회적기업가가 필요하고, 이러한 사회적기업가가 출현하려면 시민사회 조직 활동이 활발해야 한다. 예를 들어 이탈리아의 사회적협동조합은 1991년 법이 제정되기 15년 전, 사회적 연대 협동조합이 노동공동체, 치료 공동체 등과 함께 시작한 활동을 공식화한 것이다.[10] 이들 조직은 수혜자를 '위해'서가 아니라 수혜자와 '함께' 일한다는

8) 이상무 외, 2013.
9) Borzaga, C., 2012.

창립 가치로 움직였는데, 차츰 기업 조직으로 발전하였다. 그리고 1990
년대에는 지방과 지역을 기반으로 새로운 문화 재단이나 단체 및 자원 봉
사 조직들이 결합되면서 이탈리아 전역에서 수만 개의 단체들이 활동을
펼쳤다. 그렇게 해서 실제 노인과 장애인 보호 시설이나 사회 서비스를 직
접 제공하는 영역에서 공공 부문보다 제 3부문의 비율이 훨씬 많아지게
됐다. 이는 중앙 정부가 담당하던 사회공공서비스, 고용서비스, 그리고
복지 전반에 걸친 권한을 지방 정부로 이양하고, 지방 정부는 민간단체들
과 파트너십을 형성해 이러한 서비스를 제공하는 방식의 정책이 시행됐기
때문에 가능했던 일이기도 하다.

이러한 이탈리아의 역사적 발전 과정을 살펴볼 때, 사회적협동조합은
제도화만으로 발전하기 어렵다는 것을 알 수 있다. 연대적 활동을 전개하
는 시민단체, 노동단체, 자원 봉사 조직 등이 사회적협동조합의 주체로 등
장해야 가능한 것이다. 그런데 이러한 사회적협동조합의 주체는 일반 협
동조합의 주체와 달리 '협동을 통한 자익' 추구보다는 상당한 수준의 이
타심을 기반으로 한 협동 활동을 전개해야 하기 때문에 주체 형성이 쉽지
않다. 그러므로 풀뿌리 시민활동과 자원 봉사 활동을 조직화하는 노력이
필요하다. 이탈리아 사회적협동조합 운동의 저변에는 로마 가톨릭교회의
사회 방침과 연대 정신, 특히 장애인들에게 보살핌과 나눔의 손길을 보냈
던 여성들의 관대함이 깔려 있었기에 성공적으로 발전할 수 있었다.

사회적협동조합은 새로 설립하는 방법만 있는 것이 아니라 기존 사회
복지법인, 혹은 사회복지법인의 사업단 등을 사회적협동조합으로 전환하
는 방법도 있다. 그동안 한국 사회에서 1990년대 비약적으로 증가한 사
회복지 시설은 주로 정부와 사회복지법인이 위·수탁 계약을 체결하고 사

---

10) 장원봉, 2006.

회복지법인이 고객에게 복지 서비스를 제공하는 방식으로 운영됐다. 이러한 위탁 계약 방식을 통한 사회 서비스 제공 방식은 공공 기관에 의한 서비스 제공 방식에 비해 상대적 장점이 있기도 하지만 재정 운용의 불투명성, 조직 운영의 비민주성 등의 한계를 지닌 사회복지법인이 적지 않은 것도 사실이다. 때문에 사회복지법인이 사회적협동조합으로 전환되면 위에서 설명한 상대적 장점이 발휘될 수 있을 것이다.[11] 그러므로 사회복지법인의 운영자 및 사회복지사 등에게 사회적협동조합의 운영에 대한 교육이 지속적으로 이뤄질 필요가 있다.

또한, 지역 사회에서 사회적협동조합을 후원하고 연대하는 활동이 조직된다면 든든한 기반이 될 수 있다. 안성의료복지사회적협동조합은 지역 주민들의 자원 봉사 활동으로 사회복지 서비스의 일부를 수행하고 있다. 그리고 이에 대한 보답 차원으로, 조합원 중에서 지역의 다양한 점포 주인들로 하여금 자원 봉사자들에게 감사의 표시로 할인 쿠폰이나 식사권을 제공하도록 하고 있다. 이는 지역 주민이 조합원의 사업장을 방문하고, 지속적으로 이용하도록 유도하는 효과도 가지고 있어 사회적 신뢰를 높이는 결과도 가져다준다.

또한 협동조합기본법에 입각해 설립된 일반 협동조합들이 각종 중간 지원 조직 등으로부터 도움을 받고 성공하게 될 경우, 협동을 통해 달성한 이익의 일부를 지역 내 사회적협동조합의 설립과 발전을 위해 기부하는 연대적 실천 활동을 유도하는 것도 중요하다. 협동조합기본법에 입각해 설립된 사회적협동조합의 비중은 3% 수준에 불과하지만 나머지 97%의 일반 협동조합이 사회적협동조합의 후원자로서 역할을 충분히 할 수 있기 때문에 협동조합 섹터는 연대 정신을 의식적으로 고양시켜 나갈 필요가 있다.

----

11) 이상무 외, 2013.

마을공동체 증진형 사회적협동조합 역시 지역과의 연대가 필수적이다. 현재 서울시를 비롯한 여러 지역에서 낮은 수준의 교류, 축제, 교육, 예술 활동 등을 통해 마을만들기 활동을 전개하고 있는데, 이러한 활동이 확대되고 발전하게 되면 마을의 공동 필요를 인식하고 이를 비즈니스화 하고자 하는 마을의 일꾼이 자연스럽게 나타날 것으로 기대된다.

마지막으로 사회적협동조합은 여러 가지 장점을 가지고 있지만 단점도 있다. 다양한 이해 관계자들이 민주적으로 의사 결정에 참여하는 구조이기 때문에 집단적 의사 결정 비용이 높다는 것이다. 물론 조합원들이 자신의 이익을 높이기 위해 사회적협동조합에 참여하는 것은 아니기 때문에 이익 충돌의 가능성이 높지는 않지만 의사 결정 과정이 비효율적으로 운영될 수 있기 때문에 여기에 참여하는 다양한 이해 관계자 조합원의 역할에 대해 충분한 사전 교육과 소통이 필요하다. 또한 의사 결정 구조와 집행 구조, 그리고 감독 구조를 보다 투명하게 하고 이를 효과적으로 공개하기 위한 프로그램도 마련될 필요가 있다.

〈표 9-3〉 사회적협동조합의 조직화 및 제도 전략	
객관적 조건 (협동조합에 대한 수요)	정의 외부 효과나 집단재(collective good)적 성격이 큰 분야(사회적 배제 계층에 대한 사회 서비스 제공 혹은 노동통합 활동, 인구과소 혹은 낙후 지역의 주민 참여적 경제활동)
주체적 역량 (협동조합의 약점을 보완하는 제도 및 조직 전략)	서비스 수혜자 맞춤형 서비스 제공, 취약 계층의 단점을 장점으로 전환시킬 수 있는 비즈니스, 주민이 참여를 통해 즐거움과 보람을 느낄 수 있는 비즈니스 모델 등의 구축
	사회로부터의 물적·인적 지원을 조직화하기 위한 성과 지표의 개발, 사회적 서비스의 공급이나 재화의 생산에 다중 이해 관계자가 적극적으로 참여하고 아이디어를 개발해내는 프로세스와 동기 부여
	동종 및 이종 협동조합 간 네트워크 전략, 지역 내 시민단체 등과의 연대 전략
	정부 및 지자체의 제도 및 정책 환경: 사회적기업가 양성 교육 및 멘토링 시스템 구축, 사업 타당성 분석 서비스 제공, 사회적 금융 지원 시스템 구축
	사회통합적 연대를 촉진하는 문화와 사회적 자본의 수준

이탈리아의 취약 계층 돌봄형 사회적협동조합^{LA RUPE 12)}

1984년에 가톨릭교회에 의해서 이탈리아 볼로냐 시 인근에 설립된 라 루페^{LA RUPE}는 초기에 마약 혹은 약물에 중독된 사람들을 돌보는 일을 하던 비영리 조직이었다. 1999년 B형(사회 서비스제공형) 사회적협동조합으로 전환됐고, 2004년에는 A형(노동통합형) 사회적협동조합의 자격도 갖추게 됐다. 2010년부터 혼합형(사회 서비스 제공형과 노동 통합형의 병행) 사회적협동조합으로 지정돼 알코올중독자, 약물중독자, 노숙자들을 돌보고 있으며, 이들이 노동을 통해 재활할 수 있도록 지원하고 있다.

라 루페의 직원은 모두 142명으로 이중 90명은 알코올 중독자 등의 재활을 위한 교육에 종사하고 있고, 30명은 마약 중독자 등을 보살피는 일, 그리고 15~20명은 관리직에 종사하고 있다. 라 루페는 가톨릭교회 소유의 요양 시설을 임대료를 내고 빌려서 사용하고 있으며, 12개의 지역 공동체 시설도 임대해 쓰고 있다.

라 루페는 돌봄 서비스의 경우 에밀리아-로마냐 주와 볼로냐 시 등으로부터 서비스 제공 비용을 보전 받는다. 마약 중독자, 알코올 중독자, 코카인 중독자, 이민자, 노숙자, 결손 가정의 자녀들 총 250~300명을 대상으로 돌봄 및 심리 치료 서비스를 제공하고 있는데, 주 정부나 시 정부와 서비스의 대상과 방법을 협의하는 등 협력하고 있다.

그리고 돌봄 서비스의 대상이었다가 자립하고자 하는 취약 계층을 위

---

12) 이 사례는 2012년 1월 목민관클럽 해외 사회적경제 연수의 일환으로 현지 방문을 통해 수집된 정보에 기초해 작성되었다.

해 병원과 요양원의 청소나 세탁업무, 전기 보수, 어린이공원 관리 등의 일자리를 확보해 제공하는 역할도 수행한다. 이 일에 2013년 기준으로 정규직 35명을 고용하고 있으며 일거리의 수주를 위해 직원들이 영업을 하고 있다. 라 루페의 연간 수입은 610만 유로이고, 총 수입의 80%는 공공기관으로부터 그리고 20%는 기업 등 민간으로부터 나온다.

　라 루페의 142명의 직원 중 조합원은 52명이며 출자금은 1인당 평균 600유로이다. 직원이 조합원으로 가입하는 것은 단지 직장이라서가 아니라 사회적 가치에 동의하기 때문인 것으로 알려지고 있다. 2명의 자원 봉사자 조합원이 활동하고 있으며, 비조합원 자원 봉사자도 많은 편이다. 그러나 아직 후원 조합원은 없다고 한다. 라 루페가 과거 가톨릭교회의 비영리기관으로 운영되었을 때에는 담당 신부의 의사 결정과 신부의 교체에 의해 라 루페의 운영 방식이 적지 않은 영향을 받았다고 하는데, 사회적협동조합으로 전환된 뒤 직원 조합원 중심으로 민주적으로 운영되면서 조직의 안정성과 투명성이 향상됐다. 2013년 라 루페의 대표를 맡고 있는 까뜨리나 포지Caterina Pozzi는 20대 후반에 미생물학 박사 과정 공부를 할 때 라 루페의 자원 봉사자로 일하며 인연을 맺었는데, 인생의 가치를 새롭게 설정한 뒤 라 루페에 직원으로 들어와 10년 넘게 일하고 있다.

노동통합형 사회적협동조합 : 연리지장애가족사회적협동조합[13]

연리지장애가족사회적협동조합은 전국장애인부모연대 대전 지부가 성년이 된 장애우들의 일자리를 마련할 목적으로 설립한 협동조합이다. 이 협동조합은 2013년 1월 29일 총 119명의 발기인이 모여 1,889만원의 출자금으로 창립 총회를 개최해 설립됐다. 이 협동조합은 '친환경건강세차사업'을 통하여 발달장애우들의 일자리를 마련하고 있다. 이 사업은 고용노동부에서 인증을 받은 사회적기업 (주)두레마을의 '초음파 에어세차 회오리'와 가맹 계약을 맺어 오폐수를 발생시키지 않는 '친환경 세차' 사업이다. 이 사업은 발달 장애인의 특성에 맞도록 반복적이면서도 15~30분의 짧은 시간 내에 마칠 수 있는 작업으로 구성되어 있다. 또한 안전하고 비장애인과 장애인의 협동 작업이 가능해 발달 장애인들의 참여가 매우 용이하다.

연리지장애가족사회적협동조합은 2013년 말, 창립된 지 1년 만에 조합원 수는 150명으로 늘어났고, 출자 금액은 3,500만원으로 불어났다. 장애우는 직원 조합원으로, 부모와 사회복지사, 특수 교사, 시청 공무원 등은 후원자 조합원으로 참여했으며, 1구좌당 1만원씩 최소 10만 원 이상을 납부하면 조합원이 될 수 있다.

---

13) 이 사례는 2013년 협동조합사례집(기획재정부)에서 주로 참조했다.

연리장애가족사회적협동조합이 수행하는 세차 방식은 초미립자(초음파 에어 발생)를 이용한 내부 세차와 승용차 한 대당 반 컵 정도의 물을 사용하는 외부세차, 광택 코팅 및 연막식 탈취 살균 등을 하는 친환경적인 세차이다. 직원 조합원으로 선정된 사람에 대해 4주 간의 직업 교육이 실시된다. 이 교육 과정이 끝나면, 직원 조합원은 오전이나 오후 중 4시간 정도를 정해 업무를 수행한다. 나머지 반나절은 사회 적응 훈련을 받는다. 사회 적응 훈련은 직업을 통해 지역 사회에 적응할 수 있는 환경을 만들어주는 프로그램이다. 장애인들을 과보호하는 경향이 있는 장애 부모에 대한 교육도 함께 이뤄진다.

이 사회적협동조합의 최명진 이사장은 이렇게 교육과 사업을 병행하면서 놀라운 변화를 경험하고 있다고 한다. 협동조합 설립 초기에 마케팅 및 홍보가 충분히 이루어지기 전에 일거리가 없을 때, 누구보다 적극적으로 영업 활동을 시작한 것은 다름 아닌 장애인 조합원들이었다고 한다. 이들이 "일은 고되지만 함께 일하는 사람들이 좋아서 어려운 일을 버틸 수 있다"고 말하는 것을 보고 최 이사장은 큰 감동을 받았다고 한다. 연리지 장애가족사회적협동조합에서 근무하는 직원 조합원들은 대부분 다른 직장에서 일하다 실패한 경험을 가지고 있었다. 비장애인들 사이에서 섞이지 못하고 일을 그만두어야 했던 경우가 많았다. 연리지장애가족사회적 협동조합은 장애인들이 일을 할 수 없는 이유는 사회에 편견이 만연하고, 각종 장애에 대한 정보가 제대로 알려지지 않았기 때문일 뿐, 장애인이 일을 못해서가 아니라는 사실을 실제 사업을 통해 증명해주고 있다.

1. 취약 계층 노동통합형

■ **이탈리아 Cooperativa Sociale Prospettiva**
취약 계층을 도자기 만들기를 통해 노동통합, 설립연도 1984년

■ **이탈리아 트렌티노 Gruppo 78**
정신 장애, 전과자, 약물 중독자, 신체 장애인들의 주거 및 생산 공동체, 지방자치단체의 지원을 통해
운영. 설립연도 1981년, 조합원수 68명, 직원수 50명

■ **이탈리아 CoopNoncello**
1981년에 설립한 정신 장애인들의 노동 통합을 위한 사회적협동조합, 정원 관리, 청소, 묘지 관리,
에너지, 물류 등의 서비스 제공

2. 취약 계층 사회 서비스 제공형

■ **캐나다 퀘벡주 Co-opérative de solidarité enaide domestique Domaine-du-Roy**
1997년 설립, 재택 돌봄 서비스, 장애인에 대한 돌봄 서비스 제공. 2003년 현재 1,182명의 이용자
조합원($10), 99명의 노동자 조합원($50), 18명의 후원 조합원($100)으로 구성

■ **영국 오프스테드 The Foster Care Cooperative**
지역에서 보호 양육이 필요한 어린이들에게 좋은 위탁 가정을 알선하고 위탁 부모들에게 수준 높은
서비스를 제공하는 위탁부모협동조합, 위탁 가정, 사회복지사, 직원, 지방 정부가 공동 운영
설립연도 1999년, 조합원수 306명, 직원 수 52명

■ **안성의료복지사회적협동조합**
■ **서울의료복지사회적협동조합(구 서울의료생협)**
■ **안산의료복지사회적협동조합**

3. 혼합형

■ **일본 사사에아이 커뮤니티생활협동조합 니이가타 ささえあいコミュニテイ生活協同組合**
소규모 노인요양시설 6개와 그룹홈을 운영하고 가정 돌봄, 그룹홈, 주간보호 등 복지사업, 문화, 교육
활동, 정원 정리, 미장 등 노인 일자리 창출
설립연도 2006년, 조합원 수 926명, 직원 수 177명

■ 일과 나눔

경기도 남양주시에 소재하는 사회적협동조합, 직원 105명 중 취약 계층이 79명. 집수리, 돌봄 서비스,
건물 위생 관리, 영농 등 네 가지 분야에서 사업을 영위하고 있음.

4 지역 개발 및 문화 환경 보전형(마을공동체 증진형)

■ 캐나다 퀘벡 Co-opérative de solidarité récréotouristique du Mont Adstock

1998년 설립, 파산한 개인 소유 스키 리조트를 협동조합 방식으로 운영

2003년 현재 405명의 이용자 조합원 중 371명은 레저 조합원($50)이며, 34명은 비즈니스 조합원(5
천 달러 이상), 1명의 노동자 조합원(1천 달러), 5명의 후원 조합원(1만 달러)

■ 캐나다 퀘벡

Co-opérative de solidarité en alimentation sain L'Églantier du Kamouraska

1999년 설립, 유기농 식품 가게, 커피숍, 서점 운영, 유기농 텃밭 가꾸기 교육 등, 2003년 현재 272
명의 이용자 조합원($50), 6명의 노동자 조합원($100), 12명의 후원 조합원($100)

■ 영국 Lipson Community College

학생, 부모, 교사, 지역 사회가 참여하는 2년제 대학으로 협동조합 트러스트(영국 교육부가 2006년에
허용, 국공립 학교의 전환 허용, 독립적인 국공립 학교로 기업이나 자선단체, 공동체 그룹, 대학 등이
트러스를 구성해 학교를 운영)

설립연도(전환연도) 2009년

■ 미국 위스콘신, 5th Season Cooperative

2010년에 설립된 다중이해관계자 협동조합, 지역의 농민, 농민단체, 가공업자, 유통업자, 소비자, 노동
자 등이 조합원으로 가입해 지역의 농업을 살리고 저소득층에 대해 로컬푸드를 제공하는 목적을 수행

■ 미국 텍사스 오스틴 Black Star Co-op Pub and Brewery

소비자, 노동자, 후원자 등이 조합원으로 가입돼 있는 지역의 식당과 양조장을 운영하는 협동조합

■ 복정고교육경제공동체협동조합
■ 사회적협동조합 자바르떼
■ 아산 제터먹이 사회적협동조합(로컬푸드)
■ 경남햇빛발전협동조합

제10장

협동조합 공급 생태계 조성 전략

1
협동조합 공급 생태계, 왜 중요한가?

지금까지 우리는 협동조합이 왜 생겨났으며 사회의 어떠한 문제를 해결할 수 있는지를 살펴봤다. 또한 협동조합의 생성과 발전을 가로막는 내재적 요인이 무엇이며, 이를 어떻게 해소해갈 수 있는지를 각 협동조합 유형별로 짚어봤다. 이제 협동조합 비즈니스 성공에 영향을 미치는 마지막 요인을 알아볼 차례다. 협동조합 비즈니스의 설립 및 발전의 정도는 개별 협동조합 주체의 역량뿐만 아니라 한 사회가 협동조합을 바라보는 태도와 제도적 지원 수준, 그리고 협동조합 섹터의 연대 역량 수준에 의해서 결정된다. 이를 '협동조합 공급 생태계ecosystem for cooperatives'라고 지칭한다.

혹자는 캐나다 퀘벡이나 이탈리아 볼로냐의 예를 들면서, 협동조합이 주식회사보다 생존율이 높다고 주장하는데, 이는 예외적인 현상을 일반화한 오류라고 할 수 있다. 만약 협동조합이 주식회사보다 생존율이 높을 정도로 조직적 장점이 있다면 그동안 왜 주식회사가 보편화되고 협동조합은 소수로 머물러 있었는지에 대해 답해야 하기 때문이다. 그러므로 협동조합의 생존율을 높이기 위해서는 협동조합이 지니는 경제적·사회적 가치를 인정하되, 협동조합에 내재돼 있는 조직적 단점을 보완하는 공급 생태계 조성에 노력을 기울일 필요가 있다.

협동조합 공급 생태계의 첫 번째 요소는 제도와 정책이다. 먼저, 헌법을 비롯한 법적 체계가 협동조합에 대한 규율에 있어서 최소한 주식회사와 동등하게 대우할 필요가 있다. 또한, 세제, 금융 지원, 교육 등과 관련된 제도와 정책이 협동조합의 장점, 즉, 평등한 일자리를 창출하고 사회적 신뢰를 촉진하며 공동체의 발전에 기여하는 사회적 장점에 대해 인정하고 이를 장려하는 방향으로 마련될 필요가 있다. 그리고 시민사회 내에서의 협동과 연대의 문화 수준도 중요하다. 즉 공식적 제도 환경formal institutional environments과 정책, 그리고 비공식적 제도 환경informal institutional environments이 갖춰져야 공급 생태계가 조성됐다고 할 수 있다.

자본주의의 성장과 함께 등장한 협동조합은 정부의 간섭이나 지원 모두를 경계하면서 독립성을 매우 강조해 왔다. 그래서 협동조합 운동가들은 정부가 협동조합 설립 및 운영의 법적인 토대를 마련하는 정도의 중립적 역할만을 수행해야 한다고 주장해 왔다.[1] 그러나 일부 국가의 정부는 1970년대 말 오일쇼크로 인한 불황과 실업 증가의 어려움 속에서 고용 증대 및 사회적 신뢰 제고에 기여한 협동조합의 순기능에 주목해 더 적극적인 역할을 수행하기도 했다. 다양한 분야에서 협동조합이 주식회사에 비해 차별을 받지 않도록 각종 제도를 개정하고, 협동조합의 운영 상 직면하는 여러 가지 애로 요인을 해결하는 데 도움을 주는 정책을 수행한 것인데, 이러한 정책은 협동조합의 생존율을 높이는 데 큰 효과를 보였다.[2]

예를 들면, 다양한 분야에서 여러 유형의 협동조합이 고루 발전한 이탈

---

1) 이러한 정부의 중립적 정책은 특히 전통적 유형의 협동조합이 매우 발전한 북유럽에서 지배적이다. 그 외, 협동조합에 대한 정부의 태도는 좌우 파시즘처럼 적대적 정책, 대부분의 남유럽처럼 우호적 정책, 이탈리아나 캐나다 퀘벡처럼 적극적 지원 정책, 그리고 개발 연대 대부분의 제3세계 국가처럼 통제 정책 등으로 나누어진다.

2) Perron, 2013.

리아의 경우, 정부가 협동조합에 우호적인 조세 제도, 금융 지원, 시장 접근 정책 등을 도입함으로써 협동조합의 성장에 크게 기여했다. 이탈리아 정부가 협동조합총연맹에 협동조합에 관한 감독 권한을 사실상 부여하고, 협동조합 간 연대 기금을 조성할 수 있는 권한도 법적으로 부여함으로써 이종 협동조합 간 협동이 발휘될 수 있었고, 새로운 분야에서 새로운 유형의 협동조합을 전략적으로 인큐베이팅하는 기능도 수행할 수 있었다.

역시 다양한 분야와 유형에서 협동조합이 발전한 캐나다 퀘벡 주는 1985년에 지역개발협동조합Community Development Cooperatives 지원 정책을 시행해 협동조합에 대한 투자 계획을 수립했다. 1997년 협동조합기본법3)에 연대협동조합의 도입, 2003년 협동조합개발정책 시행, 2005년 퀘벡주협동조합총연맹CQCM과 협동조합 발전 파트너십 협약 체결 등 주 정부의 적극적인 협동조합 발전 정책이 지속적으로 수행돼왔다. 4)

이러한 협동조합 생태계 조성 정책을 통해 발휘된 효과는 국제연합(UN)이 2009년 '세계협동조합의 해(2012)'를 결의하고 각국에 협동조합의 발전에 우호적인 정책을 세우도록 권고하는 하나의 계기가 됐다. 협동조합에 대한 정책을 오랫동안 실천적으로 연구해온 국제노동기구ILO는 2002년 권고 제193호 '협동조합 활성화를 위한 권고Promotion of Cooperatives Recommendation' 5)에서 협동조합의 가치와 원칙에 입각해 법률과 행정적 제도를 마련해야 하고, 협동조합의 역량을 강화하기 위해 i) 인적자원개발프로

3) 캐나다 퀘백주의 협동조합법(Cooperatives Act) 영어버전은 퀘백주정부 홈페이지 참조.
   http://www2.publicationsduquebec.gouv.qc.ca/dynamicSearch/telecharge.php?type=2&file
   =/C_67_2/C67_2_A.html
4) Perron, 2013; 원종욱 외, 2012.
5) R193 - Promotion of Cooperatives Recommendation, 2002 (No. 193) 원문은 http://www.
   ilo.org/dyn/normlex/en/f?p=NORMLEXPUB:12100:0::NO::P12100_ILO_CODE:R193

그램, ii) 연구 및 경영컨설팅 서비스, iii) 금융 및 투자에 대한 접근성 제고, iv) 회계 및 감사 서비스, v) 법률 및 세무서비스, vi) 마케팅 지원서비스 등을 정부가 지원할 필요가 있다고 각국에 권고했다. 특히 협동조합에 대한 금융 지원 시스템, 세제 우대 조치, 협동조합 설립 초기 단계에서의 경영 컨설팅 및 인적 자원 개발 서비스 등이 협동조합의 생존율 제고에 매우 중요하다고 강조했다.

선진국과는 달리 제3세계는 과거에 소위 '관제' 협동조합으로 발전해온 협동조합을 개혁하는 문제에 직면해 있다. 소위 '개발연대'라고 불리는 1960~1970년대 제3세계에서는 협동조합이 경제 개발을 위한 수단으로 정부통제형으로 발전했다. 구소련과 동유럽에서는 협동조합이 국가의 배급기구로서 활용됐지만, 1990년대에 체제 간 경쟁이 막을 내리고 국가자본주의적 발전 전략이 한계를 드러내면서 정부통제형 협동조합 전략은 매력을 잃게 됐다. 반면에 조합원의 자발적인 협동조합 조직 전략이 강조됐으며, 이에 따라 정부통제형 협동조합 제도 및 정책을 조합원 중심의 협동조합 발전을 위한 방향으로 전환하는 것이 중요한 정책적 과제로 남게 됐다.

협동조합 공급 생태계의 두 번째 요소는 협동조합 섹터의 연대 역량이다. 이는 개별 협동조합이나 각 유형별 협동조합 부문 간의 협동을 촉진시켜 협동조합의 발전을 도모하는 데 기여할 뿐만 아니라 시민 사회 조직과의 연대를 통해 시대적 과제를 해결하는 데 기여하는 새로운 협동조합을 전략적으로 인큐베이팅하고 발전시키는 역할도 수행한다. 협동조합 섹터의 조직 구조를 기준으로 볼 때, 선진국은 부문별 협동조합연합회 구조를 지닌 나라와 총연합회 구조를 지닌 나라로 구분된다.

협동조합연합회는 여러 협동조합이 조합원으로 가입한 협동조합이다. 주로 자연인이나 법인이 조합원으로 가입해 결성된 협동조합은 1차 협동조합primary cooperative이고, 협동조합연합회는 2차 협동조합secondary cooperative이다. 연합 조직은 일반기업 등 경제 분야, 연방 정부 등 정치 분야, 노동조합, 농민조직, 시민조직 등 사회 분야에서 흔히 발견되는 조직 형태이기도 한데, 협동조합연합회는 국제협동조합연맹의 6번째 협동조합 원칙인 협동조합 간 협동을 실현하는 중요한 방법 중의 하나라고 할 수 있다. 협동조합연합회는 지리적 기준과 기능별 기준 등 두 가지 기준으로 구분해 볼 수 있다. 지리적 기준에 따르면, 협동조합연합회는 협동조합지역연합회, 협동조합전국연합회, 협동조합국제연합회 등으로 나뉜다. 예를 들면, 영국의 스코틀랜드도매협동조합연합회Scottish Cooperative Wholesale Society나 캐나다 퀘벡 주의 학교협동조합연합회Fédération québécoise des coopératives en milieu scolaire는 대표적인 협동조합지역연합회라고 할 수 있고, 우리나라의 농협중앙회나 신협중앙회, 그리고 이탈리아의 협동조합 및 공제조합 전국연맹Lega Nazionale delle Cooperative e Mutue, LEGACOOP은 대표적인 협동조합전국연합회다. 협동조합국제연합회는 2개국 이상의 협동조합들이 연합회를 결성하는 경우에 해당하는데, 유럽독립소매상협동조합연맹Union of Group of Independent Retailers of Europe, UGAL이나 국제협동조합연맹International Cooperative Alliance이 대표적이다.

연합회 분류의 두 번째 기준은 목적 및 기능이다. 이 구분에 따르면, 연합회는 사업연합회business federation와 비사업연합회non-business federation로 나뉜다. 사업연합회는 회원으로 가입된 1차 협동조합들의 사업 수행에 필요한 기능의 일부를 집중적으로 대행하는 연합회이다. 예를 들면, 스코틀랜드도매협동조합연합회, 이탈리아의 코프이탈리아Coop Italia, 우리나라의 아이쿱생협사업연합 등은 회원 소비자협동조합이 조합원에게 공급하는 물품의 공동구매, 공동 물류, 공동 품질 관리, 공동 전산시스템 개발, 공동 제조 기능 등을 수행하는 대표적인 사업연합회다. 상품의 공급 체인supply chain에 따라 기능을 구분해 보면, 1차 협동조합은 소매 기능을 담당하고, 사업연합회는 도매 및 제조 기능을 담당한다. 이러한 사업연합회는 농협, 신협 등 다른 부문에서도 흔히 볼 수 있는 형태다.

반면에 이탈리아의 소협전국연합회ANCC, 우리나라의 아이쿱소비자활동연합회, 영국의 협동조합전국연맹Cooperative UK은 비사업연합회다. 비사업연합회는 대내적으로는 1차 협동조합 및 사업연합회가 협동조합의 정체성을 유지하기 위한 협동조합 조직 발전 전략의 수립, 구성원에 대한 협동조합 교육 활동을 전개하며, 대외적으로 해당 부문을 대표해 다른 부문의 협동조합과의 협력 활동 및 대정부 정책 활동을 전개하는 것을 목적으로 한다. 비사업연합회는 대부분 소협, 농협, 소상인협동조합, 금융협동조합, 노협 등 부문별로 설립되기도 하고 한 나라의 모든 부문의 비사업연합회와 사업연합회가 모두 가입해 설립되기도 한다.

특히 후자 형태의 연합회를 협동조합중앙조직apex or umbrella organization이라고도 하고 3차 협동조합tertiary cooperative이라고도 부른다. 이탈리아 사회주의 계열의 모든 부문의 사업연합회와 비사업연합회가 가입된 협동조합 중앙 조직인 협동조합 및 공제조합 전국연맹Lega Coop, 캐나다 퀘벡주의 퀘벡주협동조합총연맹CQCM 등이 대표적이다. 그리고 국제협동조합연맹은 세계적 차원의 협동조합중앙조직이다.

협동조합중앙조직이 설립되는 중요한 이유는 나라 전체 차원에서 자본주의적 시장 경제 부문에 대응하는 협동조합 섹터의 정체성 유지, 각 부문별 협동조합 간의 연대, 사회적으로 필요한 새로운 종류의 협동조합 설립 촉진과 지원, 그리고 협동조합 섹터의 발전을 위한 우호적인 제도 및 정책 환경의 조성과 대국민 교육 홍보 활동 등의 필요성 때문이다. 협동조합중앙조직이 발전한 나라는 이탈리아, 스페인 몬드라곤, 독일, 캐나다 퀘벡 주가 대표적이다. 대부분의 나라는 부문별 협동조합연합회 구조를 가지고 있다. 우리나라는 2012년 협동조합기본법이 제정되기 전에는 협동조합중앙조직을 설립할 수 있는 법적 근거가 없었지만 협동조합기본법의 제정으로 설립의 근거가 마련됐다.

또한 협동조합의 사회적 목적 달성을 위해 이뤄지는 연대 활동은 협동조합 섹터 내에서 한정되는 것이 아니라 사회적기업, 마을기업, 사회책임기업, 기타 시민단체 및 환경단체 등과의 협력으로 확대될 때 성과가 더 커질 수 있다. 최근에는 시민단체, 환경단체, 사회적기업, 사회 공헌을 실천하는 기업 등과 협력을 통해 공익적 실천에 기여하는 협동조합이 증가하고 있다. 윤리은행 또는 사회적은행, 저개발국가와의 공정무역이나 공정여행, 재생에너지 생산을 등을 위한 다양한 프로젝트들이 그와 같은 협력으로 진행 중이다. 이렇게 변화하는 시대적 환경과 새로운 흐름에 효과적으로 대응하기 위해서 협동조합을 포함한 사회적경제 조직들이 사회적경제협의회를 만들어나가는 지역이 늘어나고 있다. 예를 들면 프랑스의 사회적경제협의회CEGES, 스페인의 사회적경제연합회CEPES, 캐나다 퀘벡의 사회적경제협의회Chantier de l'économie sociale, Économie sociale Québec 등이 대표적이다.

그러나 협동조합 간 협동이 모든 지역과 국가에서 고루 발전해온 것은 아니다. 동일한 부문 내의 협동조합이라고 하더라도 서로 다른 설립 배경, 이념 등 여러 요인들에 의해 협동조합 간 분열과 경쟁이 나타나기도 하고 이종 협동조합 간 협동과 연대는 상대적으로 커다란 진전이 없다는 것이 전반적인 평가다. 이러한 점에서 협동조합 섹터에서 사회적 목적과 연대에 관한 사상적·이론적·실천적 논의를 활성화시키는 것은 향후 중요한 과제다.

이상으로 살펴본 것처럼 협동조합 공급생태계는 개별 협동조합의 사업 리스크, 금융 리스크, 관계 리스크 등으로 인한 실패 위험을 줄이는 데 기여할 뿐만 아니라 개별 협동조합 혹은 부문 협동조합의 이기주의를 줄이고 연대를 통한 지역 사회의 발전 및 사회혁신에 기여할 수 있다. 그 대표적인 사례라고 할 수 있는 이탈리아와 캐나다 퀘벡의 협동조합 공급 생태계 조성 전략을 살펴보자.

2
이탈리아 협동조합 공급 생태계의 특징

1) 이탈리아 협동조합 현황

이탈리아의 협동조합은 다양한 산업 분야에서 발전해온 것이 특징이다. 협동조합의 수는 2008년 말 현재 금융을 포함해 총 7만 2,010개로 이 중 일반협동조합의 수는 5만 8,072개, 사회적협동조합의 수는 1만 3,938개다. 8개 특별법에 의해 설립되고 운영되고 있는 우리나라의 협동조합의 수가 약 4천 개인 것을 감안하면, 이탈리아의 협동조합 수가 얼마나 많은지 가늠해 볼 수 있다. 업종별로는 급식, 호텔, 물류, 교육, 돌봄 등 서비스 부문에서 활동하고 있는 협동조합의 수가 약 3만 3,649개로 전체의 51.3%를 차지하고 있다. 그 다음이 건설 부문으로 1만 3,712개의 협동조합이 활동 중이다. 그 다음은 농업, 상업, 제조업 순이다(〈표 10-1〉 참조). 우리나라의 협동조합이 주로 금융 및 1차 산업 부문에 한해 발전해온 반면, 이탈리아의 협동조합은 모든 산업 부문에 걸쳐서 발전했다.

〈표 10-1〉 이탈리아 협동조합 수(2008년)			
업종	일반협동조합	사회적협동조합	전체
서비스	23,111(43.7%)	10,538(82.7%)	33,649(51.3%)
건설	13,294(25.2%)	418(3.3%)	13,712(20.9%)
농업	7,100(13.4%)	368(2.9%)	7,468(11.4%)
상업	5,005(9.5%)	603(4.7%)	5,608(8.6%)
제조업	4,323(8.3%)	814(6.3%)	5,137(7.8%)
자료없음	4,807(8.3%)	1,197(8.6%)	6,004(8.4%)
계	57,640(100%)	13,938(100%)	71,578(100%)
	80.5%	19.5%	100%
금융	432	-	432

출처: EURICSE(2011)

고용 규모의 측면에서 보면, 이탈리아에서는 2009년 말 현재, 112만 8천여 명으로 총 고용에서 약 5%를 차지하고 있다(〈표 10-2〉 참조). 우리나라의 4천 개 협동조합이 약 11만 3,349명의 직원을 고용한 것에 비해 약 10.5배나 많은 규모다. 이탈리아는 유럽의 국가들 중에서 협동조합의 규모가 가장 클 뿐만 아니라 협동조합의 고용이 전체 고용에서 차지하는 비중이 가장 높은 나라다. 협동조합이 가장 먼저 탄생한 나라로 알려진 영국이나 프랑스는 협동조합의 비중이 높지 않고, 협회나 재단의 비중이 높다. 반면에 스웨덴, 덴마크, 독일, 스페인이 상대적으로 협동조합 섹터의 규모가 큰 나라로 조사됐다(〈표 10-2〉 참조).

〈표 10-2〉 유럽연합 주요 국가의 협동조합 고용 현황(2009-2010)

국가	협동조합 (총고용에서 차지하는 비중)	공제조합	협회/재단 (associations/ foundations)	합계	총 고용에서 차지하는 비중
프랑스	320,822 (1.24)	128,710	1,869,012	2,318,544	9.02
이탈리아	1,128,381 (4.93)	(주)	1,099,629	2,228,010	9.74
포르투갈	51,391 (1.0)	5,500	194,209	210,950	5.04
스페인	646,397 (3.5)	8,700	588,056	1,243,153	6.74
스웨덴	176,816 (3.89)	15,825	314,568	507,209	11.16
오스트리아	61,999 (1.49)	1,416	170,113	233,258	5.70
덴마크	70,757 (2.62)	4,072	120,657	195,486	7.22
핀란드	94,100 (3.84)	8,500	84,600	187,200	7.65
독일	830,258 (2.14)	86,497	1,541,829	2,458,584	6.35

그리스	14,983 (0.34)	1,140	101,000	117,123	2.67
네덜란드	184,053 (2.19)	2,860	669,121	856,054	10.23
영국	236,000 (0.82)	50,000	1,347,000	1,633,000	5.64

주) 공제조합의 수치는 협동조합에 포함됨

출처: Chaves and Monzon(2012)

이탈리아의 협동조합은 이탈리아 경제의 선도적인 기업들인 경우가 적지 않다. 예를 들어 이탈리아 소비자협동조합COOP Italia과 슈퍼마켓협동조합CONAD은 이탈리아 식료품 시장의 3분의 1을 차지하고 있다. 건설 부문의 10대 기업 중 3개가 협동조합이고, 외식업 분야의 협동조합 캄스트CAMST는 업계를 선도하고 있다. 마누텐코프MANUTENCOOP는 건물 관리 분야의 선두 기업이다. 협동조합은 지방 정부가 아웃소싱을 하는 사회 서비스의 제공에서 주도적인 역할을 수행하고 있으며, 물류, 운송, 미디어, 여행 등에서도 두각을 나타내고 있다. 식품 산업 매출액의 4분의 1은 협동조합을 통해 이뤄지고 있으며, 농산물 판매시장에서 농협이 차지하는 비중은 35%에 달한다.

이탈리아의 협동조합은 1970년대부터 비약적으로 발전했다. 협동조합의 종업원 수가 전체 노동자 수에서 차지하는 비율은 1971년 1.9%에서 1991년 4.0%, 2001년 5.8%로 증가했다.[6] 1970년대부터 소협, 사업자협동조합, 노협 등의 규모가 크게 증가했고, 1990년대부터는 사회적협동조합의 설립이 크게 증가했다. 이러한 요인들로 인해 협동조합의 고용 인원이 크게 증가하게 됐다. 〈표 10-3〉에서 보는 바와 같이 500명 이상을

....

6) Zamagni and Zamagni, 2009.

고용하는 협동조합이 1971년 28개에서 1981년 58개, 2001년 121개로 꾸준히 증가했다. 이와 같은 대규모 협동조합에 의해 고용된 인원수도 1971년 3만 5,201명에서 2001년 20만 2,759명으로 크게 늘었다. 대규모 협동조합은 제조업, 식품가공업, 건설업, 도소매, 호텔 및 식당, 금융업, 시설 관리 서비스, 청소업 등에서 나타났다. 이러한 협동조합의 규모화는 2000년대 들어 더욱 확대되고 있는데, 이는 협동조합이 규모가 커져도 시장에서 효율적으로 작동할 수 있음을 증명하는 현상이라고 할 수 있다.

이탈리아에서 이렇게 여러 유형의 협동조합이 여러 산업 부문에서 크게 발전하고 고용을 지속적으로 증가시켜온 요인은 제도·정책적 요인, 조직 전략적 요인, 지원 금융적 요인 등으로 나누어 볼 수 있다.

〈표 10-3〉 500인 이상을 고용한 이탈리아 협동조합의 수 추이(1971-1991년)

	기업 수				노동자 수			
	1971	1981	1991	2001	1971	1981	1991	2001
농업	1	3	0	0	2,166	3,815	0	0
수산업	2	0	0	0	1,063	0	0	0
제조업	3	7	13	13	1,980	5,065	13,476	16,522
식품 가공업	3	7	8	10	1,980	5,065	6,193	13,429
건설업	3	17	15	7	3,344	15,690	12,269	5,943
도소매	5	11	15	16	2,899	9,000	21,804	35,095
호텔 및 식당	0	2	3	5	0	1,528	3,986	15,555
운수 및 기타	8	4	1	17	14,231	2,984	553	11,569
금융중개	6	12	30	24	9,518	21,270	40,707	55,584
시설 관리 서비스	0	2	11	34	0	1,468	11,709	57,477
청소업	0	1	9	32	0	1,468	9,776	47,150
건강 및 기타 서비스	0	0	0	3	0	0	0	3,329
기타 사회적 서비스	0	0	1	2	0	0	1,019	1,685
합계	28	58	89	121	35,201	60,820	105,523	202,759
조합당 노동자 수					1,257	1,049	1,186	1,676

출처: Zamagni and Zamagni(2009)

2) 이탈리아의 협동조합 제도와 정책

이탈리아는 협동조합의 발전을 위한 매우 우호적인 제도를 지니고 있다. 1947년에 제정된 새로운 이탈리아 헌법 제45조는 "공화국은 비투기적인 본성을 지니며 호혜적인 협동조합의 사회적 기능을 인정한다. 헌법은 가장 적절한 수단을 통해 협동조합을 장려하고 적정한 감독을 통해서 협동조합의 성격과 목적이 유지되도록 보장한다"고 명문화돼 있다. 이러한 헌법의 정신에 입각해 1947년에 제정된 바세비Besevi 법은 협동조합의 성장과 성격에 중요한 영향을 끼쳤다. 이 법은 협동조합의 감독, 등기, 협동조합총연맹, 상호 부조의 요건, 관할 관청의 의무 등을 규정했다.

협동조합의 법적 요건으로는 1인 1표의 의결권, 출자금에 대한 이자 제한, 이윤의 20%는 조합원에게 배분할 수 있으나 최소 20%는 법정 준비금으로 적립할 것, 해산시의 순 자산은 조합원에게 배분하지 않고 상호 부조의 정신과 합치하는 공공 목적에 양도할 것 등이 규정돼 있다. 이 요건에 부합하는 협동조합에 대해서만 법인세의 감면 조치[7]를 받을 수 있다. 이 법은 1949, 1950, 1951, 1971년 개정된 후, 1992년 개정에서는 조합원 제도 수정, 전국협동조합연대기금 설치 등 여러 조항이 신설됐다. 법 시행 초기에는 법률이 요구하는 주요한 법정 감독 기준에 못 미치는 많은 협동조합이 해산됐다. 그러나 몇 세대가 지나자 협동조합 운동은 모든 경제 부문에서 발전했고 이러한 발전은 경제적인 효율성과 사회 정의란 측면에서 이탈리아의 근대화와 경제 성장에 기여한 것으로 평가됐다.

바세비 법의 중요한 특징 중 하나는 이탈리아의 주요 협동조합총연맹에게 회원 협동조합에 대한 일상적인 감독 권한을 부여했다는 점인데, 이를 통해 총연맹은 단순히 협동조합의 이익을 대변하는 이해 집단을 넘어

---

7) 생협은 25%, 농협은 100% 등.

협동조합운동 일반을 이끌어갈 수 있는 정당성과 권한을 부여받았다. 바세비 법에 따라 1948년 레가코프연맹과 가톨릭협동조합연맹이 국가로부터 감독 권한을 부여받았다. 단위 협동조합들은 공통적으로 연간 매출의 0.4%를 회비로 연맹들에 납부하도록 법으로 규정되기도 했다.[8]

협동조합의 핵심 정체성인 상호성mutuality 요건[9]을 전제로 세제 우대를 규정한 바세비 법의 사상은 1977년 판돌피 법Pandolfi law에 의해 구체화됐다. 동법 제12조는 협동조합 및 그 사업연합이 불분할 적립금[10]에 충당하는 이익을 비과세로 하되, 협동조합 활동의 존속 기간 중과 해산 시에 조합원에게 배분하지 않을 것을 전제로 해서 허용했고, 이는 협동조합의 자본 형성에 크게 기여했다. 1983년 법은 협동조합이 주식회사를 자회사로 보유하도록 허용했고[11] 1992년 법은 협동조합에도 투자조합원member-financial backer과 우선주privileged shares 개념을 도입해 협동조합의 자본 조달 문제의 해소에 크게 기여했다고 평가된다.

또한 이탈리아 정부가 노협의 발전을 통해 고용 문제를 해결하려고 추진한 직접적인 정책은 1985년에 제정된 마르코라법Marcora Law이다. 이 법은 1980년대 높은 실업률과 이탈리아 경제의 공업화에 대응하기 위한 두 가지의 고용 창출 프로그램 중 하나로 제정돼 1987년에 시행됐다. 경영위기에 빠진 기업의 재건을, 그 위기의 최대 희생자가 된 노동자에게 맡겨 노협으로 전환시킬 수 있도록 기회를 주는 내용이다. 이 프로그램으로 총

....

8) Corcoran and Wilson, 2010
9) 이 요건을 충족하는 협동조합의 기준은 조합원에 대한 상품의 판매, 서비스의 공급을 통해 획득한 잉여금이 총 잉여금의 50%를 넘고, 노협의 경우에는 조합원이 공급하는 노동 비용이 50%를 넘어야 한다.
10) 협동조합에서 발생한 잉여 또는 이윤으로 내부 유보로 적립하되 이 내부 유보금을 조합원의 개별 지분이 아닌 조합의 공동 재산 몫으로 적립하는 것을 불분할적립금(indivisible reserve)이라고 부른다.
11) 이 법에 근거해 레가코프연맹은 상장된 주식회사인 유니폴(UNIPOL)이라고 하는 보험회사를 소유하고 있다.

2,500억 리라에 달하는 두 개의 기금을 조성했는데, 이 정책으로 이탈리아 3대 협동조합총연맹과 3대 노동조합전국연맹이 협력해 '산업융자회사 Compagnia Finanziaria Industriale: CFI'를 설립하고 1987년부터 사업을 시작했다. 이 프로그램에 의해 파산 또는 경영 위기에 처한 기업을 해당 노동자가 부분적 또는 전면적으로 매입하거나, 혹은 그것에 대체되는 활동을 개발할 목적으로 설립된 노협은 노동자가 적립한 자본의 세 배를 한도로 해 산업융자회사에 협동조합 자본의 인수를 요구할 수 있다.

또한 이탈리아에서 중요한 협동조합 지원 정책 중의 하나로 평가받는 것이 1992년에 도입된 '협동조합의 진흥 발전을 위한 상호부조 기금fondi mutualistici per la promozione e lo sviluppo della cooperazione'이다. 이 기금은 협동조합과 그 사업연합이 매년 이익금의 3%를 납입(이 부분도 과세 대상에서 제외)해 조성하는 협동조합발전기금이다.[12] 이 기금의 목적은 협동조합 기업의 혁신과 고용 확대, 이탈리아 남부지역 개발을 위한 새로운 협동조합 설립 시 자금을 융자하는 제도를 시행하는 것이다. 이 법률 조항은 협동조합 운동 진영의 강한 요구에 의해 도입됐다. 이 기금은 그동안 전적으로 현재의 조합원에게만 향해 온 '대내적 상호부조' 기능을 협동조합 운동과 사회 전체를 향하는 '대외적 상호부조'로 확장 발전시킨 것이라고 할 수 있다. 협동조합이 조합원을 지속적으로 확대하고 '시스템'으로서의 경쟁력을 강화할 수 있도록 한 조치였다. 이 기금을 설립 운영하는 책임을 협동조합의 총연맹에 부여했다.[13]

이처럼 이탈리아 정부는 협동조합의 발전 단계에 적합한 제도 및 인센티브 방안을 구축해왔다. 협동조합의 정체성 유지를 조건으로 한 세제 혜

---

12) 이 의무를 이행하지 않는 협동조합은 세제상의 혜택을 받을 수 없게 규정하고 있다.
13) Zanotti, 2011.

택, 유사 협동조합 난립 방지를 위한 감독 체제, 협동조합 간 협동을 촉진하고 새로운 협동조합의 설립을 촉진하는 협동조합연대기금 설치와 세제 혜택과의 연계, 새로운 시장 및 금융 환경으로의 적응을 위한 협동조합 자본 조달 방법의 허용 등이다.

3) 이탈리아 협동조합 섹터의 조직 전략

이탈리아 협동조합의 발전을 촉진해온 두 번째 중요한 요인은 협동조합 섹터의 조직 전략이다. 이탈리아의 협동조합은 동종 협동조합들 간의 수평적·수직적 형태의 네트워크, 이종 협동조합 간의 컨소시엄[14], 네트워크들의 네트워크 등을 결성해 서로 협력하고 새로운 협동조합의 설립을 지원하는 전통을 수립해 왔다. [15] 이는 이탈리아의 협동조합 운동이 정치적, 종교적으로 동질적인 지향을 지닌 조합들 사이에 총연맹을 결성하고 이러한 총연맹이 동종 및 이종 협동조합 간의 연대를 추진했기 때문이다.

이탈리아의 협동조합들은 1886년에 전국 조직인 전국협동조합공제연합회Lega Nazionale delle Cooperative e Mutue를 설립해 가톨릭, 사회주의, 공화주의 성향의 협동조합을 모두 포괄했으나 1919년 가톨릭계 협동조합이 탈퇴해 이탈리아협동조합연맹Confcooperative를 창립하게 됨에 따라 총연합 조직이 분열돼 발전해왔다. 그러다 1945년에 사회주의-공산주의 계열의 협동조합인 레가코프Legacoop 연맹이 설립되고 자유주의적 계열의 AGCI가 1952년에 설립됐으며, 가톨릭 계열의 협동조합연맹에서 분리돼 나온 UNCI가 1975년에 설립됐다. 〈표 10-4〉는 이탈리아 협동조합을 총연맹

....

14) Ccc, Italian national building cooperatives'consortium, Cns(레가연맹 계열), Ciclat(콘코프연맹 계열) 등이다. Ciclat는 서비스협동조합들의 컨소시엄인데, 예를 들면, 병원에 대해 청소, 쓰레기 처리, 건물유지관리, 콜센터, 캐터링 서비스 등을 여러 협동조합들이 컨소시엄을 구성해 제공한다.
15) Menzani and Zamagni, 2010.

소속에 따라 분류해놓은 것인데, 가톨릭협동조합연맹Confcooperative에 1만 9,200개의 조합이 가입돼 있고, 조합원수는 288만 명에 달하며 여기에 고용돼 있는 인원은 46만 6천명에 이르러 가장 규모가 크다. 그 다음이 사회주의 계열의 레가코프연맹으로 가톨릭협동조합연맹과 피고용인 수 면에서는 비등한 규모를 보이고 있다. 어떠한 계열의 총연맹에도 가입하지 않은 조합도 2만 1천여 개에 달한다. 각 총연맹에는 농협, 주택협동조합, 소협, 소상공인협동조합, 노협, 사회적협동조합, 보건협동조합, 금융협동조합, 문화 및 관광협동조합 등 다양한 협동조합들의 부문별 연합회가 가입돼 있으며, 총연맹 차원에서 조직 발전 전략을 수립하고 실천해왔다.

〈표 10-4〉 이탈리아 협동조합 운동(2006년 기준)

	기업 수	매출액 (10억 유로)	조합원 수	직접 고용 수
Legacoop	15,200	50	7,500,000	414,000
Confcooperative	19,200	57	2,878,000	466,000
AGCI	5,768	6	439,000	70,000
UNCI	7,825	3	558,000	129,000
Unicoop	1,910	0.3	15,000	20,000
위에 속하지 않는 조합	21,561	3	100,000	150,000
합계	71,464	119	11,490,000	1,249,000

출처: Zamagni and Zamagni(2009)

이탈리아의 협동조합의 발전은 총연합회의 전략과 지도력에 많이 의존해왔다. 레가코프 연맹은 1978년 그동안의 공식 노선이던 '협동조합 공화국 건설론'을 폐기하고 혼합 경제를 지지하며 그 속에서 협동조합이 큰 역할을 수행할 수 있다는 제3부문론을 제창했다. 이 과정에서 레가코프 연맹은 중산층에 문호를 개방해 소매 자영업자, 문화, 보건의료, 관광, 수산업, 운송 등 새로운 분야를 조직했다. 그리고 "모두를 위해 독점적 제세력과 싸우고 이들 세력의 투기적 수법과 목적에 반대한다"는 입장을 천명했다. 또한 레가코프 연맹은 1980년대 유럽 시장의 통합 와중에서 협동조합의 규모 확대를 통해 경쟁력 강화를 도모했으며, 전국 조직과 사업연합 조직의 개혁도 추진했다. 그리하여 1970~1980년대 협동조합의 규모를 확대하기 위해 합병이 의도적으로 추진됐으며, 이 결과 대규모 협동조합이 출현하기 시작했고, 이러한 조합들은 좀 더 높은 수준의 경영 전문가를 필요로 하게 됐다.

이에 따라 1970~1980년대에 대규모 협동조합을 중심으로 경영 전문가들이 영입되기 시작했고, 컨설팅 회사의 자문을 받아 협동조합 기업의 구조 내에 전략 기획 기능을 도입하기도 했다.

또한 협동조합들의 협동조합인 컨소시엄을 통해 조합 단위의 작은 규모를 유지하면서도 필요에 따라 유연하게 규모의 경제를 실현할 수 있도록 하는 협동조합 간 협동 전략은 이탈리아 협동조합의 성공 요인으로 분석되고 있다. 2008년 말 현재 이탈리아 협동조합 부문 내에서 활동 중인 컨소시엄의 수는 모두 1,948개이며, 여기에 종사하는 인원수가 2만 1,118명에 달한다.[16) 컨소시움은 특히 가장 마지막으로 제도화된 사회적협동조합에 있어서 빠른 성장을 이끈 견인차 역할을 해온 것으로 평가된다.[17)

4) 이탈리아 협동조합 금융 지원 체제

마지막으로 이탈리아 협동조합의 발전에 영향을 미친 요인은 총연맹 차원에서 협동조합지원금융 기관을 운영해온 것이라고 할 수 있다. 예를 들면 레가코프 연맹은 이탈리아 최대 국영신용기관인 IMI와 공동으로 '협동조

---

16) EURICSE, 2011.
17) Menzani & Zamagni, 2010.

합 운동을 위한 전국 금융 회사^{FINEC}'를 1987년 설립했는데, 이 회사는 주식회사 형태의 투자은행으로서 협동조합에게 벤처 캐피탈, 장기 투자, 시장 분석 및 리스크 분석 서비스 등을 제공해왔다. 그리고 레가코프 연맹은 1969년에 Fincooper을 설립해 1977년부터 운영했는데, 협동조합에 대한 투자와 대출, 협동조합의 신용과 채무의 청산 기능을 담당하도록 했다.[18] 또한 소협의 신규 매장 개설에 소요되는 투자 자금을 지원하는 금융 기관^{Banec}도 운영해왔다.[19]

3
캐나다 퀘벡 주 협동조합 공급 생태계의 특징

1) 퀘벡 주 협동조합의 현황

인구 8백만 명의 캐나다 퀘벡 주는 다양한 협동조합이 잘 발전돼 있고, 북미에서 처음으로 1997년 연대협동조합^{solidarity cooperatives}을 도입한 지역이다. 퀘벡 주의 협동조합은 2009년 말 현재 3,200개를 기록하고 있으며, 조합원 수는 752만 1천여 명이다(〈표 10-5〉 참조). 협동조합에 종사하는 직원의 수는 7만 9,222명에 달한다. 데잘뎅신협연합회의 추정에 따르면, 퀘벡 주의 GDP 중에서 협동조합의 비중은 약 3%에 이르고, 종사자 수의 비중은 약 4%에 이른다(Perron, 2013).

비 금융 분야의 협동조합은 소협, 생산자협동조합, 노협, 노동자지분보유협동조합, 연대협동조합 등의 유형으로 구분되며, 이 협동조합들은

---

18) 2001년에 유사한 기능을 담당하는 Ccfr과 합병해 Ccfs(Financial Cooperative consortium for development)로 전환했다.
19) 그 후에 레가코프의 대규모 금융자회사인 유니폴(Unipol)의 기능과 합병했다.

〈표 10-5〉 퀘벡주의 협동조합 현황(2009년)				
분류	데잘뎅신협	상호보험회사	비금융협동조합	합계
조합 수	671	39	2,500	3,210
조합원 수/보험가입자 수(천명)	5,162	1,410	950	7,521
직원	37,320	3,902	38,000	79,222
매출액(백만 달러)	6,937	1,985	7,000	15,922
자산총액(백만 달러)	85,343	4,597	4,000	93,940

출처: Conseil de la coopération du Québec et mutualité

농업 임업 등 1차 산업, 식료품의 유통 제조업, 운송, 앰뷸런스 서비스, 주택, 학교의 매점과 서점, IT 통신 등 전문 기술 서비스 분야, 장례와 레크리에이션 분야, 의료 보건 및 사회 서비스 등에서 발전해왔다.[20]

쿼벡 주에서 다양한 분야의 여러 가지 협동조합이 고루 발전하게 된 배경은 크게 세 가지로 설명할 수 있다. 첫째, 지역 경제 및 지역 공동체의 발전에서 협동조합이 지니는 장점이 크다는 점을 주 정부가 인식하고 이를 발전시킬 수 있는 구체적인 협동조합 정책을 수립해 집행해왔다. 둘째, 개별협동조합의 생존율을 높이고 새로운 분야에서 전략적으로 새로운 협동조합을 인큐베이팅하는 기능을 담당하는 협동조합연합회 및 사회적경제 연석회의 등 총연합회 조직 전략을 채택하고 있다. 마지막으로 쿼벡 주는 협동조합을 금융적으로 지원하는 시스템을 갖춰왔다.[21] 이를 차례로 살펴보기로 한다.

---

20) Girard, 2009.
21) Elson 외, 2009.

2) 퀘벡 주의 협동조합 발전 정책

퀘벡 주는 1906년에 북미 지역에서 가장 먼저 협동조합법을 제정했고, 1963년 주 정부의 재정경제부 내에 협동조합과를 설치했다. 1985년에는 지역개발협동조합Community Development Cooperatives 지원 정책을 시행해 협동조합투자계획Cooperative Investment Plan을 수립했다. 1997년에 협동조합법을 개정해 연대협동조합을 도입했고, 2003년에는 협동조합 발전 정책 Cooperative Development Policy, 2005년에는 퀘벡주협동조합총연맹CQCM과 협동조합 발전 파트너십 협약 체결 등 주 정부의 적극적인 협동조합 발전 정책을 지속적으로 수행해왔다(Perron, 2013).

예를 들면, 2003년에 수립한 협동조합 발전 정책의 주요 내용을 살펴보면, 2003~2013년 도시 외곽 지역에서 2만 개의 일자리를 창출하기 위한 노력의 일환으로 협동조합의 매출액·자산·시장점유율, 신규 협동조합 수 등 주요 지표를 개선하고, 협동조합의 성장과 다각화를 촉진하기 위한 투자를 5년 간 25% 늘리도록 선정되어 있다. 또한 협동조합이 각 업종별로 일정한 비중 이상으로 출현할 수 있도록 촉진하고, 협동조합들이 연합회를 결성해 협동조합의 생존율 제고 활동을 전개하도록 정책적으로 지원하는 계획을 수립했다. 이러한 정책적 목표를 달성하기 위해 주 정부는 효과적이고 혁신적인 법률 체계 채택, 협동조합의 필요에 맞춘 자본 조성 및 운영 자금 조달 수단 개발, 컨설팅 서비스 이용 편의 개선, 정부 부처 내 협동조합에 대한 인식 개선 및 주민에 대한 협동조합 사업 유형 장려 등을 전략적 수단으로 채택했다. [22]

---

22) Perron, 2013.

3) 퀘벡 주의 협동조합총연합회 조직 전략

다음으로 퀘벡주의 특징으로 알려지고 있는 협동조합총연합회 조직 전략이 퀘벡협동조합의 발전에 기여한 것으로 평가된다. 퀘벡 주에서는 퀘벡협동조합총연합회Conseil québécois coopération et mutualité: CQCM가 모든 협동조합을 대표하고 있다. 23) 여기에는 18개 부문별 협동조합연합회와 11개 지역개발협동조합Coopérative de développement régional·CDR, Québec-Appalaches, 7개의 주택협동조합7 fédérations régionales en habitation 등이 가입돼 있다. 1940년에 설립된 이 연합회CQCM는 퀘벡 주 정부로부터 협동조합 창업 기술 지원 활동에 필요한 예산을 받아 지역 개발 협동조합을 통해 창업 컨설팅을 수행하고 있다. 즉, 총연합회는 주 정부의 정책 파트너로서의 역할을 하고 있다. 지역개발협동조합은 협동조합의 창업 인큐베이팅 기능을 주 목적으로 하고 있는데, 이는 캐나다 퀘벡 주 협동조합 공급 생태계 조성 전략의 중요한 특징이라고 할 수 있다. 2010~2012년 동안 11개의 지역개발협동조합은 327개의 새로운 협동조합의 설립에 기여했고, 이를 통해 1,234개 일자리의 창출 혹은 유지에 기여한 것으로 평가받고 있다. 특히 이러한 일자리는 주로 낙후 지역에서 창출됐다. 지역개발협동조합의 조합원들은 주로 지역 내 협동조합들이 자발적으로 가입해 지역 내 필요한 협동조합의 설립을 도와주는 방식으로 운영되고 있다. 협동조합 간 협동의 한 방식인 셈이다. 24)

또한 퀘벡 주의 특수한 점이 바로 퀘벡 사회경제단체연석회의Chantier De L'Economie Sociale(이하 '샹티에')라고 하는 조직의 존재다. 샹티에에는 협동조합과 비영리단체 등 7천 개 이상의 단체와 기업이 가입돼 있으며, 여기에

....
23) 자세한 회원 내역은 CQCM 홈페이지 참조
   (http://www.coopquebec.coop/fr/les-membres.aspx)
24) Perron, 2013

종사하는 노동자는 12만 5천명에 달한다. 샹티에는 사회적경제 주체 간의 네트워크 및 인큐베이팅, 대정부 로비 등의 활동을 전개하고 있다. 연간 예산 100만 달러인 운영비의 50%는 사회적경제 등과 관련된 자문과역할, 그리고 이와 관련된 프로젝트를 수행하기 위한 비용으로 퀘벡 정부로부터 지원을 받고 있으며, 나머지 50%는 회원의 회비로 조달된다.[25]

4) 퀘벡주의 협동조합 금융 지원 체제

마지막으로 퀘벡 주의 협동조합 금융 지원 체제에 대해 살펴보기로 한다. 전통적으로 퀘벡의 협동조합들은 데잘뎅신협이나 주 정부의 투자공사Investissement Québec로부터 외부 자금을 조달해왔다. 그러나 연대협동조합과 비영리조직의 경우에는 조금 다른 금융 지원 시스템이 필요했다. 1997년에 협동조합법의 개정을 통해 제도화된 연대협동조합은 1997년부터 2007년까지 479개가 사회 서비스, 레저, 개인 서비스 또는 홈케어 서비스등의 분야에서 설립됐다. 퀘벡 주의 연대협동조합이 캐나다의 다른 주보다 더 크게 발전한 데에는 주 정부 지원 체계의 확립과 사회적 금융 활성화 요인이 컸다.

역사적으로 퀘벡의 사회적 경제 부문의 비영리조직들은 기부, 기탁금, 정부 보조, 프로그램 펀딩, 채무 보증, 자체 자금 등을 통해 자금을 조달했다. 그러나 이들은 이러한 자금 조달 방식으로는 시장 활동을 통해 사회·경제·환경적 목적을 달성하고자 하는 기업들의 필요 자금을 조달하는 데 한계가 있다는 점을 인식하고 지난 10여 년 동안 '사회적 금융'이라고 하는 새로운 금융 기관을 출범시켰다. 이러한 금융 기관을 매개로 새

-----

25) 충남발전연구원, 2013

로운 주체와 네트워크가 형성됐으며, 혁신적인 투자 상품과 기술적 지원이 고안돼 실행되고 있다. [24]

사회적 금융은 수익률과 안전성뿐만 아니라 사회경제적 목적을 동시에 고려하는데, 퀘벡 주의 사회적 금융은 개발 자본Development Capital, 연대 금융Solidarity Finance, 정부 금융Public Finance 등 세 가지로 나뉜다. 개발 자본은 벤처 자본unsecured equity or quasi-equity을 통해 자금을 조달해 재무적 수익률과 사회적 경제적 환경적 목적을 동시에 달성하기 위한 것이다. 개발 자본은 지역 공동체 발전, 일자리 창출, 직업훈련, 환경보호 등 사회적 투자 기준를 설정하고 있으며, 전통적 방식의 대출뿐만 아니라 집단적인 대출이나 지분 투자 등의 방식으로 기업들에 투자하고 있다. 이러한 개발자본으로는 1980년 노동자들이 만든 기금으로 연대기금Le Fonds de Solidarité, 1995년에 설립된 행동기금FONDACTION, 그리고 데잘뎅신협이 주도해 만든 데잘뎅협동조합 지역개발자본Capital régional et coopératif Desjardins; CRCD 등이 있다. 예를 들면, CRCD는 2001년에 설립됐는데, 일반 시민들이 연간 2,500 달러 한도 내에서 CRCD에 투자할 수 있으며, 이 투자액의 50%까지 소득세가 면제된다. 그러나 소득세 면제 조건으로 투자 지분은 최소한 7년간 보유해야 한다. CRCD는 이렇게 조달된 투자금을 지역 내 창업기업에 제공할 뿐만 아니라 창업 기업에게 전문 컨설턴트 및 퀘벡 내 기업체 및 협동조합의 네트워크에 대한 접근을 제공하고 있다. [27]

연대금융은 노동조합, 민간투자펀드, 정부 등으로부터 자금을 조달 또는 지원받아 연대협동조합, 비영리조직, 마이크로파이낸스 기관, 사회적 경제부문의 기업 등에 대출, 채무 보증, 비회원지분투자 등의 형태로 투자하는 금융을 지칭한다. 퀘벡에는 4개의 연대 금융 기관이 있는데, 데

26~27) 장종익, 2012.

잘뎅신협이 주도해 1971년에 설립한 데잘뎅연대경제기금^{Caisse d'économie} solidaire Desjardins이 효시다. 데잘뎅연대경제기금은 주로 지역의 진흥과 사회적 주택의 설립을 추진하는 협동조합과 비영리조직에 대한 금융 지원을 담당했다.

다음으로 샹티에가 1997년에 출범시킨 퀘벡사회투자네트워크^{Le Réseau} d'investissement social du Québec; RISQ, 2006년에 설립한 Fiducie Desjardins[28], 그리고 지역개발기구인 CLD가 조성한 FLI 등이 있다.[29] 사회적경제 진영의 대표 조직인 샹티에는 사회적경제가 발전하기 위해서는 전통적 금융 기관과 차별화되는 금융 기관이 필요하다고 인식하고 경제위기 시절이던 1997년에 퀘벡사회투자네트워크를 천만 캐나다 달러(약 100억 원) 규모로 조성했다. 데잘뎅신협을 포함해 대기업 등이 500만 캐나다 달러를 기부했고 나머지 500만 캐나다 달러는 주 정부가 매칭 방식으로 지원해 조성됐다. 퀘벡사회투자네트워크는 이 기금으로 사회적경제 기업체에게 5만 캐나다 달러까지 무보증 소액 대출을 제공하는 사업을 시작했다. 동시에 퀘벡사회투자네트워크는 사회적경제 기업의 기업 심사 분석 방법, 평가 방법, 사회적경제 기업의 리스크 분석 방법 등에 대한 노하우를 축적하기 시작했다. 2012년까지 대출금 미회수로 13~15% 정도의 기금이 손실됐지만 무보증 신용대출을 통해 적지 않은 일자리가 창출됐다고 평가된다.

퀘벡사회투자네트워크의 실험이 성공을 거두면서 샹티에는 퀘벡주 사회적경제 조직에 장기간에 걸쳐 큰 규모의 투자를 할 수 있는 자금을 조성하기 시작했다. 2006년에 연방 정부의 연기금과 퀘벡주의 노동조합 기금(4%의 고정 금리로 투자)이 각각 5:5 매칭으로 총 5,250만 캐나다 달러의

---

28) Fiducie Desjardins 홈페이지 https://www.fiduciedesjardins.com/fr/ ; 영어로는 Desjardins Trust.
29) 충남발전연구원, 2013.

대규모 인내 자본Patient Capital 30)인 Fiducie를 조성했다. 이러한 인내 자본의 출현으로 퀘벡 주 사회적경제 기업들은 안정적으로 차입할 수 있는 자금의 상한 규모가 종전의 5만 캐나다 달러에서 150만 캐나다 달러까지 확대됐으며, 15년 동안 원금 상환 없이 8%의 고정 금리를 지급하며 자금을 운용할 수 있는 금융 자원을 보유하게 됐다. 트러스트는 2007년부터 투자를 시작했는데, 상환이 어려워 보이는 기업도 담보를 차입하지 않는 '인내 자본'적 성격을 지니고 있다. 투자처의 50% 이상은 지역개발기관 CLD이 프로젝트를 개발해 신청하면 심사 분석 후 대출하는 방식으로 정해진다. 퀘벡사회투자네트워크는 2007~2011년 동안 102개 프로젝트에 대출을 했는데, 2013년 6월 말 현재 잠재적 부실 채권 비율은 6%인 것으로 알려져 있다. 31)

이러한 민관 합동의 자금 지원 및 컨설팅 지원체제로 협동조합의 5년, 10년 이후 생존율은 다른 기업들의 생존율의 두 배에 달하는 것으로 조사되고 있다. 또한 1995~2009년 동안 퀘벡 주 전체의 일자리 증가율은 23%에 불과했는데, 협동조합 섹터에서 일자리는 85%나 증가했다. 특히 홈케어 서비스, 의료 서비스, 기업 지원 서비스 등의 분야에서 협동조합의 발전은 괄목할 만한 성장을 보였다. 32)

30) 인내 자본은 장기 자본의 다른 이름이다. 사회적기업이나 사회 책임 기업이 등장하면서 사회적 또한 환경적인 기여를 하는 기업에 대한 장기적 투자 목적의 지분투자 혹은 대출 자본을 일컫는다.
31) 충남발전연구원, 2013.
32) Perron, 2013.

4
한국 협동조합 공급 생태계의 실태와 발전 방향

1) 한국 협동조합 섹터의 실태

우리나라의 협동조합은 1920년대 일제강점기 하에서 민간이 자발적으로 추진해온 운동이 총독부의 탄압으로 좌절됐고, 1960년대 이후에 신협운동으로 맥이 이어져 왔지만 개발독재 체제 하에서 협동조합이 관제화되고 왜곡된 역사를 지니고 있다. 1960년대 이후 정부가 빈곤의 탈출이라는 시대적 과제를 해결하기 위해 농협, 수협, 신협, 새마을금고, 중소기업협동조합 등을 육성한 것은 고리채의 해결과 서민에 대한 금융 제공에 커다란 기여를 했고, 빈곤으로부터의 탈출에도 적지 않은 역할을 했다.

<표 10-6> 한국 협동조합의 종류별 발전 정도

협동조합 종류	세 분류	발전 정도 평가
소비자협동조합	생필품 공동구매	초기 성장 단계
	주택 공동건설·구매, 육아·의료·장례서비스공동구매, 문화·스포츠서비스 공동구매	거의 전무 혹은 미미한 단계
사업자협동조합	농업인·어업인·임업인협동조합	퇴화단계
	공인협동조합	거의 전무한 단계
	소상인협동조합	미미한 단계
	운송인협동조합/기타 사업자협동조합	거의 전무한 단계
노동자협동조합	제조, 건설, 운수, 의료, 법률, 컨설팅, 디자인, 문화, 예술 등	거의 전무한 단계
금융협동조합	경제적 약자 간의 자금의 상호 융통과 보험	성숙 및 퇴화단계
	협동조합에 대한 투자 및 융자	거의 전무한 단계
사회적협동조합	사회 서비스협동조합	맹아 단계
	취약 계층 노동통합 형 일자리 창출 협동조합	맹아 단계
	지역 보전 및 공동 개발	거의 전무한 단계

주: 협동조합기본법 시행 직전 기준, 출처: 필자의 평가에 의함

그러나 이러한 과정을 겪으면서 농협, 수협, 중소기업협동조합, 새마을금고 등은 정부 각 부처의 경제 개발 정책 시행의 협력 기관으로서의 역할과 문화가 체질화됐고, '조합원의 경제적 사회적 문화적 필요와 열망'을 조직화하고 이를 조합원의 자주적 의사 결정을 통해 사업화하는 협동조합적 조직 문화는 발달되지 못했다. 그리하여 대다수 국민들에게 협동조합은 정부 산하의 공사나 금융 기관의 하나로 각인되고 말았다. 그동안 국민들에게는 협동조합을 설립할 수 있는 자유가 허용되지 않았기 때문에 국민들 사이에 협동보다는 동업 기피 문화가 일반화됐고, 협동의 노하우는 축적되지 못했으며, 연대solidarity의 정신은 싹트지 못했다.

그런데 우리나라가 1960~1980년대에 고도 성장을 달성해 1인당 국민소득 수준이 1만 달러에 도달한 1990년대에 친환경식품 공동구매 소비자 생활협동조합, 대학생활협동조합, 의료서비스 공동구매 협동조합, 육아서비스 공동구매 협동조합, 노동자협동조합 등 새로운 협동조합이 시민들의 자발적인 노력으로 설립돼 발전해왔다. 1999년에는 소비자생활협동조합법이 제정됐다. 그러나 협동조합을 설립하고 운영하는 데 있어서 법적 제약은 여전히 심했고, 협동조합을 설립할 수 있는 포괄적 자유는 주어지지 않았다. 그렇기 때문에 우리나라의 협동조합은 1차 산업과 금융 분야에서 제한된 형태로 발전했고 2차 및 기타 서비스 분야, 노협, 사업자협동조합, 사회적협동조합 등에서는 거의 발전하지 않았거나 매우 취약한 실정이다(〈표 10-6〉 참조).

한국 협동조합들은 이종 협동조합 사이의 협동과 연대의 정신이 매우 미흡하다. 다양한 종류의 협동조합들이 하나의 총연합회에 소속돼 있는 것이 아니라 정부의 각 부처에 계통 조직화돼 있고, 기능별로 분열돼 있으며, 심지어 같은 종류의 협동조합 사이에도 분열이 지속되고 있다.

2) 협동조합기본법 시행의 의의

이러한 점에서 2012년 12월에 시행된 협동조합기본법은 시민들에게 금융과 보험업 이외에 모든 분야에서 모든 유형의 협동조합을 자유롭게 설립할 수 있는 법적 기반을 마련했다는 점에서 획기적이다. 이를 통한 새로운 협동조합의 등장은 중장기적으로 우리나라 협동조합 섹터에 적지 않은 변화를 가져올 것으로 보인다.

협동조합기본법이 2012년 12월 1일 시행된 지 1년 만에 3,148개의 협동조합이 다양한 산업 분야에서 다양한 주체들에 의해 설립됐으며, 이중 3,057개의 협동조합이 신고 수리 또는 인가됐다.[33] 일반협동조합은 2,944개, 사회적협동조합은 102개, 일반협동조합연합회 및 사회적협동조합연합회는 11개가 신고 수리 또는 인가됐다. 2012년 12월부터 2013년 11월까지 협동조합의 월평균 설립 건수는 255건으로 상법상 회사의 2013년 월평균 설립 건수 6,278건의 약 4.1% 수준인 것으로 나타났다. 이러한 협동조합의 설립을 위해 4만 6천여 명의 설립 동의자들이 약 598여 억 원(설립 시점 기준)을 협동조합에 출자했다.

협동조합의 유형은 협동조합의 설립 주체와 설립 목적을 엿볼 수 있게 해준다. 협동조합기본법의 업무를 관장하는 기획재정부 장관의 고시인 '협동조합 업무 지침'[34]에는 협동조합의 유형을 사업자협동조합, 직원협동조합, 소비자협동조합, 다중이해관계자협동조합[35], 사회적협동조합

---

33) 1년 6개월이 경과한 2014년 5월 말 기준으로는 총 4,823개의 협동조합이 신고 수리 또는 인가됐으며, 이중 일반협동조합은 4,652개, 사회적협동조합은 150개, 일반협동조합연합회 및 사회적협동조합연합회는 21개이다. 이러한 수치를 볼 때, 협동조합의 설립 추세는 1년 후에도 감소되지 않고 있는 것으로 나타났다.

34) 협동조합 업무지침[시행 2012.12.1] [기획재정부고시 제2012-15호, 2012.11.29, 일부개정] 기획재정부(협동조합정책과).

35) 기업소유 이론 및 협동조합 이론 등에 기초해볼 때, 다중이해관계자 조합원 구조는 사회적협동조합의 중요한 특징인 것으로 파악되기 때문에 독자적으로 유형화하기가 어렵다고 보는 것이 합리적이지만 우리나라의 기획재정부 업무 지침에는 이러한 논의를 충분히 반영하지 않고 있다(장종익, 2014 참조).

등 다섯 가지로 분류하고 있다. 이에 따라 협동조합의 설립을 신고할 때 이러한 유형을 선택해야 한다. 신설 협동조합 중에서 사업자협동조합은 전체의 62.7%를 차지하고, 다중이해관계자협동조합은 19.7%를 차지하고 있으며, 반면에 직원협동조합이나 소비자협동조합은 각각 7.5%와 6.8%를 차지하고 있다. 마지막으로 사회적협동조합은 전체의 3.3%에 불과한 것으로 나타났다.

2011년 12월 협동조합기본법 제정 직후 기획재정부가 의뢰해 보건사회연구원이 수행한 협동조합의 설립 전망 연구 결과에 따르면,[36] 돌봄 등 사회복지 분야의 조직들과 자활 공동체나 자활 기업들이 사회적협동조합으로 대거 전환되거나 신설될 것으로 예상됐지만, 사회적협동조합의 설립은 3.3%에 불과하고 다양한 분야에서 사업자협동조합이 주로 설립됐다. 1,909개의 사업자협동조합 중에서 32%가 도·소매업분야에 종사하며, 그다음으로 농림어업과 제조업이 각각 11.5%를 차지하는 것으로 조사됐다. 교육서비스업이나 기타 개인서비스업, 예술 및 스포츠 관련 서비스업이 그 다음을 차지하고 있다(〈표 10-7〉 참조).

이러한 협동조합 유형별 설립 분포를 볼 때, 우리나라 중소 상공인들의 경제적 어려움이 얼마나 크고, 4050세대들의 조기 은퇴 후 경제적 고민이 얼마나 심각한지를 엿볼 수 있다. 또한 사회적협동조합이 낮은 비중에 머물고 있다는 것은, 사회적협동조합은 일반협동조합의 실천을 통해 '협동의 노하우'를 축적하고 '연대' 경험의 바탕 위에서 공익적 목적을 수행해야 하기 때문에 이를 위한 인적·물적 지원 토대가 구축돼야 순조롭게 발전할 수 있다는 점을 시사해준다.

---

36) 이철선 외, 2012.

<표 10-7> 사업자협동조합의 업종별 분포

업종	조합수	업종	조합수
도 · 소매업	610(32.0)	보건 · 사회복지서비스업	55
농림어업	220(11.5)	숙박 · 음식	48
제조업	219(11.5)	사업시설관리 · 사업지원서비스업	52
교육서비스업	177(9.3)	전문 · 과학 · 기술서비스업	49
협회 · 단체수리 · 기타 개인서비스업	130(6.8)	건설업	48
예술 · 스포츠 · 여가 관련 서비스업	125(6.5)	기타	106
출판 · 영상 · 방송통신 · 정보서비스업	70(3.7)	합계	1,909(100.0)

주: 기타에는 하수 폐기물처리 · 원료재생 · 환경복원업, 운수업 등이 포함돼 있음
출처: 기획재정부, 협동조합 설립 현황

그럼에도 불구하고 협동조합기본법의 시행으로 다양한 분야에서 실로 다양한 유형의 협동조합이 설립되고 있다. 이러한 협동조합들은 우리 사회가 당면한 다양한 사회경제적 문제를 해결하는 데 기여할 수 있을 것으로 기대된다. 새로 설립되는 협동조합의 65%를 차지하고 있는 다양한 소상공인들의 협동조합은 세계화 및 정보화의 물결 속에서 위기에 처한 소상공인들의 경쟁력을 제고하는 데 기여할 것으로 보인다. 중소 사업자의 자가 고용 및 소규모 사업장의 고용을 유지하면서 고용의 질을 높일 수 있다면 이는 결과적으로 빈부 격차를 완화시키는 효과도 낼 수 있다. 또한 노동자협동조합 및 사회적협동조합은 질 좋은 일자리 창출, 취약 계층의 사회 통합, 더 나아가 빈부 격차 완화에도 기여할 수 있을 것이다. 마지막으로 마을카페, 마을식당, 마을학교, 학교매점협동조합, 도시텃밭협동조합, 공동주택협동조합, 문화협동조합 등 코뮤니티협동조합이나 자동차공유협동조합, 햇빛발전협동조합 등은 사회적 신뢰 촉진형 일자리를

창출할 것으로 기대된다.

3) 한국 협동조합 섹터의 생태계 조성 방향

그러나 협동조합기본법에 근거해 설립된 협동조합 중에서 설립 등기를 하지 않은 상태이거나 사업을 개시하지 않은 협동조합이 적지 않는 것이 현실이다. 더욱이 향후에 사업 개시 전망이 불투명한 협동조합도 적지 않다는 점을 인식할 필요가 있다. 이러한 점에서 정부와 지방자치단체는 협동조합의 설립 자체에 초점을 맞추기보다는 협동조합 설립 이전에 설립 발기인 사이에 충분한 상호 교류 및 소모임 활동을 촉진해 신뢰를 형성할 수 있도록 하고, 사업 타당성 분석을 지원하는 시스템을 구축해야 할 것이다. 이를 통해 어느 정도 타당성 검증이 이루어진 다음 협동조합이 설립된다면 설립 후 성공 가능성이 높아질 것이다.

또한 설립된 협동조합 중에서 사업 전망은 높지만 협동조합 비즈니스의 생태계 조성이 미흡해 본격적인 사업을 하지 못하고 있거나 실패 위험에 직면하게 된 경우도 적지 않다. 협동조합은 자본 형성 및 사업 활동에서 조합원의 기여 및 이용이 충분치 않으면 발전하기 어렵다. 조합원은 협동조합이 재화 및 서비스를 기존 거래 방식보다 유리한 조건, 그리고 효과적이고 효율적인 방식으로 제공할 것이라고 기대되면 조합에 참여할 것이다. 협동조합이 이러한 (잠재적) 조합원의 기대를 충족시키기 위해서는 이중의 효율성을 달성해야 한다. 첫째, 사업은 동일한 업종의 비협동조합적 사업체와 동등하게 효율적이어야 한다. 둘째, 조합원과의 관계에 있어서 효율성을 달성해야 한다. 조합원이 조합의 의사 결정에 효율적으로 참여할 수 있어야 하고, 무임 승차자 문제가 적절히 통제되고 있다고 느껴야 한다. 그런데 주식회사와 달리 창립 멤버들의 자본 이득의 가능성이 봉쇄된 협동조합의 설립 초기에 누가 이러한 신뢰 관계를 구축하고, 조합의 조직·

사업·경영 시스템을 구축할 것인가가 협동조합 발전의 핵심 과제라고 할 수 있다.

특히 이 문제는 조합원들이 각자 자신의 사업체에 매달릴 수밖에 없는 소사업자들의 협동조합에서 크게 나타난다. 많은 소 기업가들이 협동을 통해 더 많은 이익이 창출될 수 있음을 알면서도 이러한 협동조합 창업가의 부족으로 인해 협동조합에 뛰어들지 못하는 실정이다. 대부분의 소 기업가들은 자신의 경영체를 운영하는 데 몰두해 있고, 협동조합을 통한 공동의 이익 창출을 위해서는 시간과 노력을 투하하기를 꺼리는 경우가 일반적이기 때문이다. 그러므로 이러한 딜레마를 해결하기 위해서는 초기에는 소수이기는 하지만 서로 의지가 강하며 소통이 잘 이루어질 수 있는 소모임 활동이 필수적이다.

소 기업가들은 이러한 소모임 활동을 통해 공식적인 협동조합 비즈니스 계획을 수립하고 자본 조달 방법을 강구할 수 있다. 여기에 정부가 협동조합 비즈니스 플랜의 타당성 분석 서비스를 제공하고 조합원이 필요한 출자금을 대출해주는 등 금융 지원 시스템을 포함한 협동조합 생태계를 구축해주면 협동조합은 한결 원활하게 설립될 수 있다. 동시에 실패율은 낮아질 것이다. 마지막으로 협동조합의 장단점에 대한 소사업자들의 이해를 높이는 교육을 통해 협동조합의 리더를 양성하는 프로그램을 구축하면 소사업자협동조합의 내실 있는 설립이 이루어질 수 있을 것이다.

이렇게 협동조합의 생태계를 구축할 때 명확히 해야 할 점이 있다. 협동조합은 참여하는 사람마다 다양한 기대와 바람이 있기 때문에 민주적 의사 결정 구조를 특징으로 하는 협동조합은 동일한 종류의 애로 사항을 갖고 있는 사람들끼리 결성할 때 협동하기가 쉽고 가치 창출의 가능성도 높은 편이다. 그런데 문제는 수없이 다양한 사업 및 지역에서 협동조합 설립이 평범한 사람들에 의해서 시도될 때, 이러한 시도들을 지원해줄 수 있는 체제가 없다는 것이다. 만일 이러한 체제가 협동조합 섹터 내부에 갖추어진다면 도움을 받은 협동조합이 나중에 새로 설립될 협동조합을 도와줄 용의를 갖게 된다. 즉, 상호성reciprocity의 관계가 자연스럽게 형성되는 것이다. 그리고 이것이 거미줄처럼 확산되면, 이것을 '사회적 연대의식'이라고 부를 수 있게 된다. 이러한 연대는 조합 차원에서 조합원들이 배우게 되는 '협동의 의지와 노하우'와 더불어 소위 '사회적 자본social capital' 혹은 '시민자본civic capital'의 핵심이라고 할 수 있으며, 이는 우리 사회의 그늘진 곳을 해결하기 위해 필요한 다양한 자원의 결집을 가능하게 하는 원동력이 된다.

협동조합에 대한 지원 금융, 세제 혜택, 교육 훈련 및 컨설팅 체제 등은 이러한 상호성과 사회적 연대를 촉진하는 방향으로 설계될 필요가 있다. 예를 들면 성공한 사업자협동조합이 자신들의 이익만을 위해 잉여를 처분하지 않고 잉여의 일정 부분을 지역 사회에 기부하거나 새로 설립되는 협동조합에 지원하는 경우에 좀 더 높은 수준의 금융 지원이나 세제 혜택을 받을 수 있도록 하는 것이다.

부문별로 연합회를 결성해 규모의 경제를 실현하는 전략도 필요하지만 동시에 다양한 유형의 협동조합이 시도 단위, 전국 단위로 연대하는 전략도 필요하다.

마지막으로 협동조합의 공급 생태계를 조성하는 정부나 지방자치단체, 그리고 중간 지원 조직들이 협동조합의 생명력은 건강한 시민사회 조직 역량의 강화에서 비롯된다는 점을 상기할 필요가 있다. 이 점은 벤처기업의 육성과 협동조합을 비롯한 사회적경제의 육성에 있어서의 근본적 차이점이다. 유럽과 북미 지역에서는 150년 이상 진행된 자조적 협동조합 운동을 통해 축적된 협동의 노하우, 그리고 100여 년 전부터 시민들이 자발적으로 결성한 협회association와 박애주의적 비영리재단의 연대적 실천을 바탕으로 해 사회적경제가 발전하고 있다. 반면, 우리나라의 경우 시민사회 역량이 취약한 상태에서 사회적기업, 전통적 협동조합 및 사회적협동조합, 사회적경제를 지원하는 사단법인과 재단법인 등의 설립이 거의 동시에 진행되고 있다.

따라서 우리의 공급 생태계를 조성할 때는 이러한 점의 차이와 한계를 분명히 인식하고, 취약한 시민사회 역량을 강화해 나가는 데 초점을 맞출 필요가 있다. 현 단계에서 우리나라에서의 사회적경제 부문의 가장 큰 과제는 시민사회의 조직화 역량을 키우는 것이다. 보통 사람들의 협동의 의지를 모으고 이타심을 고양시키는 데 필요한 기업가 정신을 지닌 사회적경제의 핵심 주체들을 발굴하고 배출하기 위한 것이다.

[그림]

[단행본]

기획재정부, 『2013년 협동조합사례집, 협동조합 이렇게』, 2013

서울시, 『함께 만드는 협동조합 알아보기』, 2013

충남발전연구원, 『캐나다 퀘벡 사회적경제 연수보고서』, 2013

기획재정부, 『협동조합 업무지침』, 2012

김희삼, 『한국의 세대 간 경제적 이동성 분석』, 한국개발연구원, 2009

박찬임·박종현·장종익, 『따뜻한 일자리 창출을 위한 소셜펀드 활성화방안』, 한국노동연구
    원, 2015

변창흠·김란수, 『재정비사업과 공공임대주택 공급의 대안적 모델 검토: 협동조합을 중심으
    로』, 서울시정개발연구원, 2011

신성식, 『새로운 생협운동의 미래: iCOOP 생협정책 연구』, 푸른나무, 2011

신성식, 『협동조합 다시 생각하기』, 알마, 2014

신인석·한진희 편, 『경제위기 이후 한국경제 구조변화의 분석과 정책방향』, 한국개발연구원,
    2006

아이쿱생협연대 편, 『협동, 생활의 윤리』, 푸른나무, 2008

원종욱·김태완·김문길·윤문구·엄형식, 『협동조합기본법 도입이 시장 및 사회에 미치는 영
    향에 관한 연구』, 보건사회연구원, 2012

유정식·홍훈·장종익·박종현, 『한국형 모델: 다이내믹 코리아의 냄비근성』, 연세대학교 출판
    부, 2012

이철선·권소일·남상호 외, 『협동조합기본법 관련 현황조사 연구』, 기획재정부, 한국보건사
    회연구원, 2012

장원봉, 『사회적 경제의 이론과 실제』, 나눔의 집, 2006

장종익, 『유럽소비자협동조합의 성공과 실패 요인 분석에 관한 연구−영국, 프랑스, 이탈리
    아, 노르웨이, 덴마크 사례를 중심으로』, (재)아이쿱협동조합연구소, 2012. 8

전병유·김혜원·신동균, 『노동시장의 양극화와 정책과제』, 한국노동연구원, 2006

전병유·신동균·신관호·이성균·남기곤,『노동시장 양극화의 경제적 분석』, 한국노동연구
원, 2007

[연구 논문]

김낙년,「한국의 소득분배」, Working Paper, 낙성대경제연구소, 2013. 6

김복순,「자영업고용 구조와 소득실태」,『월간 노동리뷰』67~79쪽, 2014. 5

김형미,「한국생협운동의 기원-식미지시대의 소비조합운동-을 찾아서」, 아이쿱협동조합연
구소 편,『한국생협운동의 기원과 전개』14~57쪽, 푸른나무, 2012

남기포,「주택협동조합운동에 관한 소고」,『농협경영연구』34집 147~169쪽, 2005

박종현 · 장종익,「마이크로파이낸스의 조직모형과 한국적 적용」,『한국협동조합연구』32권
1호 95~126쪽, 2014

박진희,「유사 실업자의 특성과 시사점」,『고용동향 브리프』, 한국고용정보원, 2012. 12

유병선,「열린 대출과 나눔을 실천하다: 독일 GLS은행」, 이종수 · 유병선 외,『보노보은행』
24~41쪽, 부키, 2013

이경란,「도시 속 협동조합 연대를 통한 마을관계망 만들기: 서울 마포구 성미산마을의 사
례」,『한국협동조합연구』28(2): 143~171쪽, 2010

이미연,「점포형 소협의 설립과 성장의 역사」,『한국생협운동의 기원과 전개』232~273쪽, 푸
른나무, 2011

이상무·장종익·정관영·양희택,「사회복지분야의 협동조합에 관한 인식과 함의」,『한국협동
조합연구』31(1): 105~127쪽, 2013

이시균·박진희·양수경,「실업, 비경제활동인구 현황분석 및 시사점」,『KEIS보고서』, 한국고
용정보원, 2008

장종익,「농민에 의한 농협을 향하여」,『농업 농촌의 이해-21세기 농업 · 농촌의 재편전략』,
박영률출판사, 2006

장종익,「농업협동조합에 관한 이론적 연구의 현단계와 과제」,『농업경제연구』51권 3호
93~133쪽, 2010a

장종익,「사회적기업의 조직적 특성에 관한 신제도경제학적 고찰」,『사회경제평론』34호
173~206쪽, 2010b

장종익, 「신용협동조합의 세계적 흐름과 주요 특징에 관한 고찰」, 『신협연구』 56호 3~31쪽, 2011

장종익, 「친환경농식품 생산 및 거래의 특징과 한국생협의 발전」, 『한국협동조합연구』 30권 2호 23~41쪽, 2012a

장종익, 「협동조합기본법 제정 이후 한국 협동조합의 역할과 과제」, 『동향과 전망』 86호 289~320쪽, 2012c

장종익, 「친환경농식품 생산 및 거래의 특징과 한국생협의 발전」, 『한국협동조합연구』 30권 2호 23~-41쪽, 2012d

장종익, 「해외 사회적 금융의 현황과 시사점」, 『협동조합네트워크』 제56호 88~99쪽, 2012e

장종익, 「협동조합기본법 제정과 협동조합지원 금융체제 구축을 위한 신협의 발전방향」, 『2012 신협발전 세미나』, 신협중앙회연수원, 2012. 10. 18

장종익, 「이탈리아, 몬드라곤, 프랑스 노동자협동조합의 발전시스템에 관한 비교분석」, 『한국협동조합연구』 31(2): 209~230쪽, 2013

장종익, 「최근 협동조합섹터의 진화」, 『한국협동조합연구』 32권 1호 1~25쪽, 2014a

장종익, 「전후 유럽 소비자협동조합의 진화에 관한 연구」, 『동향과 전망』 90호 262~295쪽, 2014b

전병유, 「동아시아 경제의 성장, 위기, 조절 메카니즘에 관한 비판적 연구」, 『경제학연구』, 47집 4호 277~318쪽, 1999

정원각, 「노동운동과 소비자협동조합운동」, 『한국생협운동의 기원과 전개』 136~177쪽, 푸른나무, 2011

정은미, 「한국생활협동조합의 특성」, 『농촌경제』 29권 3호 1~18쪽, 2006

[외국 문헌]

Aghion, B. and J. Morduch, *The Economics of Microfinance,* Cambridge, MA: MIT Press, 2010

Agricultura and Agri-Food Canada(AAFC), *Cooperatives in Canada,* 2010

Ayadi, R., D. T. Llewellyn, R. H. Schmidt, E. Arbak. and W. P. De Groen, *Investigaiting Diversity in the Banking Sector in Europe: Key Developments, Performance, and Role of Cooperative Banks, Brussels:* Centre for European Policy Studies, 2010

Barberini, I., *How the Bumblebee Flies; Cooperation, Ethics and Development,* 2009, 김형미 외 옮김, 『뒤영벌은 어떻게 나는가』, 푸른나무, 2011

Battilani, P.,, "How to Beat Competition Without Losing Cooperative Identity: The Case of the Italian Consumer Cooperatives," in *Consumerism versus Capitalism? Co-operatives Seen From an International Comparative Perspective,* Belgium: Amsab-Institute of Social History, 2005

Birchall, J., *International Cooperative Movement.* Manchester: Manchester University Press, 1997, 장종익 옮김, 『국제협동조합운동』, 들녘, 2003

Birchall, J., *People-Centered Businesses: Cooperatives, Mutuals and the Idea of Membership,* Houndmills, UK: Palgrave Macmillan, 2011, 장승권 외 옮김, 『사람중심 비즈니스, 협동조합』, 한울아카데미, 2012

Bonin, J. P., D. C. Jones, and L. Putterman, "Theoretical and Empirical Studies of Producer Cooperatives: Will Ever the Twain Meet?", *Journal of Economic Literature,* XXXI, 1993, pp. 1290-1320

Borzaga, C., "Emergence, Evolution and Characteristics of Social Cooperatives: The Italian Experience in an International Perspective," Paper presented at the Gyeonggi Welfare Foundation 5th anniversary International Symposium, 2012

Brazda, J. and R. Schediwy, "Introduction," In Johann Brazda and Robert Schediwy (eds.), *Consumer Cooperatives in a Changing World,* Geneva: International Cooperative Alliance, 1989, pp. 13-44

Carini C., Costa E., Carpita M., Andreaus M., "The Italian Social Cooperatives in 2008: A Portrait Using Descriptive and Principal Component Analysis," Euricse Working Paper, N.035, 2012

Chaddad, F. R. and M. Cook, "Understanding New Cooperative Models: An Ownership-Control Rights Typology," *Review of Agricultural Economics,* Vol. 26(3), 2004, pp. 348-360

Chaves, R. and C. Monzon, *The Social Economy in the European Union,* European Economic and Social Committee, 2012

CICOPA, "World Declaration on Worker Cooperatives", Geneva: International Organisation of Industrial, Artisanal and Service Producers' Co-operatives, 2005

Cihák, M. and H. Hesse, "Cooperative Banks and Financial Stability", IMF Working Papers, No. WP/07/02, SSRN, Washington, D.C: International Monetary Fund, 2007

Clamp, C. and I. Alahmis, "Social Entrepreneurship in the Mondragon Co-operative Corporation and the Challenges of Successful Replication," *Journal of Entrepreneurship*, Vol. 19, 2010, pp. 149-177

Cooperatives UK, *The UK Cooperative Economy*, 2011

Cooperative Union, *Cooperative Statistics*, 2010

Copisarow, R. "Building a Community Finance Sector in South Korea: Insights from the UK Experience," Paper presented at the 4th Asia Future Forum, October 30-31, 2013, Seoul, Korea

Corcoran, H. and D. Wilson, "The Worker Co-operative Movements in Italy, Mondragon and France: Context, Success Factors and Lesson," Canadian Worker Co-operation Federation, 2010

Ekberg, E, *Consumer Cooperatives and the Transformation of Modern Food Retailing: A Comparative Study of the Norwegian and British Consumer Cooperatives*, 1950-2002, Unpublished Ph.D Dissertation, Department of Archaeology, Conservation and History, University of Oslo, 2008

Ellerman, D. "The Mondragon Cooperative Movement," Harvard Business School Case No. 1-384-270, Boston: Harvard Business School, 1984

Elson, P. R., A. Gouldsborough, and R. Jones, "Building Capital, Building Community: A Comparative Analysis of Access to Capital for Social Enterprises and Nonprofits in Ontario and Quebec," Social Economy Centre, University of Toronto, 2009

Euricse, "La Cooperazione in Italia", Trento: Euricse, www.euricse.eu, 2011

Freundlich, F., "Mondragon Cooperative Corporation (MCC): An Introduction, Partner Ownership Associates, Incl, Bilbao, Retrieved from http://www.clcr.org/publications/other/Intro_To_Mondragon.doc, 1999

Girard, J-P, "Solidarity Cooperatives(Quebec, Canada): How Social Enterprises Can Combine Social and Economic Goals," In *The Changing Boundaries of Social Enterprises*, Noya, A. (ed.), Paris: OECD, 2009, pp. 229-272

Hansmann, H., *The Ownership of Enterprise*, Cambridge, Massachusetts: Harvard University Press, 1996

Kim, C. "CDCU Impact: Building Inclusive Financial Services Through Community Development Credit Unions," Paper presented at the 4th Asia Future Forum, October 30-31, 2013, Seoul, Korea.

Kyriakopoulos, K. and O. Bekkum. "Market Orientation of European Agricultural Cooperatives: Strategic and Structural Issues." Paper presented to the IXth Congress of the European Association of Agricultural Economists, "European Agriculture Facing the 21st Century in a Global Context," held in Warsaw, Poland, 24-28 August 1999

Laidlaw, A. F., 1980 *Cooperative in the Year 2000*, Agenda and Report of ICA 27th Congress, Geneva: International Cooperative Alliance. 김동희 옮김, (사)한국협동조합연구소 출판부, 2000

Macpherson, I., *Cooperative Principles for the 21st Century*, Geneva: International Cooperative Alliance, 1996, 장종익 · 김신양 옮김, 『성공하는 협동조합의 일곱가지 원칙』, (사)한국협동조합연구소, 2001

Margado, A., "A New Co-operative Form in France: Société Coopérative d'Intérêt Collectif (SCIC) In C. Borzaga and R. Spear (eds.), *Trends and Challenges for Co-operatives and Social enterprises in Developed and Transition Countries*, Trento, 2004, pp. 147-164

Melnyk, G., *The Search for Community: From Utopia to a Cooperative Society*, Montreal: Black Rose Books, 1985

Menard, C., "The Economics of Hybrid Organizations," *Journal of Institutional and Theoretical Economics*, Vol. 160(3), 2004, pp. 345-376

Menzani, T. and V. Zamagni, "Cooperative Networks in the Italian Economy," *Enterprise & Society*, Vol. 11(2); 2010, 98-127

Müller, F., "The Consumer Cooperatives in Great Britain," In J. Brazda and R. Schediwy (eds.), *Consumer Cooperatives in a Changing World*, Geneva: International Cooperative Alliance, 1989, pp. 45-138

Nielson, A. C., *Retail Pocket Book*, Oxford: World Advertising Research Centre Ltd, 2006

OECD, *OECD Factbook*, 2010

Osterwalder, A. and Y. Pigneur, *Business Model Generation: A Handbook for Visionaries, Game Changers, and Challengers*, John Wiley and Sons, 2010, 유효상 옮김, 『비즈니스모델의 탄생』, 타임비즈, 2011

Perron, G., "Organization of Cooperative Development in the Province of Quebec, Canada," paper presented at Gongjoo, Korea, 2013

Perry, R. L., *The Franchise Cooperative Handbook*, Washington, D.C.: International Franchise Association, 1998

Ravensburg, N. G. *Economic and Other Benefits of the Entrepreneurs' Cooperative as a Specific Form of Enterprise Cluster*, Geneva: ILO, 2011

Roelants, B., D. Dovgan, H. Eum, and E. Terrasi, *The Resilience of the Cooperative Model*, Brussels, CECOP, 2012

Setzer, J., "The Consuemr Cooperatives in Italy," In J. Brazda and R. Schediwy (eds.), *Consumer Cooperatives in a Changing World*, Geneva: International Cooperative Alliance, 1989, pp. 817-898

Soulage, F., 2011, "France: an Endeavour in Enterprise Transformation", In F. Soulage, A. Zanotti, A. Zelaia (eds.) *Beyond the Crisis: Cooperatives, Work, Finance-Generating Wealth for the Long Term*, Brussels: CECOP Publications, 2011, pp. 155-196

Surroca, J., M. A. García-Cestona, and L. Santamaria, "Corporate Governance and the Mondragón Cooperatives", *Management Research: The Journal of the Iberoamerican Academy of Management*, Vol. 4(2), 2006, pp. 99-112

Thomas, A., "The Rise of Social Cooperatives in Italy," *Voluntas: International Journal of Voluntary and Nonprofit Organizations*, Vol. 15(3), 2004, pp. 243-263

Travaglini, C., F. Bandini, and K. Mancinone, "Social Enterprise in Europe: Governance Models," Working Paper, Euricse, 2009

University of Wisconsin Center for Cooperatives(UWCC), *Research on the Economic Impact of Cooperatives*, 2009

Whyte, W. F., "Lerarning from the Mondragón Cooperative Experience," *Studies in Comparative International Development*, 30(2), 1995, pp. 58-67

Whyte, W. and K. Whyte, *Making Mondragon: The Growth and Dynamics of the Worker Cooperative Complex*, Cornell University Press, 1991, 김성오 옮김, 『몬드라곤에서 배우자』, 나라사랑, 1992

Williamson, O. E. "Comparative Economic Organization: The Analysis of Discrete Structural Alternatives," *The Mechanisms of Governance*. New York: Oxford University Press, 1996, pp. 93-119

Zamagni, V., "Italy's Cooperatives from Marginality to Success," Paper presented at the Session 72-Cooperative Enterprises and Cooperative Networks: Successes and Failures, XIV International Economic History Congress, Helsinki, Finland, 21 to 25 August 2006

Zamagni, S. and V. Zamagni, *LA COOPERAZIONE*, 2009, 송성호 옮김, 『협동조합으로 기업하라』, 북돋움, 2012

Zanotti, A., "Italy : The Strength of an Inter-Sectoral Network", in Zevi, A., Zanotti, A., Soulage,

F. and Zelaia, A., (eds.), *Beyond the Crisis: Cooperatives, Work, Finance-Generating Wealth for the Long Term*, Brussels: CECOP Publications, 2011, pp. 21~100

Zelaia, A., 2011, "Spain: Entrepreneurial Cooperation in the Regions", In F. Soulage, A. Zanotti, A. Zelaia (eds.) *Beyond the Crisis: Cooperatives, Work, Finance-Generating Wealth for the Long Term*, Brussels: CECOP Publications, 2011, pp. 101~154